“十二五”高职高专会计专业规划教材

成本会计

CHENGBEN KUAIJI

刘中爱◎主 编　谢梅花◎副主编

吴 榕◎主 审

中国经济出版社
CHINA ECONOMIC PUBLISHING HOUSE
·北 京·

图书在版编目(CIP)数据

成本会计 / 刘中爱主编.
北京:中国经济出版社,2014.8
"十二五"高职高专会计专业规划教材
ISBN 978-7-5136-3120-4

Ⅰ.①成… Ⅱ.①刘… Ⅲ.①成本会计—高等职业教育—教材
Ⅳ.①F234.2

中国版本图书馆CIP数据核字(2014)第038923号

责任编辑 焦晓云
责任审读 贺 静
责任印制 马小宾
封面设计 任燕飞装帧设计工作室

出版发行 中国经济出版社
印 刷 者 北京建宏印刷有限公司
经 销 者 各地新华书店
开 本 787mm×1092mm 1/16
印 张 14
字 数 290千字
版 次 2014年8月第1版
印 次 2018年8月第5次
定 价 30.00元
广告经营许可证 京西工商广字第8179号

中国经济出版社 **网址** www.economyph.com **社址** 北京市西城区百万庄北街3号 **邮编** 100037
本版图书如存在印装质量问题,请与本社发行中心联系调换(联系电话:010-68330607)

前 言

本教材从高职高专教育的特点和要求出发，根据国家颁布的会计法律、法规调整相关教学内容，吸收了近年来成本会计理论发展、我国企业会计准则改革的最新内容，知识涵盖面广，突出实务，具有较好的应用性、实践性和可操作性，能保证成本会计教学内容的前沿性。

在编写本教材时，我们首先按照"以能力为本位，以职业实践为主线"的原则，紧紧围绕高职高专教育技能型人才的培养目标，突出工学结合，以工作任务为导向，充分采用理论与实践一体化的教学模式，运用现代教育技术方法与手段，将成本会计课程模块化。我们按照成本核算不同工作岗位的任务和需求选择和组织相关内容，突出成本会计的工作任务与成本核算理论知识和实践知识的联系，让学生在成本会计项目的操作过程中掌握应具备的理论知识及相关实践能力，使教学内容与成本会计的职业要求相一致，提高学生的学习能力与就业能力。在具体项目的设计上，主要以一般制造企业为代表，使工作任务具体化，产生了具体的学习项目。

本教材的主要特点在于：

1. 每一模块的开始，我们明确了学习目标，设定了情景案例，让学生通过情景案例对模块有一个初步的认识，并带着问题去思考及解决问题。

2. 模块的编排顺序依据成本会计工作各环节间的逻辑关系，以理论够用为前提，而不是成本会计知识的简单堆积。

3. 每一模块的最后，都有该模块知识的小结，并有相应的练习，检查学生对该模块相关知识的掌握程度。

本教材可作为高职高专院校会计、财务管理及相关专业的教材，也可作为各类会计人员的培训教材。

本教材由刘中爱（安徽财贸职业学院副教授、会计师）担任主编，谢梅花（安徽财贸职业学院讲师、纳税筹划师）担任副主编，吴榕（安徽财贸职业学院副教授、注册会计师）担任主审。全书共分为十四个模块，其中第二、七、十一模块由刘中爱编写，第三、四、六和第十模块由谢梅花编写，第九模块由谢金鑫（安徽财贸职业学院助讲）编写，第五、八模块由章振寰（安徽财贸职业学院助讲）编写，第一模块由吴榕编写，第十二模块由董金凤（合肥财经职业学院讲师、会计师）编写，第十三、十四模块由王春雷（合肥财经职业学院讲师）编写。

在本教材编写过程中，我们参阅了大量的文献和资料，得到安徽财贸职业学院大位会计学院的领导和老师的大力支持和帮助，在此向所有关心和帮助我们的人表示衷心的感谢！

由于编者知识水平有限，书中疏漏和不足之处在所难免，恳请广大读者提出宝贵意见和建议，我们将不胜感激！

编　者
2014 年 2 月

目　录

模块一　总论

学习目标

1. 了解和掌握成本的含义和实质。

2. 了解和掌握成本会计的含义和内容。

3. 了解和掌握成本会计工作的两种组织形式。

情景案例

兴皖公司是一家新成立的小型服装加工企业，目前市场上这类企业众多，要想在激烈的市场竞争中生存下来并不断发展，在保证产品质量的前提下，一个重要的问题就是要控制好产品成本。成本低，盈利高；反之，成本高，盈利则少，甚至亏损。因此，搞好成本核算十分重要。那么什么是成本？什么是成本会计？成本会计的内容和成本会计工作的组织形式有哪些？这些内容都是在本模块中所要解决的问题。

任务一　成本的概念和作用

一、成本的实质

成本会计是会计的一个重要分支，是以成本为对象的一种专业会计。要了解成本会计的对象和成本会计本身，必须先了解什么是成本，成本包括哪些内容。

以工业生产企业为例，产品的生产过程，同时也是生产的耗费过程。在产品的直接生产过程中，即从原材料投入生产到产成品制成的产品制造过程中，一方面制造出产品，另一方面要发生各种各样的生产耗费，包括劳动资料与劳动对象等物化劳动和活劳动两大部分。其中，房屋、机器设备等作为固定资产的劳动资料，在生产过程中长期发挥作用，直至报废也不改变其实物形态，但其价值则随着固定资产的磨损，通过计提折旧的方式，逐渐地、部分地转移到所制造的产品中去，构成所生产的产品成本的一部分。原材料等劳动对象，在生产过程中或者被消耗掉，或者其实物形态被改变，其价值也随之一次性被转移到新产品中去，构成产品生产成本的一部分。生产过程是劳动者借助于劳动工具对劳动对象进行加工制造产品的过程，通过劳动者对劳动对象的加工，才能改变原有劳动对象的使用价值并创造新的价值。劳动者为自己劳动所创造的那部分价值，以薪酬的形式支付给劳动者，用于个人消费，因此，这部分薪酬也构成了产品成本的一部分。企业在一定时期内发生的、用货币额表现的生产耗费,称为企业生产费用。企业为生产一定种类、一定数量的产品而发生的各种生产费用的总和就构成了产品的成本。

马克思主义政治经济学指出:产品的价值由三个部分组成,即生产中消耗的生产资料的价值(C),劳动者为自己的劳动创造的价值(V),以及劳动者为社会劳动创造的价值(M)。产品成本是前两个部分价值之和(C+V)。因此,从理论上说,C+V是商品价值中的补偿部分,即对耗费的补偿,它构成商品的理论成本。

综上所述,可以将成本的经济实质概括为:在生产产品过程中已经耗费的、用货币额表现的生产资料的转移价值和劳动者为自己的劳动所创造的价值的总和。

在实际工作中,为了加强经济核算,减少生产损失,对一些不形成产品价值的损失性支出(如废品损失等),也计入产品成本。此外,工业企业行政管理部门为组织和管理生产经营活动而发生的管理费用、为筹集生产经营资金而发生的财务费用和用于销售而发生的销售费用,由于大多按时期发生,难以按产品归集,为了简化成本核算工作,都作为期间费用处理,直接计入当期损益,从当期利润中扣除,不计入产品成本。因此,实际工作中的产品成本,是指产品的生产成本,不是指产品的全部成本。

工业企业的产品销售费用、管理费用和财务费用,可以总称为工业企业的经营管理费用。

二、成本的作用

在企业的生产经营中,成本具有重要的作用。

(一)成本是生产耗费的补偿尺度

企业要进行生产,就必然会发生各种各样的耗费。企业在生产经营活动中耗费了什么,耗费了多少,是通过成本指标来反映的。为了保证再生产的顺利进行,生产经营过程中的耗费需要用企业的销售收入来补偿。企业所取得的收入,首先用于补偿成本,如果收入无法补偿成本,企业就不能顺利地进行再生产。如果企业收入在补偿成本后还有剩余,则为企业创造的利润,它是企业实现扩大再生产的源泉。企业利润或亏损的发生,主要决定于成本的高低。因此,成本作为生产耗费的补偿尺度,对经济的发展具有重要影响。

(二)成本是衡量企业经营管理水平的综合指标

产品成本的形成与企业生产经营的各个环节、各个方面的工作质量有着紧密的联系。产品设计的好坏,生产工艺是否合理,原材料使用的节约与浪费、生产能力的利用程度,劳动生产率的高低,机器设备等固定资产的利用程度,废品率的高低,以及企业生产经营管理水平的高低,都能通过产品成本直接或间接地在成本中反映出来。因此,成本指标是反映企业经营管理水平的一个综合性指标。

(三)成本是制定产品价格的重要依据

制定产品价格,要考虑许多方面的因素。尽管每个企业的定价策略各不相同,但都是建立在产品成本的基础之上的。在市场经济条件下,企业必须独立核算,自负盈亏。为了企业的生存与发展,在制定商品销售价格时,必须考虑成本这一重要因素。只有在产品售价大于产品成本时,成本才能得到补偿。产品产销量越大,利润就越多。

当然,在实际工作中,产品的定价是一个复杂的系统工程,应该考虑的问题很多。在确定商品价格时,要考虑国家的价格政策、产业政策和其他经济政策,以及市场供求关系、企业在市场竞争中的态势等诸多因素。但在诸多因素中,成本的高低是一个重要因素。

(四)成本是企业进行经营决策的重要依据

企业在生产经营过程中,对重大问题进行经营决策时,要考虑的问题很多,包括营销策略、产品策略等,都与成本有直接关系。控制好成本,才可能有较好的经济效益和较强的竞争能力 。因此,成本是企业进行经营决策的重要依据。

任务二 成本会计的内容

一、成本会计的概念

成本会计是运用会计的基本原理和方法,对企业在生产经营过程中发生的各项耗费和产品成本的形成进行连续、系统、全面、综合的核算和监督的一种管理活动。

成本会计是现代会计的一个重要分支,它必须遵循会计的基本原理和方法。成本会计属于专业会计,具备会计的基本特征;以货币为主要计量单位;对其对象的核算和监督具有连续性、系统性、全面性和综合性。

成本会计的对象是企业生产经营过程中的成本和有关的经营管理费用,简称成本、费用。因此,成本会计实际上是成本、费用会计。

二、成本会计的内容

成本会计是一种专业会计,它的基本职能与会计的基本职能相同,即具有核算和监督两个基本职能。监督职能又可以扩展为预测、决策、计划、控制、分析、考核等诸多职能。在成本会计的诸多职能中,成本核算是基础,没有成本核算,其他各项职能都无法实现。因此,狭义的成本会计仅指成本核算的会计;广义的成本会计则是指进行成本预测、决策、计划、控制、核算、分析、考核和检查等管理活动的会计。

具体地说,成本会计工作的内容主要包括:成本预测、成本决策、成本计划、成本控制、成本核算、成本考核和成本分析七个环节。成本会计正是通过这些环节来发挥其应有的作用的。

(一)成本预测

成本预测是指根据成本数据和其他有关资料,运用专门的科学方法,对企业未来的成本水平及其变动趋势做出科学的估计。

通过成本预测,掌握企业未来的成本水平及其变动趋势,可以提高成本管理的科学性和预见性,减少生产经营管理的盲目性,提高降低成本、费用的自觉性,充分挖掘降低成本、费用的潜力。从成本管理的环节来说,成本预测是第一个环节。

(二)成本决策

成本决策是根据成本预测提供的数据和其他有关资料,运用决策理论和方法,在若干个与生产经营活动成本有关的方案中进行比较与分析，选择最优方案，据以制定目标成本。

在企业的实际生产经营活动中，有很多情况需要进行成本决策。如企业新产品设计方案的选择、亏损产品停产或转产的决策、零部件外购或自制的决策、半成品是直接出售还是继续加工的决策，等等。进行成本决策，对企业正确地制定成本计划、实现成本的事前控制、提高经济效益具有重要意义。

（三）成本计划

成本计划是指根据成本决策所确定的目标成本，具体规定在计划期内为完成生产任务所需支出的成本、费用，并提出为实现成本计划所应采取的各种措施。

成本计划是降低成本、费用的具体目标，也是进行成本控制、成本分析和成本考核的重要依据。科学的成本计划对企业加强成本管理、提高经济效益具有重要意义。成本计划的编制过程，也是进一步挖掘降低成本、费用潜力的过程。

（四）成本控制

成本控制是指在生产经营过程中，根据成本计划对各项实际发生或将要发生的成本、费用进行审核、控制，将其限制在成本计划之内，以保证成本计划即成本目标的实现。成本控制可以是事前控制，也可以是事中控制。搞好成本控制，对企业最大限度地挖掘降低成本、费用的潜力，提高经济效益有着重要意义。

（五）成本核算

成本核算是对企业生产经营过程中实际发生的成本，按照一定的方法和标准，根据成本计算对象进行归集和分配，计算出该对象的总成本和单位成本，并进行相应的账务处理。

成本核算是成本会计工作的核心。成本会计核算资料可以反映成本计划的执行情况并揭示存在的问题。同时，也为下一期成本计划的编制及进行成本预测和决策提供依据。

（六）成本分析

成本分析是根据成本核算提供的成本数据和其他有关资料，与本期计划成本、上年同期实际成本、本企业历史先进成本水平和同行业成本水平等进行比较，确定成本差异，并且分析成本差异的原因，以便采取措施，改进生产经营管理，挖掘降低成本的潜力、提高经济效益。

（七）成本考核

成本考核是在成本分析的基础上，定期地对成本计划的执行结果进行评定和考核。

为了分清经济责任，使成本考核更加合理，在对企业的成本计划进行考核时，应剔除客观因素对成本变动的影响。成本考核应与企业的奖惩制度相结合，根据成本考核的结果进行奖惩，以充分调动企业职工执行成本计划、提高经济效益的积极性。

综上所述，成本会计工作的各个环节是相互联系、相互补充的。在成本会计的各个环节中，成本核算是基础。没有成本核算，成本的预测、决策、计划、控制、分析和考核都无法进行，因而也就没有成本会计。成本预测是成本会计的第一个环节，是进行成本决策的前提；成本决策是成本预测的结果，是成本计划的依据；成本计划是成本决策的具体化；成本控制是实现成本计划的保证；成本分析和成本考核是实现成本计划的手段。它们紧密联系、互为条件，贯穿于企业生产经营的全过程。

拓展阅读

成本会计的产生与发展

第一阶段(1880—1920):原始的成本会计

原始的成本会计起源于英国,当时人们认为成本会计就是汇集生产成本的一种制度,主要用来计算和确定产品的生产成本和销售成本。在这期间,英国会计学家已经设计出订单成本计算和分步成本计算的方法(当时应用的范围只限于工业企业),后来传往美国及其他国家。

第二阶段(1921—1950):近代的成本会计

近代的成本会计主要是美国会计学家提出的标准成本会计制度,在原有的成本积聚基础上增加了"管理上的成本控制与分析"的新职能。在这种情况下,成本会计就不仅是计算和确定产品的生产成本和销售成本,还要事先制定成本标准,并据以进行日常的成本控制与定期的成本分析。正因为成本会计扩大了管理职能,于是应用的范围也从原来的工业企业扩大到商业企业、公用事业及其他服务性行业。

第三阶段(1951 年以后):现代成本会计

现代成本会计的重点由事中控制、事后核算、成本分析转移到成本的预测、决策和规划上来,并充分应用到企业的经营管理活动中来。一是开展成本预测和成本决策,变被动控制成本为主动降低成本;二是大力推行目标成本管理;三是实施责任成本管理;四是实行变动成本会计;五是全面推行质量成本管理。

今天,成本的定义已不再局限于产品成本的范畴。例如,美国会计学会与标准委员会就如此定义成本:成本是为了一定目的而付出的(或可能付出的)用货币测定的价值牺牲。从这一定义看,成本的外延除了产品成本的概念与内容,还包括劳务成本、工程成本、开发成本、资产成本、资金成本、质量成本、环保成本,等等。

除此之外,由于成本管理的目的不同,也就形成了对成本信息的不同需求,从而使成本有了各种各样的组合。同时,人们对它的认识也是日趋深化的。于是,目标成本、可控成本、责任成本、相关成本、可避免成本等新的成本概念源源不断地涌现,形成了多元化的成本概念体系。

任务三　成本会计工作的组织

为了充分发挥成本会计的职能,完成成本会计的任务,必须科学地组织成本会计工作。为此,企业应根据本单位生产经营的特点、规模的大小和机构的设置,以及成本管理的要求等具体情况来组织成本会计工作。在保证成本会计工作质量的前提下,应尽量节约工作时间和费用,提高成本会计工作的效率。

成本会计工作的组织主要包括:设置成本会计机构,配备必要的会计人员,制定和执行科学、合理的成本会计制度。

一、成本会计机构

企业的成本会计机构，是在企业中直接从事成本会计工作的机构，它是企业会计机构的一部分。一般而言，大中型企业应在专设的会计部门中单独设置成本会计机构，专门从事成本会计工作；在规模小、会计人员不多的企业，可以在会计部门中指定专人负责成本会计工作。另外，企业的有关职能部门和生产车间，也应根据生产需要设置成本会计组织或者配备专职或兼职的成本会计人员。

（一）成本会计机构的内部组织分工

成本会计机构内部，可以按成本会计所担负的各项任务进行分工，也可以按成本会计的对象进行分工。在分工的基础上建立岗位责任制，使每一个成本会计人员都能明确自己的职责，每一项成本会计工作都有专人负责。

（二）企业内部各级成本会计机构的分工

企业内部各级成本会计机构之间的组织分工，有集中核算和分散核算两种基本方式。

1. 集中核算方式

所谓集中工作方式，是指企业的成本会计工作，主要由厂部成本会计机构集中进行；车间等其他单位的成本会计机构或人员只负责原始记录和原始凭证的填制、审核、整理和汇总，为总部成本核算和成本分析提供基础资料。

采用集中工作方式，有利于厂部会计机构及时地掌握整个企业与成本有关的全面信息；有利于总部集中使用电子计算机进行成本数据处理；同时，还可以减少成本会计机构的层次和成本会计人员的数量。但这种工作方式不便于直接从事生产经营活动的各单位和职工及时掌握本单位的成本信息，从而不便于成本责任制的推行。

2. 分散核算方式

所谓分散工作方式，是指成本会计工作中的计划、控制、核算和分析等方面的工作分散由车间等其他单位的成本会计机构或人员分别进行；厂部成本会计机构除对全厂成本进行综合的计划、控制、分析、考核及汇总核算外，还应对下级成本会计机构或人员进行业务上的指导和监督。成本的预测和决策工作一般仍由厂部成本会计机构集中进行。

采用分散核算方式的优缺点与集中工作方式正好相反。一般来说，规模较大的企业其机构的层次复杂，会计人员较多，为了调动各级、各部门控制成本费用、提高经济效益的积极性，一般应采用分散工作方式；而小型企业为了提高成本会计工作的效率和降低成本管理的费用，则一般采用集中工作方式。

二、成本会计人员

在成本会计机构中，配备好成本会计人员，提高成本会计人员的素质，是做好成本会计工作的关键。为了充分调动会计人员做好工作的积极性，国家规定了会计人员的技术职称以及会计人员的职责和权限。这些规定对成本会计人员也完全适用。

为了提高成本会计工作效率，保证成本会计信息质量，在成本会计机构内部和会计人员中应当建立岗位责任制。企业应当重视和加强成本会计人员的职业道德教育和业务培训，让每一个成本会计人员都明确自己的职责和权限，胜任自己的工作。

三、成本会计制度

成本会计制度是成本会计工作的规范，是会计法规和制度的重要组成部分。企业应在遵循《中华人民共和国会计法》、《企业财务通则》、《企业会计准则》等有关法律、法规和制度的基础上，结合企业生产经营的特点和管理的要求，制定企业内部成本会计制度，作为进行成本会计工作的依据。

不同的企业由于生产经营的特点和管理的要求不同，所制定的成本会计制度也有所不同。总体来说，应包括以下几个方面的内容：

(1)成本定额的制定和成本计划的编制制度。它包括成本定额和成本计划的编制格式、编制时间、编制方法和编制责任单位等内容。

(2)成本控制制度。它包括成本控制程序、目标成本的确定和分解、标准成本制定或定额成本制度及成本责任中心的确定等内容。

(3)成本核算制度。它包括成本计算对象的确定、成本计算方法的选择、成本项目的设置和成本核算程序等，是成本会计制度的核心内容。

(4)责任成本制度。它包括合理划分责任中心、编制责任预算、建立和健全责任系统、评价和健全工作业绩四个方面的内容。

(5)成本报表制度。它包括成本报表的种类、项目、格式和编制方法等内容。

(6)企业内部价格制定和结算制度。它规定了企业内部半成品或产成品的转移价格及其结算制度，内部价格的制定方法等内容。

(7)其他有关成本会计的制度。

成本会计制度是开展成本会计工作的依据和行为规范，该制度是否科学、合理会直接影响成本会计工作的成效。因此，成本会计制度的制定是一项复杂而细致的工作。企业在制定成本会计制度的过程中，不仅要熟悉国家相关法规、制度，而且要深入基层，进行广泛而深入的调查和研究，了解企业的生产特点和管理要求，在反复试点、掌握充分依据的基础上进行成本会计制度的制定。成本会计制度一经制定，就应认真贯彻执行。但当企业的生产经营情况发生变化，出现了新的情况时，则应根据变化了的情况，对成本会计制度进行修订和完善，以保证成本会计制度的科学性和先进性。

小贴士

《成本会计》是初级会计职称考试《初级会计实务》科目中一个重要的组成部分，因此学习好成本会计这门课程，也是为将来的初级会计职称考试做好重要的准备。

小 结

本模块主要是从理论上阐述成本的经济实质与作用，揭示了成本会计的内容和成本会计的工作组织。

成本的经济实质可以概括为：在生产产品过程中已经耗费的、用货币额表现的生产资料的转移价值和劳动者为自己的劳动所创造的价值的总和。在企业的生产经营中，成本具有重要的作用：成本是生产耗费的补偿尺度；成本是衡量企业经营管理水平的综合指标；成本是制定产品价格的重要依据；成本是企业进行经营决策的重要依据。

成本会计是运用会计的基本原理和一般原则，采用一定的方法，对企业生产经营过程中发生的各项耗费和产品成本进行连续、系统、全面、综合的核算和监督的一种管理活动。

成本会计的对象是企业生产经营过程中的成本和有关的经营管理费用，简称成本、费用。因此，成本会计实际上是成本、费用会计。

成本会计的内容有成本预测、成本决策、成本计划、成本控制、成本核算、成本分析和成本考核。其中，成本核算是成本会计最基本、最重要的内容，是成本会计工作的核心。

成本会计的工作组织包括成本会计机构的设置、成本会计人员的配备和成本会计制度的制定。成本会计机构之间的组织分工有集中核算和分散核算两种方式。一般而言，大中型企业多采用分散核算方式，小型企业则采用集中核算方式。

本模块这些理论对成本会计相关知识的学习具有重要的指导意义。因此在学习本模块时，重在对这些理论知识融会贯通地理解和掌握。

思考题

1. 成本的经济实质是什么？简述成本的作用。
2. 简述生产费用与产品成本的联系与区别。
3. 什么是成本会计？简述成本会计的内容。
4. 什么是成本会计的工作组织？简述成本会计组织的两种基本方式。
5. 成本会计的基础工作包括哪些？

练习题

一、单项选择题

1. 作为制定产品价格重要依据的成本是指（　　）。

A. 制造成本　　B. 期间费用

C. 制造费用　　D. 全部成本

2. 成本会计工作的核心是（　　）。

A. 成本预测　　B. 成本决策

C. 成本核算　　D. 成本分析

3. 规模较小的企业为了提高成本会计工作的效率和降低成本管理的费用，一般采用（　　）。

A. 集中核算方式　　B. 分散核算方式

C. 集中与分散相结合的方式　　D. 自由工作方式

4. 成本的经济实质是指（　　）。

A. 企业在生产经营中所支出的生产费用

B. 劳动者为社会劳动所创造价值的货币表现

C. 劳动者为自己劳动所创造价值的货币表现

D. 已耗费的生产资料转移价值和劳动者为自己劳动所创造价值的货币表现

5. 产品成本是相对于(　　)而言的。

A. 一定数量和种类的产品　　B. 会计期间

C. 会计主体　　D. 生产类型

6. 成本是产品价值中的(　　)部分。

A. C+V+M　　B. C+V

C. V+M　　D. C+M

7. (　　)是成本决策所确定的成本目标的具体化。

A. 成本预测　　B. 成本计划

C. 成本分析　　D. 成本考核

8. 成本会计各个环节的基础是(　　)。

A. 成本核算　　B. 成本决策

C. 成本分析　　D. 成本考核

9. 根据有关的历史数据,运用一定的方法对未来的成本水平及其发展趋势所做出的科学估计是(　　)。

A. 成本分析　　B. 成本预测

C. 成本计划　　D. 成本决策

10. 集中工作方式和分散工作方式是指(　　)。

A. 企业内部成本会计对象　　B. 企业内部成本会计职能

C. 企业内部各级成本会计机构　　D. 企业内部成本会计任务

二、多项选择题

1. 构成商品的理论成本是指(　　)。

A. 已耗费的生产资料转移价值　　B. 劳动者为自己的劳动所创造的价值

C. 劳动者为社会劳动所创造的价值　　D. 剩余劳动所创造的价值

2. 成本会计的主要内容有(　　)。

A. 成本预测和成本决策　　B. 成本计划和成本控制

C. 成本核算和成本分析　　D. 成本考核和成本检查

3. 成本会计的工作组织,主要包括(　　)。

A. 设置成本会计机构　　B. 配备必要的成本会计人员

C. 组织成本核算　　D. 制定科学、合理的成本会计制度

4. 企业内部各级成本会计机构之间的组织分工基本形式有(　　)。

A. 集中核算方式　　B. 分散核算方式

C. 集中与分散相结合的方式　　D. 自由工作方式

5. 成本会计的基础工作是指(　　)。

A. 建立和健全原始记录制度　　B. 建立和健全定额管理制度

C. 建立和健全计量验收制度　　D. 建立和健全内部结算价格制度

6. 成本会计的内容主要包括(　　)。

A. 成本预算和成本计划　　B. 成本决策和成本核算
C. 成本分析和成本控制　　D. 成本考核

7. 产品成本的主要作用为(　　)。

A. 它是补偿生产耗费的尺度　　B. 它是企业进行生产经营决策的依据
C. 它是企业制定产品价格的重要依据　　D. 它是综合反映企业工作质量的重要指标

8. 从成本的经济实质看,成本是企业商品生产过程中(　　)之和。

A. 生产资料价值　　B. 劳动者为自己劳动创造的价值
C. 劳动者创造的价值　　D. 已消耗的生产资料价值

9. 应计入期间费用的项目是(　　)。

A. 管理费用　　B. 制造费用
C. 销售费用　　D. 财务费用

10. 下列内容中属于企业内部成本会计制度的有(　　)等。

A. 成本计划的编制方法规定　　B. 成本分析要求的规定
C. 成本开支范围的规定　　D. 成本岗位责任制

三、判断题

1. 成本的经济实质是生产经营过程中所耗费的生产资料转移价值的货币表现。(　　)

2. 成本会计工作的核心是进行成本预测和决策。(　　)

3. 企业应根据单位生产经营特点、生产规模的大小和成本管理的要求等具体情况来组织成本会计工作。(　　)

4. 成本会计工作制度可以由企业自行制定,不受国家法律、行政法规和规章制度的制约。(　　)

5. 生产费用与产品成本在经济内容上是一致的。(　　)

6. 产品成本是企业为生产一定种类和数量的产品所发生的各种耗费的总和。(　　)

7. 产品生产成本是企业为生产产品而发生的各种耗费,包括管理费用。(　　)

8. 期间费用一般应当分配计入产品、劳务的成本。(　　)

9. 成本会计的基本工作是指成本预测工作。(　　)

10. 成本核算是基础,没有成本核算,其他各项职能都无法进行。(　　)

11. 成本集中核算方式一般应用于规模比较小的企业。(　　)

12. 成本会计任务的完成情况取决于成本会计人员的素质和能力,成本会计人员能力很强,成本会计就可以实现企业经营管理的各方面要求。(　　)

模块二 成本核算的要求和一般程序

学习目标

1. 了解和掌握费用要素的内容。
2. 了解和掌握费用按经济用途的分类。
3. 了解和掌握成本核算的一般程序和基本要求。
4. 了解和掌握成本核算的账户设置及其应用。

情景案例

小华刚从大学毕业,被分配到一个服装加工厂做会计工作,该厂是由一家服装加工店扩大而成的。上岗之前,厂长将上一年经营业绩给小华做了分析,上年度租入厂房每年租金20万元,购买生产设备80万元,预计可用10年,购买生产用布料等原材料50万元,支付生产工人工资20万元,各种办公费用支出20万元,用于产品推销的费用20万元,全年总收入200万元。现在存在两种不同的观点:①认为上年度企业出现了亏损(200－20－80－50－20－20－20＝－10);②认为上年度企业出现了盈利(200－20－8－50－20－20－20＝62)。两种观点的出现到底是什么原因?问题究竟出在哪里?小华到工厂后,领导给他布置的工作是正确分析企业的哪些支出应该计入成本,哪些支出不应计入成本;每个月的完工产品成本怎样计算才够准确。那么,你认为小华要做哪些工作?

任务一 费用的分类

工业企业生产经营过程中发生的费用是多种多样的,为了科学地进行成本管理和成本核算,正确计算产品成本和期间费用,必须对生产费用按照一定的标准进行分类。

一、生产费用按经济内容分类

企业的生产经营过程,也是劳动对象、劳动手段和活劳动的耗费过程。因而生产经营过程中发生的费用,按其经济内容分类,可划归为劳动对象方面的费用、劳动手段方面的费用和活劳动方面的费用三大类。这三类可以称为企业的三大费用要素。所谓费用要素,就是费用按经济内容的分类。为了具体反映各种费用的构成和水平,还应在此基础上,将其进一步划分为以下费用要素:

(1)外购材料。指企业为进行生产经营活动而耗用的一切从外部购入的各种原料及主要材料、半成品、辅助材料及包装物和低值易耗品等。

(2)外购燃料。指企业为进行生产经营活动而耗用的一切从外部购入的各种燃料。

(3)外购动力。指企业为进行生产经营活动而耗用的一切从外部购入的各种动力。

(4)职工薪酬。指企业为获得职工提供的服务而给予的各种形式的报酬及其他相关支出,包括职工工资、奖金、津贴、补贴,职工福利费,医疗保险费、养老保险费、失业保险费、工伤保险费和生育保险费等社会保险费,住房公积金,工会经费和职工教育经费,非货币性职工福利,因解除与职工的劳动关系给予的补偿及其他与获得职工提供的服务相关的支出。

(5)折旧费。指按照规定的固定资产折旧方法计算提取的折旧费用。

(6)利息支出。指企业应计入财务费用的利息支出减去利息收入后的净额。

(7)税金。指企业应缴纳的各项税金,如房产税、土地使用税、车船使用税、印花税等。

(8)其他支出。指不属于以上各要素但应计入产品成本或期间费用的费用支出,如差旅费、办公费、邮电费等。

生产费用按经济内容分类,可以反映企业在一定时期内在生产经营中发生了哪些费用,数额各是多少,据以分析企业各个时期各种费用的构成和水平;可以反映外购材料、燃料、动力、职工薪酬等费用的实际支出,为企业编制材料供应计划和劳动工资计划提供资料。但这种分类不能说明各项费用的用途,因而不便于分析各种费用支出是否合理、是否节约,不能说明这些费用与企业成本之间的关系。

二、生产费用按经济用途分类

工业企业的生产费用按其经济用途不同,可分为计入产品成本的生产费用和直接计入当期损益的期间费用两类。

(一)生产成本

计入产品成本的生产费用在产品生产过程中的用途各不相同,有的直接用于产品生产,有的间接用于产品生产。为了具体反映计入产品成本的生产费用的各种用途,还应将其划分为若干个成本项目,称为产品成本项目或成本项目,即生产费用按其经济用途分类核算的项目。主要包括:

1. 直接材料

指构成产品实体的原料及主要材料,以及有助于产品成本形成的辅助材料、外购半成品、直接用于产品生产的燃料、动力、包装物和其他直接材料。

2. 直接人工

指企业里直接从事产品生产的工人的工资、奖金、津贴和补贴,职工福利费,医疗保险费、养老保险费、失业保险费、工伤保险费和生育保险费等社会保险费,住房公积金,工会经费和职工教育经费,非货币性福利。

3. 制造费用

指企业间接用于产品生产的各项费用以及虽然直接用于产品生产,但不便直接计入产品成本的费用。制造费用包括企业内部生产单位(分厂、车间)管理人员的薪酬、生产用固定资产的折旧费、机物料消耗、低值易耗品摊销、取暖费、水电费、邮电费、办公费、保险费、设计制图费、试验检验费、劳动保护费、季节性或修理期间的停工损失及其他制造费用。

将计入产品成本的生产费用划分为若干成本项目，可以按照费用的用途考核各项费用定额或计划的执行情况，分析费用支出是否合理、节约。

（二）期间费用

工业企业的期间费用是指企业在生产经营过程中发生的与产品生产经营活动没有直接关系属于某一时期耗用的费用。按其经济用途可分为管理费用、销售费用和财务费用。

1. 管理费用

管理费用是指企业为组织和管理生产经营活动所发生的各项费用。包括董事会费、公司经费（公司行政管理部门职工的薪酬、物料消耗、低值易耗品摊销、办公费、差旅费等）、聘请中介机构费、咨询费、诉讼费、业务招待费、房产税、车船使用税、土地使用税、印花税、排污费等。

2. 销售费用

销售费用是指企业在产品销售过程中发生的费用，以及为销售本企业产品而专设的销售机构的各项经费。包括保险费、包装费、展览费和广告费，预计产品质量保证损失，以及为销售本企业商品而专设的销售机构的职工薪酬等。

3. 财务费用

财务费用是指企业为筹集生产经营资金而发生的各项费用，包括利息支出（减利息收入）、汇兑损益、相关的手续费、企业发生的现金折扣或收到的现金折扣等。

三、生产费用的其他分类

（一）生产费用按其与生产工艺的关系分类

计入产品成本的各项生产费用，按其与生产工艺的关系，可以分为直接生产费用和间接生产费用。直接生产费用是指由生产工艺本身引起的、直接用于产品生产的各项费用。原料费用、主要材料费用、生产工人的薪酬、机器设备的折旧费用等。间接生产费用是指与生产工艺没有关系、间接用于产品生产的各项费用，如机物料消耗、辅助生产工人的薪酬和车间厂房折旧费等。

（二）生产费用按其计入产品成本的方法分类

计入产品成本的各项生产费用，按计入产品成本的方法，可以分为直接计入费用和间接计入费用。直接计入费用是指可以分清哪种产品所耗用，可以直接计入该种产品成本的费用。间接计入费用是指不能分清哪种产品所耗用、不能直接计入某种产品成本，而必须按照一定标准分配计入有关的各种产品成本的费用。

（三）生产费用按其与产品产量的关系分类

计入产品成本的各项生产费用，按其与产品产量的关系可分为变动费用与固定费用。变动费用是指费用总额随产品产量变动而变动的生产费用，如“直接材料”项目，计件工资制下的“直接人工”,“制造费用”项目下的变动性制造费用。固定费用是指费用总额不随产品产量变动而变动的生产费用,如计时工资制下的“直接人工”,“制造费用”项目下的固定性制造费用。

生产费用的各种分类是以不同角度进行的,它们之间既有联系又有区别。其联系表现为都是在同一个生产经营过程中所发生的耗费;区别是它们是在企业生产经营过程中的不同阶段和不同的劳动岗位上发生的。为了对费用进行控制和加强管理,从不同角度对费用加以分类是有必要的。然而,各种工业企业的生产特点不同,每一种费用的分类都是相对的,而不是绝对的,都带有一定的局限性。

任务二　成本核算的基本要求

企业的成本费用种类繁多,为了正确地计算产品实际成本和企业损益,在进行成本核算时,应遵循以下几个方面的要求:

一、严格执行国家规定的成本开支范围和费用开支标准

成本开支范围是根据企业在生产过程中生产费用的不同性质、成本的内容,以及加强经济核算的要求,由国家统一制定的。在成本开支范围中,明确规定了哪些费用应计入成本,哪些费用不应计入成本。这样,可以使产品成本正确地反映企业生产消耗水平,使各企业的成本开支口径一致。为此,每个企业都应严格遵守成本开支范围,认真贯彻会计准则对成本开支的有关规定,这是做好成本会计工作、保证成本核算质量的重要条件。

进行成本核算,应根据成本开支范围,对企业的各项费用进行审核和控制,确定是否应该支出。对于已经发生的支出,应审核该项支出是否应计入费用。应计入费用的,审核该项支出是否应计入产品成本。

对已经发生并应计入企业费用的耗费要进行归集。生产费用要按产品进行归集,计算各种产品成本,以便为产品成本的定期分析和考核提供数据,从而进一步挖掘降低成本的潜力。期间费用则按期间进行归集,直接计入当期损益。

二、正确划分成本费用的界限

为了正确地进行成本核算,计算产品成本和期间费用,必须正确划分以下费用界限。

(一)正确划分各种支出的界限

工业企业的经济活动是多方面的,除了生产经营活动以外,还有其他方面的经济活动,因而费用的用途也是多方面的,并非都应计入生产经营管理费用(生产成本和期间费用)。如企业购置和建造固定资产、购买无形资产等,这些活动都不是企业日常的生产经营活动,不应计入生产经营管理费用。又如企业的固定资产盘亏损失、固定资产的报废清理损失、由于自然灾害等原因而发生的非常损失,都不是由于生产经营活动而发生的,也不应计入生产经营管理费用。因此,只有在企业日常生产经营活动中发生的与正常生产经营活动有关的支出,才称作生产经营费用。为了正确地计算产品成本和期间费用,企业首先应当正确划分

应计入产品成本和期间费用的生产经营费用与不应计入产品成本和期间费用的其他各种支出的界限，遵守国家关于成本、费用开支范围的规定，防止乱计和少计生产经营管理费用的错误做法。

（二）正确划分生产成本与期间费用的界限

生产成本是在产品制造过程中发生的应归入产品负担的费用，包括生产产品所发生的直接材料费用、直接人工费用和制造费用等。期间费用是指不应计入产品成本，而是直接计入当期损益的各种费用，包括管理费用、销售费用和财务费用。因此，为了正确计算产品成本和期间费用，正确计算各月的损益，必须正确地划分产品制造成本和各项期间费用的界限。应防止混淆生产成本和期间费用的界限，借以调节各月产品成本和各月损失的错误做法。

（三）正确划分各期产品成本的界限

为了按月分析和考核成本计划的执行情况和结果，正确计算各期损益，还必须正确划分各期的费用界限。为此，本月发生的成本费用，都应在本月入账，不能将其延至下一期入账；也不能将其在未到期时提前入账。按照权责发生制的原则，凡是本期已经发生的成本费用，不论其款项是否已经支出，都应当作为本期费用成本入账；凡是不属于本期费用成本的支出，即使款项已经在本期支出，也不应作为本期的费用成本处理。正确划分本期费用成本的界限，是合理确定各期产品成本和期间费用的需要，应防止人为调节各月损益的错误做法。

（四）正确划分各种产品成本的界限

为了分析和考核各种产品的成本计划或成本定额的执行情况，应该分别计算各种产品成本。因此，应该计入本月产品成本的生产费用还应在各种产品之间进行划分。如果企业只生产一种产品，其生产发生的各项成本费用直接计入该产品成本即可。属于几种产品共同发生，不能直接计入某种产品成本的生产费用，则应采用适当的分配方法，分配计入这几种产品的成本。应当注意盈利产品与亏损产品、可比产品与不可比产品之间费用界限的划分。防止在盈利产品与亏损产品之间，以及可比产品与不可比产品之间任意增减生产费用，以盈补亏、掩盖超支的错误做法。

（五）正确划分本期完工产品成本与期末在产品成本的界限

月末计算产品成本时，如果某种产品已全部完工，则这种产品的各项生产费用之和，就是这种产品的完工产品成本；如果某种产品都未完工，这种产品的各项生产费用之和，就是这种产品的月末在产品成本；如果某种产品一部分已经完工，另一部分尚未完工，则应将这种产品的各项生产费用，采用适当的分配方法在完工产品与月末在产品之间进行分配，分别计算完工产品成本和月末在产品成本。应防止任意提高或降低月末在产品费用，人为调节完工产品成本的错误做法。

以上五个方面界限的划分，都应贯彻受益原则，即何者受益何者负担费用，何时收益何时负担费用，负担费用多少应与受益程度大小成正比。这五个方面界限的划分过程，也是产品成本的计算过程。

三、正确确定财产物资的计价和价值结转的方法

制造业拥有的财产物资绝大部分是生产资料，它们的价值随着生产经营过程的耗费，转移到产品成本和期间费用中去。因此，这些财产物资的计价和价值结转方法，也会影响成本和费用。如固定资产的折旧方法、折旧期限等；原材料在实际成本计价下发出材料成本的计算方法、在计划成本计价下材料成本差异的确定方法、低值易耗品的摊销方法等。

为了正确地计算成本和费用，这些财产物资的计价和价值结转方法应做到既合理又简便。国家有统一规定的，应采用国家统一规定的方法。要防止任意改变财产物资计价和价值结转的方法，借以人为调节成本和费用的错误做法。

四、做好成本核算的基础工作

要做好成本会计工作，算好和管好成本，必须建立和健全成本会计的基础工作。成本核算基础工作包括以下几个方面：

（一）建立和健全原始记录制度

原始记录是企业最初记录各项经济业务实际情况的书面证明，是企业进行成本核算、分析消耗定额和成本计划执行情况的依据。企业必须建立、健全原始记录制度，及时提供真实可靠、内容完整的原始记录。原始记录制度应当明确企业各种原始记录的取得、登记、传递和保管等方面的程序和责任。不同规模的企业和经营管理的要求不同，原始记录的要求也不相同。但从内容上来说，与成本会计有关的主要有以下几类：

（1）反映生产经营活动及其成果的原始记录。它反映生产组织、在产品和自制半成品转移、产品质量检查、产成品入库等情况。如生产通知书、生产记录、废品通知单、产品入库单等。

（2）反映材料物资动态的原始记录。它反映材料物资验收入库、领取、使用和退库等情况。如收料单、领料单、限额领料单、领料登记表、退料单、材料盘点盈亏报告单等。

（3）反映劳动耗费的原始记录。它反映职工人数、考勤、工时利用、工资结算等情况。如考勤记录、工时记录、加班加点记录、工资结算单等。

（二）建立和健全定额管理制度

定额是企业对生产经营过程中对人力、财力和物力的占用和耗用等方面所规定应达到的标准。各项定额是企业制定成本计划、实施成本控制和进行成本分析的重要依据，也是衡量经营成果的尺度。

企业实施定额管理制度按其反映的内容，主要分为原材料、燃料和动力消耗定额，工具模具消耗定额，设备利用定额和各项费用定额。定额的制定既要先进又要切实可行，经过努力可以达到。各项定额之间要综合平衡，互相协调。定额制定后，要随着生产技术条件的变化和管理水平的提高，适时地进行修改和完善。但定额也不宜经常变动，必须保持一定的稳定性。否则，不利于调动职工完成定额的积极性。

（三）建立和健全计量验收制度

企业中各种材料物资以及产成品的收发都必须认真进行计量和验收，填制必要的凭证，

办理必要的手续。为此,企业必须建立和健全计量验收制度,明确计量器具标准,质量检验的程序和机构,各项财产物资的收、发、领、退的程序和手续等要求。对于车间已领未用的材料,要进行清查盘点,不再需用的材料应及时退库,需要继续使用的材料,应办理转账手续,即进行"假退料"。对在产品和库存材料物资要定期进行清查盘点,依据清查结果编制"盘点盈亏报告表",分析造成盈亏的原因,并据以进行调整的账务处理,以保证账实相符。做好这些工作,是保证成本计算正确性的必要条件。

(四)建立和健全内部结算价格制度

为了明确企业内部各车间、部门的经济责任,对材料物资、在产品、半成品、产成品等在企业内部各单位之间的流转,以及相互提供劳务等,可以采用内部核算的形式进行核算和管理。企业应建立和健全内部结算价格制度,以合理的内部结算价格作为企业内部结算和考核的依据。厂内计划价格要尽可能符合实际,保持相对稳定,一般在年度内不变。这样,既可以分清内部各单位的责任考核和分析内部各单位成本计划的执行情况,又可以简化和加快成本核算工作。

(五)选择适当的成本计算方法

在生产过程中,生产工艺的不同特点和要求,以及不同的生产组织方式,对产品成本的计算有着不同的要求。企业必须根据生产类型和成本管理的要求,选择适合本企业的成本计算方法。产品成本的计算方法主要有品种法、分批法、分步法等。在同一个企业里,可以采用一种成本计算方法,也可以采用多种成本计算方法。成本计算方法一经确定,一般就不应变动。

任务三　成本核算的一般程序

企业可以根据生产经营特点、生产经营组织类型和成本管理的要求,自行确定成本计算方法。不同的生产工艺过程和生产组织的企业,其成本计算的具体方法是不同的。但是产品成本计算的目的在于控制生产过程中的耗费,计算出各个成本核算对象的实际总成本和单位成本。尽管产品成本的计算方法不同,但成本核算的基本程序是相同的。具体可归纳为以下几个方面:

一、要素费用的分配

外购材料、外购燃料、外购动力等各项要素费用,要根据其具体的发生地点和用途进行分配,编制各种要素费用分配表。在此基础上,将可以直接计入产品成本的费用直接计入产品成本,将不可以直接计入产品成本的费用作为间接费用,先进行归集为不同生产车间或部门的制造费用,待归集完全后,再采用适当的方法进行分配,计入各种产品。对于与产品制造无关的要素费用,则应计入期间费用,分别按管理费用、销售费用和财务费用进行归集。

二、辅助生产费用的分配

由于辅助生产车间是为基本生产车间和行政管理等部门提供产品或劳务的,所以,辅助生产车间发生的费用,应根据其提供的劳务数量、发生的费用和各部门耗用辅助生产部门产品或劳务的数量,编制“辅助生产费用分配表”,分配于受益的车间、部门或产品。

三、制造费用的分配

各基本生产车间发生的制造费用,其归集和分配应根据不同的情况,分别进行相应的处理。当车间只生产一种产品时,制造费用可以直接计入该产品的成本;在生产多种产品的情况下,制造费用应采用适当的分配方法,在该车间生产的各种产品中,编制“制造费用分配表”进行分配,以制造费用成本项目计入各种产品成本。

四、废品损失和停工损失的分配

在单独核算废品损失和停工损失的企业中,因出现废品、停工而发生的损失性费用,都应在以上各步骤的费用分配中,按废品损失、停工损失进行归集。这些损失性费用,在分配时,除可以收回的保险赔偿、过失赔偿以及可列为营业外支出的非常损失等之外,应分别分配给有关期间费用和产品成本的相应项目。专设废品损失、停工损失成本项目的,按该成本项目计入产品成本。如果企业不单独核算废品损失和停工损失,则不存在该费用的分配。

五、生产费用在完工产品和在产品之间的分配

通过以上各步骤的费用分配,每种产品应负担的生产费用已按不同的成本项目分别归集,逐项与月初在产品费用相加后,即为该种产品的全部生产费用。如果当月产品全部完工,所归集的全部生产费用即为完工产品成本;如果全部未完工,即全部为月末在产品成本;如果当月既有完工产品又有月末在产品,则须分别按成本项目在完工产品和月末在产品之间进行分配,计算出按成本项目反映的完工产品成本和月末在产品成本。

任务四　成本核算的账户设置

为了按用途归集各项成本,划清有关成本的界限,正确计算产品成本,企业一般应设置“生产成本”、“制造费用”、“管理费用”、“销售费用”、“财务费用”等账户。如果企业需要单独核算废品损失和停工损失,还可以增设“废品损失”和“停工损失”两个科目。根据企业成本管理的需要,可以将“生产成本”分为“基本生产成本”和“辅助生产成本”两个二级明细账。

一、“生产成本——基本生产成本”账户

“生产成本——基本生产成本”账户,是用于核算在生产过程中发生的各种生产费用,计算产品成本的成本计算类账户。为了归集基本生产所发生的各种生产费用,计算基本生产产品成本,应设置“基本生产成本”账户。该账户的借方登记企业为进行基本生产而发生的各种费用,贷方登记转出的完工入库产品成本,余额在借方,表示基本生产的在产品成本。

“生产成本——基本生产成本”账户应按产品品种、产品批别、产品生产步骤等成本计算对象设置明细账户,明细账户内按成本项目分设专栏。其格式举例见表 2－1。

表 2－1　基本生产成本明细账

车间:第一车间　　　　201×年4月　　　　产品名称:甲产品

月	日	摘　要	产量（件）	成本项目			合计
				直接材料	直接人工	制造费用	
3	31	期初在产品成本		32 000	6 280	70 560	108 840
4	30	本月生产费用		160 800	84 300	213 440	458 540
	30	生产费用合计		192 800	905 80	284 000	567 380
	30	本月完工产品成本		114 300	67 480	198 700	380 480
	30	完工产品单位成本	600	190.5	112.47	331.16	634.13
	30	期末在产品成本		78 500	23 100	85 300	186 900

二、“生产成本——辅助生产成本”账户

“生产成本——辅助生产成本”账户，是用以核算辅助生产车间为基本生产车间、其他辅助生产车间和企业管理部门生产产品或提供劳务所发生的生产费用，计算辅助生产成本的成本计算类账户。该账户的借方登记企业为进行辅助生产而发生的各种费用，贷方登记完工入库产品的成本或分配转出劳务的成本，余额在借方，表示辅助生产车间在产品的成本。该账户一般按辅助生产车间设置明细账户，明细账户内按费用项目分设专栏。

三、“制造费用”账户

“制造费用”账户用来核算企业为生产产品和提供劳务所发生的各项间接费用，不能直接计入产品成本。借方登记实际发生的制造费用；贷方登记实际分配转出的制造费用；除季节性生产企业外，该科目期末应无余额。

为了适应企业管理的要求，“制造费用”账户可按生产单位设置明细账，进行明细核算。明细账户内按费用项目设专栏，但辅助生产单位一般不单独设置“制造费用”账户，发生的制造费用全部计入“辅助生产成本”账户。

四、“废品损失”和“停工损失”账户

当企业需要单独核算废品损失和停工损失时，就需要设置“废品损失”和“停工损失”账户。

“废品损失”账户用来核算企业因各种原因形成废品而造成的损失。该账户的借方登记不可修复废品的成本和可修复废品的修复费用；贷方登记废品残料回收的价值、应收的赔款以及转出的废品净损失；该账户期末应无余额。“废品损失”账户应按车间设置明细分类账，账内按产品品种分设专户，并按成本项目设置专栏或专行进行明细登记。

“停工损失”账户用来核算企业因计划减产、停电、设备故障等引起停产所造成的各项损失。该账户借方登记企业发生的各项停工损失，贷方登记应收的各项赔款及结转到营业外

支出账户和生产成本账户的停工净损失,期末一般无余额。

五、"管理费用"账户

"管理费用"账户是用以核算企业行政管理部门为组织和管理整个企业的生产经营活动所发生的各项费用的费用类账户。该账户借方登记企业发生的各项管理费用,贷方登记结转到"本年利润"账户的管理费用,期末结转后该账户无余额。该账户按费用项目设置明细账,进行明细核算。

六、"销售费用"账户

"销售费用"账户是用以核算企业在销售商品和材料、提供劳务的过程中所发生的各种费用的费用类账户。该账户借方登记实际发生的各项销售费用,贷方登记期末转入"本年利润"科目的销售费用,期末结转后该账户无余额。该账户按费用项目设置明细账,进行明细核算。

七、"财务费用"账户

"财务费用"账户是用以核算企业为筹集生产经营所需资金而发生的各种费用的费用类账户。该账户借方登记实际发生的各项利息支出、汇兑损失和金融机构手续费等各项财务费用,贷方登记利息收入、汇兑收益和期末转入"本年利润"科目的财务费用,期末结转后该账户无余额。该账户按费用项目设置明细账,进行明细核算。

拓展阅读

成本核算的原则

由于企业的性质、生产的产品等方面各不相同,因此,成本核算有其各自的特点。但是在成本核算时,都应遵循成本核算的基本原则。成本核算的原则虽不具有法律强制执行的性质,但确为会计人员所普遍承认,实际上是一种规范性的行为准则。具体来说,成本核算的原则包括:

(1)权责发生制原则。权责发生制原则是指成本费用的确认应当以成本费用的实际发生作为确认计量的标准,凡是当期已经发生或应负担的成本费用,不论是否已支付,都应作为当期的成本费用处理;凡是不属于当期成本费用的,即使已在当期支付,也不能作为当期的成本费用。

(2)实际成本计价原则。在进行成本核算时,各企业所采用的成本核算方法不完全相同,如有的企业采用定额法、标准成本制度等,在核算存货时,也可能按计划成本进行核算。但在最后计算产品成本时,必须将其调整为实际成本,这样,才能正确地计算企业当期的盈利水平。

(3)成本分期原则。企业为了取得一定期间所生产产品的成本,必须将川流不息的生产活动按一定阶段(如月、季、年)划分为各个时期,分别计算各期产品的成本。成本核算的分期,必须与会计年度的分月、分季、分年相一致,这样便于利润的计算。

(4)受益原则。成本分配的受益原则,可以概括为:谁受益、谁负担;负担多少,视受益程度而定。这一原则,要求选用的分配标准能够反映受益者的受益程度。

(5)重要性原则。在进行成本核算时,所采用的成本计算步骤、费用分配方法、成本计算方法等,都是根据每个企业的具体情况进行选择的。对于主要产品、主要费用,应采用比较详细的方法进行计算和分配,而对于次要的产品和费用,则可采用简化方法,进行合计计算和分配。

(6)一贯性原则。在进行成本核算时,应根据企业生产的特点和管理要求,选择不同的成本计算方法。成本计算方法一经确定,没有特殊情况,不应轻易变动。

(7)及时性原则。在进行成本核算时,应遵循及时性原则。不及时分配成本费用,必然会影响成本的及时计算和计算结果的准确性,也必然会影响成本信息的质量,造成经济决策的失误。

小　结

本模块重点介绍了生产费用按经济内容划分的若干费用要素和按经济用途划分的若干成本项目。生产费用要素包括外购材料、外购燃料、外购动力、职工薪酬、折旧费、利息支出、税金和其他支出;产品成本项目有直接材料、直接人工和制造费用。

本模块还介绍了成本核算的基本要求和一般程序。成本核算的基本要求就是正确划分各种费用的界限。包括正确划分各种支出的界限、正确划分生产成本与期间费用的界限、正确划分各期产品成本的界限、正确划分各种产品成本的界限和正确划分本期完工产品成本与期末在产品成本的界限。成本核算的一般程序是:确定成本计算对象;生产费用在各成本核算对象之间进行归集和分配;生产费用在本期完工产品和期末在产品之间进行分配。

本模块的最后还介绍了成本核算需要设置的有关账户。主要的账户有"基本生产成本"、"辅助生产成本"、"制造费用"账户,以及"管理费用"、"销售费用"、"财务费用"等账户,并设置必要的明细账进行明细核算。

思考题

1. 生产费用按经济内容分类,可分为哪些费用要素?
2. 生产费用按经济用途分类,可分为哪些成本项目?
3. 简述生产费用的其他分类内容。
4. 简述成本核算的一般要求和基本程序。
5. 为了进行产品成本核算,需要设置哪些账户?
6. 正确计算产品成本应该正确划清哪些费用界限?

练习题

一、单项选择题

1. 下列各项中属于费用要素的是(　　)。

A. 原材料　　B. 燃料及动力　　C. 职工薪酬　　D. 制造费用

2. 下列各项中属于成本项目的是(　　)。

A. 直接人工　B. 职工薪酬　C. 外购材料　D. 利息支出

3. 下列各项中能计入产品成本的费用是(　　)。

A. 财务费用　B. 生产费用　C. 管理费用　D. 销售费用

4. 下列各项中不应计入产品成本的费用是(　　)。

A. 车间设备的修理费　B. 车间设备的折旧费

C. 车间管理人员的薪酬　D. 车间的照明费

5. 下列各项中不直接在“基本生产成本”科目核算的内容是(　　)。

A. 生产工人的薪酬　B. 直接用于产品生产的原材料

C. 车间管理人员的薪酬　C. 直接用于产品生产的燃料和动力

6. 下列会计科目中,年末余额不转入“本年利润”科目的是(　　)。

A. 管理费用　B. 销售费用

C. 财务费用　D. 制造费用

7. 下列各项中应计入产品成本的费用是(　　)。

A. 行政管理人员的薪酬　B. 销售机构人员的薪酬

C. 生产工人的薪酬　D. 财务人员的薪酬

8. 期末如果既有完工产品,又有在产品,企业应将(　　)在本期完工产品和月末在产品之间进行分配。

A. 期初在产品成本

B. 本期发生的生产费用

C. 期初在产品成本加上本期发生的生产费用

D. 本期发生的生产费用减去期初在产品成本

9. 下列各项中不应计入产品成本的是(　　)。

A. 企业行政管理部门用资产的折旧费用　B. 车间厂房的折旧费用

C. 车间生产用设备的折旧费用　D. 车间辅助人员的工资

10. 下列各项中应计入制造费用的是(　　)。

A. 构成产品实体的原材料　B. 产品生产工人的工资

C. 车间管理人员工资　D. 生产工艺用燃料

二、多项选择题

1. 下列各项中属于费用要素的是(　　)。

A. 外购材料　B. 职工薪酬　C. 利息支出　D. 直接材料

2. 下列各项中属于产品成本项目的是(　　)。

A. 直接材料　B. 直接人工　C. 外购燃料　D. 制造费用

3. 为了正确划分费用与成本,企业不得(　　)。

A. 将应计入产品成本的费用列为期间费用　B. 将制造费用计入产品成本

C. 将期间费用计入产品成本　D. 将生产费用计入产品成本

4. 下列各项中不能计入产品成本的是(　　)。

A. 车间设备的修理费　B. 车间设备的折旧费

C. 按规定支付金融机构的手续费　　D. 已按规定缴纳的房产税

5. 下列各项中属于期间费用的是(　　)。

A. 管理费用　　B. 财务费用

C. 销售费用　　D. 制造费用

6. 下列各项中属于直接生产费用的有(　　)。

A. 生产工人的计时工资　　B. 生产工人的计件工资

C. 车间机器设备折旧费　　D. 车间机器设备修理费

7. 下列各项中属于直接计入费用的有(　　)。

A. 几种产品共同负担的制造费用

B. 一种产品负担的辅助材料费用

C. 生产工人计件工资

D. 能够分清用于哪种产品生产的直接生产费用和间接生产费用

8. 记入“直接材料”成本项目的有(　　)。

A. 直接用于产品生产的原材料费用　　B. 直接用于产品生产的主要材料

C. 车间的机物料消耗　　D. 直接用于产品生产的辅助材料费

9. 工业企业要素费用中的税金包括(　　)。

A. 房产税、车船使用税　　B. 增值税

C. 土地使用税、印花税　　D. 营业税

10. 下列各项中属于直接生产费用的有(　　)。

A. 产品生产工人的工资　　B. 车间机物料消耗

C. 车间厂房的折旧费　　D. 几种产品共同消耗的原材料费用

三、判断题

1. 产品成本是指企业在一定时期内发生的用货币表现的生产耗费。(　　)

2. 费用按经济内容分为生产费用和期间费用。(　　)

3. 要素费用中的税金是指增值税、消费税、印花税、车船税和土地使用税。(　　)

4. 在进行产品成本核算时,应正确划分完工产品与月末在产品费用的界限,其目的是防止任意提高或降低月末在产品费用,人为地调节完工产品的成本。(　　)

5. 工业企业的生产费用、管理费用、销售费用和财务费用,总称为生产经营管理费用。(　　)

6. 工业企业生产经营过程中发生的生产费用是多种多样的,其中最基本的分类是按费用计入产品成本的方式的关系分类。(　　)

7. 生产车间管理人员与企业管理人员的工资应该计入管理费用。(　　)

8. 用于几种产品生产共同消耗,构成产品实体的材料费用,可以直接计入各种产品成本。(　　)

9. 成本项目是生产经营费用按经济内容的分类。(　　)

10. 企业发生的其他费用支出,如差旅费、办公费、水电费等,应该计入产品成本。(　　)

模块三　要素费用的核算

学习目标

1. 掌握材料费用的归集和分配，重点是定额耗用量比例分配法和定额费用比例分配法。
2. 熟悉职工薪酬的内容，掌握职工薪酬的核算与分配。
3. 熟练掌握其他主要生产费用的归集与分配。

情景案例

联创公司是一家生产小家电的企业，刚刚大学毕业的王华承担公司的成本核算工作，由于缺乏实践经验，王华接手工作时感到一片茫然。企业生产的产品有好几种，进行成本核算该从哪儿入手？要正确核算产品成本，需要哪些原始记录？各种成本费用该如何进行归集与分配？你认为王华该如何进行成本核算？

任务一　材料费用的核算

一、材料费用的内容

企业在生产经营过程中耗费的材料，按其在生产中的不同用途，可以分为原材料及主要材料、辅助材料、外购半成品、燃料、修理用备件、周转材料等。对材料费用进行核算，就是将产品生产过程中发生的材料耗费根据领料凭证归集到有关成本计算对象。

企业通常设置“原材料”、“燃料”、“周转材料”等账户对上述各种材料费用进行核算。其中，“原材料”账户通常核算原料及主要材料、辅助材料、外购半成品、修理用备件等材料的增加、减少和结存情况。

二、材料费用的归集

（一）做好归集材料费用的各项基础工作

材料费用的归集是进行材料费用分配的基础和前提，它要求正确计算产品生产耗用材料的数量和成本，主要包括以下几个方面的工作：

1. 建立健全领发料的凭证手续

材料发出应根据领料单、限额领料单和领料登记表等发料凭证进行。会计部门应对发料凭证所列材料的种类、数量等进行审核，检查所领原材料的种类和用途是否符合有关要求，数量是否超出定额。只有经过审核、签章的发料凭证才能据以发料，并作为材料发出核算的凭证。原材料的领料凭证主要有领料单（见表3－1）、限额领料单（见表3－2）、退料单等。

表3－1　领料单

领料部门：基本生产车间

用　　途：生产A产品　　　　201×年7月12日　　　　领料单号：

材料类别	材料编号	材料名称及规格	数量		单价（元）	金额（元）
			请领	实发		
矩形管	002	200×200×12	35m	35m	192.00	6 720.00
圆钢	009	φ12	91m	91m	3.25	295.75

主管：　　　　记账：　　　　发料人：　　　　领料人：

表3－2　限额领料单

201×年7月

领料部门：辅助生产车间　　　　用　　途：生产模具　　　　计划产量：3000件

材料编号：103062　　　　名称规格：20m/m圆钢　　　　计量单位：千克

单　　价：6元　　　　消耗定量：0.4千克/件　　　　领用限额：1200千克

201×年		请　　领		实　　发				限额结余
月	日	数量	领料单位负责人	数量	累计	发料人	领料人	
7	3	180	高海	180	180	李磊	王立	1 020
7	11	220	高海	220	400	李磊	王立	800
7	18	150	高海	150	550	李磊	王立	650
7	22	200	高海	200	750	李磊	王立	450
7	26	100	高海	100	850	李磊	王立	350
7	30	250	高海	250	1 100	李磊	王立	100

供应生产部门：　　　　生产计划部门：　　　　仓库负责人：洪辽（签章）

2. 正确确定消耗材料的数量

确定发出材料的数量有两种方法：永续盘存制和实地盘存制。

永续盘存制也称账面盘存制，是按材料的品种规格设置材料明细账，逐笔登记材料收发数量，因而可以随时从账面上了解每种材料的收、发、存的情况。采用这种方法可以加强对材料收发的日常管理和控制。

实地盘存制是在期末通过实地盘点确定材料的结存，然后倒挤出发出材料的数量。通过这种方法，不便于材料的日常管理和控制，而且它所提供的发出材料的数量也不够准确。

因此，一般用于数量较大、价值较低、进出频繁材料的核算。

（二）计算发出材料的成本

在实际工作中，企业可以按照实际成本计价组织材料的核算，也可以按计划成本计价组织材料的核算，无论采用哪种核算形式，生产过程中消耗的材料，都应当是材料的实际成本。

1. 按实际成本计价组织材料核算

采用实际成本计价组织材料核算时，同一品种、规格的材料由于购入的时间和地点不同，各批材料购进的实际价格很可能不一致，因此产生了消耗材料按什么价格来计算的问题。在实际工作中，消耗材料实际成本的计算方法有先进先出法、加权平均法和个别计价法等。

2. 按计划成本计价组织材料核算

采用计划成本计价组织材料核算时，材料的收、发、存均按预先制定的计划成本计价，同时将计划成本与实际成本之间的差额通过“材料成本差异”账户反映。材料实际成本等于材料计划成本加上应分摊的材料成本差异。分摊的材料成本差异为超支差异时（实际成本大于计划成本），与计划成本相加；材料成本差异为节约差异时（实际成本小于计划成本），与计划成本相减（即加上一个负数）。企业应当正确计算消耗材料应分摊的材料成本差异，将消耗材料的计划成本调整为实际成本。

三、材料费用的分配

材料费用的分配是指定期根据审核后的领料凭证和退料凭证，按照材料的用途进行归类，将其中用于产品生产的材料费用计入各种与产品成本有关的成本项目；将用于产品销售及组织和管理生产经营活动的材料费用计入销售费用和管理费用；将用于建造固定资产的材料费用计入在建工程等。对于同时被多个对象耗费且无法直接确认的材料费用，应采用一定的方法进行分配。

（一）原材料费用分配的核算

1. 原材料费用分配的方法

直接用于产品生产、构成产品实体的原料和主要材料，专门设有“直接材料”（或“原材料”）成本项目。这些原料和主要材料一般分产品领用，其费用属于直接计入费用，应根据退领料凭证直接计入某种产品成本的“直接材料”项目。对于不能按照产品品种分别领用，而是几种产品共同耗用的原料及主要材料，如化工生产的多种产品所耗费的原材料费用，属于间接计入费用，应采用一定的分配方法，在各种产品之间进行分配，再计入各种产品的“直接材料”成本项目。原材料费用的分配方法一般有以下几种：

（1）重量比例分配法。

重量比例分配法是以各种产品耗用材料的重量标准分配材料费用的一种方法，主要适用于原料和主要材料的耗用量与产品的重量、体积有关的情况。

$$材料费用分配率 = \frac{待分配材料费用总额}{各种产品的重量之和}$$

某种产品应负担的材料费用 = 某种产品的重量 × 材料费用分配率

【例3－1】某企业8月生产的甲、乙两种产品共同耗用A材料120 000元，当月两种产品产量分别为4 000千克、2 000千克。试计算甲、乙两种产品应分配的材料费用。（按产品重量比例分配）

$$费用分配率 = \frac{120\ 000}{4\ 000 + 2\ 000} = 20$$

甲产品应分配的材料费用 = 4 000 × 20 = 80 000（元）

乙产品应分配的材料费用 = 2 000 × 20 = 40 000（元）

编制材料费用分配表，如表3－3所示。

表3－3　材料费用分配表

201×年8月　　　　单位：元

应借科目	分配标准	分配率	费用合计
生产成本——基本生产成本——甲产品	4 000		80 000
生产成本——基本生产成本——乙产品	2 000		40 000
合　计	6 000	20	120 000

（2）定额耗用量比例分配法。

定额耗用量比例分配法是在各种定额资料比较健全的企业，按各种产品的材料定额耗用量的比例分配材料费用的一种方法。

单位产品可以消耗的材料数量限额，叫作材料消耗定额；一定产品产量下按照消耗定额计算的可以消耗的材料数量，即材料的定额耗用量。定额消耗量和消耗定额之间存在下列关系：

材料定额消耗量 = 产品产量 × 材料消耗定额

根据不同产品的材料定额消耗量，可以分别计算各产品应负担的材料费用。

其计算程序如下：

第一，计算各种产品材料定额消耗量总额（分配标准总额）。

某种产品材料定额耗用量 = 该种产品实际产量 × 单位产品材料消耗定额

第二，计算单位材料定额耗用量，即计算材料耗用量分配率。

$$材料耗用量分配率 = \frac{材料实际消耗总量}{各种产品材料定额耗用量之和}$$

第三，计算某种产品应分摊的材料数量。

某种产品应分配的材料数量 = 该种产品定额消耗的材料总量 × 材料耗用量分配率

第四，求出某种产品应分摊的材料费用。

某种产品应分配的材料费用 = 该种产品应分配的材料数量 × 材料单价

【例3－2】某企业9月生产甲、乙两种产品，领用A材料3 000千克，单价40元，共计120 000元。当月生产甲产品200件，乙产品100件。甲产品的材料定额为15千克，乙产品的材料消耗定额为10千克。试采用定额耗用量比例分配法计算甲、乙产品应分配的材料费用。

甲产品材料定额消耗量 = 200 × 15 = 3 000（千克）

乙产品材料定额消耗量 = 100 × 10 = 1 000(千克)

$$材料耗用量分配率 = \frac{3\ 000}{3\ 000 + 1\ 000} = 0.75$$

甲产品应分配的材料数量 = 3 000 × 0.75 = 2 250(千克)

乙产品应分配的材料数量 = 1 000 × 0.75 = 750(千克)

甲产品应分配的材料费用 = 2 250 × 40 = 90 000(元)

乙产品应分配的材料费用 = 750 × 40 = 30 000(元)

这种分配方法可以考核材料消耗定额的执行情况，有利于进行材料消耗的实物管理，但分配计算的工作量较大。为了简化分配计算的工作量，也可以直接按材料定额消耗量分配材料费用。其计算公式如下：

$$原材料费用分配率 = \frac{原材料费用总额}{各种产品材料定额消耗量之和}$$

某种产品应分配的材料费用 = 该种产品的定额消耗量 × 原材料费用分配率

仍以上例资料为例，分配计算如下：

$$原材料费用分配率 = \frac{120\ 000}{3\ 000 + 1\ 000} = 30$$

甲产品应分配的材料费用 = 3 000 × 30 = 90 000(元)

乙产品应分配的材料费用 = 1 000 × 30 = 30 000(元)

上述两种分配方法计算的结果相同，但后一种方法不能反映各种产品所应负担的材料消耗总量，不利于加强材料消耗的实物管理。

(3)材料定额费用比例分配法。

消耗定额的货币表现，称为费用定额；定额消耗量的货币表现，称为定额费用。根据各种材料的定额费用比例分配材料费用的方法，即为定额费用比例分配法。其计算公式如下：

某产品材料定额费用 = 该种产品实际产量 × 单位产品材料费用定额

$$材料定额费用分配率 = \frac{材料实际费用总额}{各种产品材料定额费用总额}$$

某产品应分配的材料费用 = 该产品材料定额费用 × 材料定额费用分配率

【例 3－3】宏盛公司生产甲、乙两种产品，共同耗用 A、B 两种原材料。耗用 A 材料 2 000 千克，每千克 20 元；耗用 B 材料 3 000 千克，每千克 15 元。实际生产甲产品 500 件，单位产品材料费用定额 90 元；实际生产乙产品 120 件，单位产品材料费用定额 150 元。要求：采用材料定额费用比例分配法计算各种产品应分配的材料费用。

计算过程如下：

1)计算各产品的材料定额费用：

甲产品材料定额费用 = 500 × 90 = 45 000(元)

乙产品材料定额费用 = 120 × 150 = 18 000(元)

2)计算材料定额费用分配率：

$$材料定额费用分配率 = \frac{2\ 000 \times 20 + 3\ 000 \times 15}{45\ 000 + 18\ 000} = 1.3492$$

3)计算各产品应分配的实际材料费用：

甲产品应负担的材料费用 = 45 000 × 1.349 2 = 60 714(元)

乙产品应负担的材料费用 = 18 000 × 1.349 2 = 24 286(元)

2. 材料费用分配的账务处理

上述直接用于产品生产、专设成本项目的各种材料费用,应记入"生产成本——基本生产成本"科目的借方及其所属各产品成本明细账"直接材料"成本项目。直接用于辅助生产、专设成本项目的各种材料费用,用于基本生产和辅助生产但没有专设成本项目的各种材料费用,用于产品销售以及用于组织和管理生产经营活动等方面的各种材料费用,应分别记入"生产成本——辅助生产成本"、"制造费用"、"销售费用"和"管理费用"等科目的借方。已发生的各种材料费用总额,应记入"原材料"科目的贷方。

在实际工作中,材料费用分配是通过编制材料费用分配表进行的。分配表根据领发料凭证和其他有关资料编制,分为"材料费用分配明细表"和"材料费用分配汇总表"。"材料费用分配明细表"由车间、部门分别编制,列示材料耗用的详细信息;"材料费用分配汇总表"通常在期末,由财务部门根据车间、部门的"材料费用分配明细表"汇总编制。下面举例说明其编制方法和会计处理。

某工业企业 201×年 10 月发料明细表如表 3-4 所示。

表 3-4　发料明细表

201×年 10 月

材料类别	发出数量	单位成本(元)	用　途
原材料	400 千克	60	甲产品生产用
原材料	300 千克	60	乙产品生产用
原材料	300 千克	40	甲乙产品共同耗用
燃料	120 千克	30	供水车间 50 千克,供电车间 70 千克
燃料	20 千克	30	管理部门耗用
辅助材料	80 千克	10	基本生产车间耗用
修理用备件	35 支	2	基本车间修理耗用

该企业投产甲产品 200 件,乙产品 100 件,消耗原材料定额分别为 15 千克、10 千克,编制"原材料费用分配表",如表 3-5 所示。

根据原材料费用分配表编制会计分录,据以登记有关总账和明细账。其会计分录如下:

借:生产成本——基本生产成本——甲产品　　33 000
　　　　　　　　　　　　　——乙产品　　21 000
　　　　　——辅助生产成本——供水车间　　1 500
　　　　　　　　　　　　　——供电车间　　2 100
　　制造费用　　800
　　管理费用　　670
　　贷:原材料　　59 070

表 3－5　原材料费用分配表

201×年 10 月

应借项目		直接计入金额(元)	分配计入			合计(元)
			定额耗用(元)	分配率	分配额(元)	
生产成本——基本生产成本	甲产品	24 000	3 000	3	9 000	33 000
	乙产品	18 000	1 000	3	3 000	21 000
	小计	42 000	4 000	3	12 000	54 000
	供水车间	1 500				1 500
	供电车间	2 100				2 100
	小计	3 600				3 600
制造费用	基本生产车间	800				800
管理费用		670				670
合　　计		47 070			12 000	59 070

上述原材料费用是按实际成本进行核算分配的，如果原材料按计划成本进行核算分配，计入产品成本和期间费用等的原材料费用是按计划成本，还应该分配材料成本差异额。

（二）燃料费用的核算

燃料实际上也是材料，所以燃料费用分配及账务处理方法与原材料费用分配及账务处理方法相同。但如果企业燃料费用在产品成本中所占比重较大，为了加强其管理，可在“原材料”账户外，与动力费用一起专设“燃料与动力”成本项目，还应增设“燃料”会计科目，以便单独核算燃料的增减变动和结存，以及燃料费用的分配情况。

在对燃料费用的分配核算中，如果燃料直接用于产品生产，并且只生产一种产品或生产多种产品而按产品品种分别领用，属于直接计入费用，可根据领料凭证直接记入各产品成本明细账的“直接材料”或“燃料与动力”成本项目；如果不能按产品品种分别领用，而是几种产品共同耗用的燃料，属于间接计入费用，应采用一定的分配方法，在各种产品之间进行分配，然后再记入各种产品成本明细账的“直接材料”或“燃料与动力”成本项目。分配标准可以按产品的重量、体积、所耗燃料的数量或费用，也可以按燃料的定额消耗量或定额费用比例等。对基本生产车间管理部门、企业行政管理部门、产品销售部门等领用的燃料及辅助生产部门所耗用的燃料，根据受益原则，应分别记入“制造费用”、“管理费用”、“销售费用”和“生产成本——基本生产成本”等账户。

（三）周转材料的核算

周转材料实际上也是材料，是指企业能够多次使用、逐渐转移其价值但仍保持原有形态不能确认为固定资产的材料，如包装物和低值易耗品等。

1. 低值易耗品费用的核算

低值易耗品是指企业在生产过程中所需的单项价值比较低或使用期限比较短，不能作为固定资产核算的劳动资料，包括工具、管理用具、玻璃器皿以及在生产经营中周转使用的包装容器等。低值易耗品的核算是通过“周转材料——低值易耗品”账户进行的，它既可以按实际成本计价核算，也可以按计划成本计价核算。按计划成本计价核算时，应在“材料成本差异”总账账户下设置“周转材料成本差异”明细账，核算低值易耗品实际成本与计划成本的差异。

低值易耗品的价值转移方式与原材料不同，作为劳动资料，其价值是逐渐转移到产品成本或转化为期间费用，加之价值较低或易损耗，使用时间较短，因此应采用摊销的方法计入成本、费用中。低值易耗品的摊销方法通常有一次摊销法、五五摊销法和分次摊销法。低值易耗品的摊销额在产品成本中所占比重较小，没有专设成本项目。根据企业会计准则要求，产品成本中的低值易耗品摊销额记入“制造费用”账户，管理部门用的低值易耗品摊销额记入“管理费用”账户，辅助生产用的低值易耗品摊销额记入“生产成本——辅助生产成本”账户。

(1)一次摊销法。

一次摊销法是指在领用低值易耗品时，将其账面价值全部计入当期成本、费用的一种摊销方法。

【例3－4】某企业201×年8月第一生产车间领用生产模具一批，成本4 000元。另有以前月份领用的生产模具一批在本月报废，残料入库作价160元。采用一次摊销法核算。

领用生产模具时：

借：制造费用　　4 000

　　贷：周转材料——低值易耗品　　4 000

报废生产模具，残料入库时：

借：原材料　　160

　　贷：制造费用　　160

(2)五五摊销法。

五五摊销法是指在领用低值易耗品时，摊销其价值的50%；报废低值易耗品时，摊销其价值的另50%的一种摊销方法。

【例3－5】某企业生产车间201×年2月领用生产模具一批，价值共计6 000元。201×年8月，该生产模具毁损并报废，残料入库120元。有关账务处理如下：

201×年2月领用低值易耗品时：

借：周转材料——低值易耗品(在用)　　6 000

　　贷：周转材料——低值易耗品(在库)　　6 000

同时，摊销其50%：

借：制造费用　　3 000

　　贷：周转材料——低值易耗品(摊销)　　3 000

201×年8月报废时，按其领用价值的50%摊销：

借：制造费用　　3 000

　　贷：周转材料——低值易耗品(摊销)　　3 000

残料入库时：

借：原材料　　120

贷:制造费用 120

同时,冲销已报废低值易耗品的摊销数:

借:周转材料——低值易耗品(摊销) 6 000

贷:周转材料——低值易耗品(在用) 6 000

2. 包装物费用的核算

包装物是指为包装本企业产品而储备的各种包装容器,如桶、箱、瓶、坛、袋等。为反映和监督包装物的增减变化及其价值损耗、结存情况,企业应设置"周转材料——包装物"账户进行核算,并按不同的使用方式进行分配处理。一般,凡生产领用构成产品组成部分的,应记入"生产成本——基本生产成本"账户的"直接材料"成本项目;对随产品出售单独计价的包装物,领用时记入"其他业务成本"账户;随产品出售但不单独计价的包装物,领用时记入"销售费用"账户。包装物的摊销方法同低值易耗品的摊销方法,这里不再赘述。

任务二　外购动力费用的核算

一、外购动力费用的确认

外购动力是指企业外购的电力、热力等。外购动力有的直接用于产品生产,如生产工艺用电力;有的间接用于产品生产,如生产单位(车间或分厂)照明用电力;有的则用于经营管理,如企业生产管理部门照明用电力和取暖等。因而在会计处理上既有与材料相同之处,又有与之不同之处。相同的是耗用的外购动力也可以计量,而且也是根据其不同用途记入有关的成本费用账户;不同的是购入时由于其没有价值实体,因而无法设专门账户进行核算,也无收、发、存多个环节的核算,而是在外购时,就根据其具体用途直接记入各成本、费用账户。

二、外购动力费用的归集

在实际工作中,外购动力费用支出的核算一般分为两种情况:

(1)每月支付动力费用的日期基本固定,而且每月付款日到月末的应付动力费用相差不多,将每月支付的动力费用作为应付动力费用,在付款时直接借记各成本、费用账户,贷记"银行存款"账户。

(2)通过"应付账款"账户核算。外购动力付款期与成本、费用核算期并不一致,即外购动力付款日期往往是在下月初,而成本、费用核算期一般在月末进行。在实际工作中,一般先记入"应付账款"账户,即在付款时先作为暂付款处理,借记"应付账款"账户,贷记"银行存款"账户,月末按照外购动力的用途分配费用时,再借记各有关成本、费用账户,贷记"应付账款"账户,以冲销原来记入"应付账款"账户的暂付款。"应付账款"账户借方所记本月所付动力费用与贷方所记本月应付动力费用往往不相等,如果是借方余额,为本月支付款大于应付款的多付动力费用,可以冲抵下月应付费用;如果是贷方余额,为本月应付款大于支付款的应付未付动力费用,可以在下月支付。

三、外购动力费用的分配

外购动力费用的一般分配原则是:在有计量仪器记录的情况下,直接根据仪器所示的耗用数量和单价计算;在没有计量仪器的情况下,要按照一定的标准在各种产品之间进行分配。如按生产工时比例、机器功率时数比例或定额耗用量的比例分配。各车间、部门的动力用电和照明用电一般都分别装有电表,外购动力费用在各车间、部门可按用电度数分配;车间中的动力费用,一般不按产品分别安装电表,因而车间动力用电费用在各种产品之间一般按产品的生产工时比例、机器工时比例、定额耗电量比例或其他比例分配。

在会计核算上,对于直接用于产品生产的外购动力费,应直接记入或分配记入"生产成本——基本生产成本"账户的"直接材料"或"燃料及动力"成本项目;用于辅助生产的外购动力费,应记入"生产成本——辅助生产成本"账户的"直接材料"或"燃料及动力"成本项目;生产车间、企业管理部门耗用的外购动力费,应分别记入制造费用和管理费用。

【例3-6】兴元公司201×年6月耗用外购电力共60 000度,每度电0.8元,共计48 000元。其中:基本生产车间生产产品用电45 000度,基本生产车间照明用电3 500度;供水车间用电4 000度,供汽车间用电5 500度,行政管理部门用电2 000度。基本生产车间为生产甲、乙两种产品分别耗用工时3 000小时和5 000小时。要求:以甲、乙两种产品生产工时的比例分配生产车间生产用电费。

分别计算甲、乙产品的动力费用:

$$动力费用分配率 = \frac{45\ 000 \times 0.8}{3\ 000 + 5\ 000} = 4.5$$

甲产品应负担的动力费用 = 3 000 × 4.5 = 13 500(元)

乙产品应负担的动力费用 = 5 000 × 4.5 = 22 500(元)

外购动力费用分配是通过编制外购动力费用分配表进行的,根据该分配表编制会计分录,据以登记有关总账和明细账。外购动力费用分配表格式及举例见表3-6。

编制会计分录如下:

借:生产成本——基本生产成本——甲产品　　13 500
　　　　　　　　　　　　　　——乙产品　　22 500
　　　　　——辅助生产成本——供水车间　　3 200
　　　　　　　　　　　　　　——供汽车间　　4 400
　　制造费用　　2 800
　　管理费用　　1 600
　　贷:应付账款　　48 000

表 3－6　外购动力费用分配表

201×年 6 月

应借账户		成本或费用项目	耗用电量分配			耗用度数	分配金额（元）
			生产工时（小时）	分配率	分配额（元）		
生产成本——基本生产成本	甲产品	燃料与动力	3 000	4.5	13 500		13 500
	乙产品	燃料与动力	5 000	4.5	22 500		22 500
	小　计		8 000		36 000	45 000	36 000
生产成本——辅助生产成本	供水车间	燃料与动力				4 000	3 200
	供汽车间	燃料与动力				5 500	4 400
	小　计					9 500	7 600
制造费用	基本车间	水电费				3 500	2 800
管理费用		水电费				2 000	1 600
合　计						60 000	48 000

任务三　直接人工费用的核算

一、职工薪酬的内容

职工薪酬是指企业为获得职工提供的服务而给予的各种形式的报酬以及其他相关支出，主要包括职工工资、奖金、津贴和补贴，职工福利费，医疗保险费、养老保险费、失业保险费、工伤保险费和生育保险费等社会保险费，住房公积金，工会经费和职工教育经费，非货币性福利，因解除与职工的劳动关系给予的补偿及其他与获得职工提供的服务相关的支出等。具体来说，主要包括以下内容：

（1）职工工资、奖金、津贴和补贴。指按照构成工资总额的计时工资、计件工资、支付给职工的超额劳动报酬和增收节支的劳动报酬、为了补偿职工特殊或额外的劳动消耗和因其他特殊原则支付给职工的津贴，以及为了保证职工工资水平不受物价影响而支付给职工的物价补贴等。

（2）职工福利费。主要包括职工因公负伤外地就医路费、职工生活困难补助、未实行医疗统筹企业的职工医疗费用，以及按规定发生的其他职工福利支出。

（3）社会保险费。指医疗、养老、失业、工伤、生育等社会保险费，是企业按国家规定的基准和比例计算，向社会保险经办机构缴纳的医疗保险费、基本养老保险费用、失业保险费、工伤保险费和生育保险费等。

（4）住房公积金。指企业按照国家《住房公积金管理条例》规定的基准和比例计算，向住房公积金管理机构缴存的住房公积金。

（5）工会经费和职工教育经费。指企业为了改善职工文化生活、提高职工业务素质，用于开展工会活动和职工教育及职业技能培训，根据国家规定的基准和比例，从成本费用中提取的金额。

（6）非货币性福利。指企业以自产产品、外购商品或其他有形产品发放给职工作为福利，企业为职工提供的无偿使用自己拥有的资产或租赁资产，如企业提供给高管人员无偿使用的汽车、住房等，企业为职工无偿提供医疗保健服务等。

（7）辞退福利。指企业因解除与职工的劳动关系给予职工的补偿。

（8）其他与获得职工提供的服务相关的支出。

二、职工薪酬费用的归集

（一）工资总额的组成

工资总额是指各单位在一定时期内直接支付给本单位全部职工的劳动报酬总额。按照国家统计局规定，工资总额由下列六个部分组成。

1. 计时工资

计时工资是指按计时工资标准和工作时间支付给职工的劳动报酬。计时工资包括：①对已做工作按计时工资标准支付的工资；②实行结构工资制的单位支付给职工的基础工资和职务（岗位）工资；③新参加工作职工的见习工资（学徒的生活费）等。

2. 计件工资

计件工资是对已做工作按计件单价支付的劳动报酬。计件工资包括：①在实行超额累进计件、直接无限计件、限额计件和超定额计件等工资制度下，按照定额和计件单价支付给职工的工资；②按工作任务包干方法支付给职工的工资；③按营业额提成或利润提成办法支付给职工的工资。

由于集体生产或连续操作，不能按个人计算工作量的，也可以按参加工作的集体（一般为班组）计算、支付集体计件工资。集体计件工资还应在集体成员内部按照每一职工劳动的数量和质量进行分配。

3. 奖金

奖金是支付给职工的超额劳动报酬和增收节支的劳动报酬。包括：①生产奖；②节约奖；③劳动竞赛奖；④机关、事业单位的奖励工资；⑤企业支付的其他奖金。

4. 津贴和补贴

津贴和补贴是为补偿职工特殊或额外的劳动消耗和由于其他特殊原因支付给职工的津贴，以及为了保证职工工资水平不受物价影响支付给职工的物价补贴。津贴包括：①补偿职工特殊或额外劳动消耗的津贴；②保健性津贴；③技术性津贴；④其他津贴。补贴包括为保证职工工资水平不受物价上涨或变动影响而支付的各种物价补贴。

5. 加班加点工资

加班加点工资是指按规定支付的加班工资或加点工资。

6. 特殊情况下支付的工资

特殊情况下支付的工资包括：①根据国家法律、法规和政策规定，由于疾病、工伤、产假、计划生育假、婚丧假、探亲假、定期休假、停工学习、执行国家或社会义务等原因按计时工资标准或这一标准的一定比例支付的工资。如工伤、产假、计划生育假、婚丧假、探亲假和定期休假等,均按计时工资标准支付;病假则按病期长短(六个月以内为短期,六个月以上为长期)和工龄长短,分别按计时工资标准的一定比例支付;②附加工资和保留工资。

(二)工资费用的原始记录

进行工资费用核算,必须有一定的原始记录作为依据。不同的工资制度所依据的原始记录不同。计算计时工资费用,应以考勤记录中的工作时间记录为依据;计算计件工资费用,应以产量记录中的产品数量和质量记录为依据。因此,考勤记录和产量记录是工资费用核算的主要原始记录。

1. 考勤记录

考勤记录是登记职工出勤和缺勤情况的记录,为计算计时工资提供依据。考勤记录有考勤簿、考勤卡片和考勤磁卡等形式。

月末,考勤人员应该将经过车间、部门负责人检查、签章以后的考勤记录,送交会计部门审核。

2. 产量记录

产量记录是登记工人或生产小组在出勤时间内完成产品的数量、质量和耗用工时的原始记录,是计件工资计算的依据,同时也是统计产量和工时的依据,如派工单、加工路线单和产量通知单等。会计部门应该对产量记录进行审核。经过审核的产量记录,即可作为计算计件工资的依据。

(三)工资费用的计算

工业企业可根据具体情况采用不同的工资制度,其中最基本的工资制度是计时工资制度和计件工资制度。

1. 计时工资的计算

职工的计时工资根据考勤记录登记的每一职工出勤或缺勤日数,按照规定的工资标准计算。工资标准按其计算的时间不同,可分为年薪制、月薪制、周薪制、日薪制和钟点工资制。下面着重讲述月薪制计时工资的计算方法。

采用月薪制,不论各月日历天数多少,每月的标准工资相同,即在月薪制下,不论当月日历天数多少,只要职工该月全出勤,即可领取固定的月标准工资。如果发生缺勤情况,可以按以下公式计算应付标准工资:

应付标准工资 = 月标准工资 - 应扣缺勤工资

应扣缺勤工资 = 缺勤日数 × 日工资 × 缺勤扣款比例

或

应付标准工资 = 出勤天数 × 日工资 + 应发缺勤工资

应发缺勤工资 = 缺勤日数 × 日工资 × (1 - 缺勤扣款比例)

采用月薪制计时工资制度计算工资时,由于自然月份的日历天数不同,因而计算的同一职工的日工资率也不相同。在实际工作中,为了简化日工资的计算工作,日工资率一般按照以下两种方法之一计算。

(1)按30天计算日工资率：日工资标准=月标准工资÷30

(2)按21.75天计算日工资率：日工资标准=月标准工资÷21.75

其中,21.75天是按照年日历数365天减去104个双休日,再除以12个月计算出来的。

在按30天计算日工资的企业中,由于节假日也算工资,因而出勤期间的节假日,也按出勤日算工资。事假、病假等缺勤期间的节假日,也按缺勤日扣除工资。在按21.75天计算日工资率的企业中,节假日不扣工资。在国家法定节日加班按日工资的3倍发放工资,双休日加班按日工资的2倍发放。

综上所述,计算每月应付计时工资有四种方法:①按30日算日工资,按出勤日数直接计算;②按30日算日工资,按缺勤日数扣除计算;③按21.75日计算日工资,按出勤日数直接计算;④按21.75日计算日工资,按缺勤日数扣除计算。

企业自行确定工资计算方法后,不应任意变动。

下面举例说明这四种方法的应用。

【例3-7】某企业职工王磊的月工资标准为1 800元。201×年7月该职工请事假3天,病假3天,星期六、日休假10天,出勤15天。根据该职工的工龄,其病假工资按工资标准的90%计算。该职工病假和事假期间没有节假日。试计算该职工当月应得工资。

1)按30天计算日工资,按出勤日数直接计算。

日工资=1 800÷30=60(元/天)

当月应付工资=60×(15+10)+3×60×90%=1 662(元)

2)按30天计算日工资,按缺勤日数扣月工资。

日工资=1 800÷30=60(元/天)

当月应付工资=1800-3×60-3×60×(1-90%)=1 602(元)

3)按21.75天计算日工资,按出勤日数直接计算。

日工资=1 800÷21.75=82.759(元/天)

当月应付工资=82.759×15+3×82.759×90%=1 464.8(元)

4)按21.75天计算日工资,按缺勤日数扣月工资。

日工资=1 800÷21.75=82.759(元/天)

当月应付工资=1 800-3×82.759-3×82.759×(1-90%)=1 526.9(元)

2.计件工资的计算

(1)个人计件工资的计算。职工的计件工资,应根据产量记录中登记的每个工人的产量乘以规定的计件单价计算。计算计件工资时,应以完成的合格品数量为依据。废品是否计算,要分不同情况处理:由于材料缺陷等客观原因产生的废品属于料废,应支付计件工资;由于工人加工过失等主观原因产生的废品,属于工废,不应支付计件工资。计件工资的计算公式如下:

应付计件工资=∑(合格品数量+料废品数量)×该种产品计件单价

由于计件单价可以根据工人生产单位产品所需要的工时定额和小时工资率计算,即

某种产品计件单价=各产品定额工时总数×该工人小时工资率

当工人同时生产多种计件单价不同的产品时,可以采用以下公式计算,简化核算手续。

应付计件工资 = 某工当月生产各种产品定额工时之和 × 该工人小时工资率

【例 3-8】职工王强 8 月加工甲、乙两种产品，共完成甲产品 150 件，乙产品 100 件。李强的月标准工资为 1 500 元。加工单位甲产品的工时定额为 1 小时，加工单位乙产品的工时定额为 2 小时。验收时发现甲产品有 7 件废品，其中，料废品有 5 件，工废品有 2 件。试计算王强 8 月应得计件工资。

该职工的小时工资率 = 1 500 ÷ (30 × 8) = 6.25

甲产品计件单价 = 1 × 6.25 = 6.25（元）

乙产品计件单价 = 2 × 6.25 = 12.5（元）

8 月计件工资 = (150 - 2) × 6.25 + 100 × 12.5 = 2 175（元）

仍以上述资料为例，也可简化计算如下：

应付计件工资 = [(150 - 2) × 1 + 100 × 2] × 6.25 = 2 175（元）

（2）集体计件工资的计算。集体计件工资是根据某一集体完成的工作量和计件单价计算的工资。按生产小组等集体计件工资的计算方法与个人计件工资的计算基本相同。集体计件工资还需在集体内部各个人之间进行分配。由于工人的级别或工资标准一般体现工人劳动的质量和技术水平，工作日数一般体现劳动数量，因而集体内部大多以每人的工资标准和工作日数的乘积为分配标准进行分配。

【例 3-9】焊接班组由 3 位不同等级的工人组成，共同完成某项机械焊接任务，按计件工资计算，班组共获得计件工资 7 567 元。该小组各成员的工资等级和工作时间见表 3-7，要求：计算焊接班组每位生产工人的应得计件工资。

表 3-7　集体计件工资分配表

集体单位：焊接班组　　　　201×年×月

职工姓名	等级	标准工资（元/天）	出勤日数（天）	按日工资和出勤日数计算的工资额（元）
王林	6	60	20	1 200
李强	5	50	22	1 100
周航	4	45	22	990
合计			64	3 290

生产小组内部工资分配率 = 7 567 ÷ 3 290 = 2.3

王林应得工资 = 1 200 × 2.3 = 2 760（元）

李强应得工资 = 1 100 × 2.3 = 2 530（元）

周航应得工资 = 990 × 2.3 = 2 277（元）

计时工资和计件工资以外的属于组成工资总额的各种奖金、津贴、补贴、加班加点工资，以及特殊情况下支付的工资，应按照国家和企业的有关规定计算，此处不再详述。

三、职工薪酬费用的分配

工资费用的分配是指将企业职工的工资作为一种费用，按照其用途和发生部门进行的归集和分配。企业生产经营所发生的工资费用,应计入产品成本和期间费用。

采用计件工资形式支付的产品生产工人工资,一般可以直接计入所生产产品的成本,不需要在各种产品之间进行分配。采用计时工资形式支付的工资,如果生产工人只生产一种产品,也可以将工资费用直接计入该产品成本,不需要分配;如果生产多种产品,则需要选用合理方法在各种产品之间进行分配。

直接人工费用的分配方法有生产工时分配法、直接材料费用分配法和系数分配法等。生产工时分配法中的生产工时,可以是产品的实际工时,也可以是单位产品的定额工时和按实际生产量计算的定额总工时。

工资费用分配率 = 生产工人工资总额 ÷ 各产品实际(定额)工时之和

某种产品应分配的工资额 = 该产品实际(定额)工时 × 分配率

【例 3－10】宏盛公司基本生产车间生产甲、乙两种产品,201×年 2 月发生的生产工人的计时工资共计 28 800 元。甲产品完工 120 件,乙产品完工 120 件。单件产品工时定额如下:甲产品 8 小时,乙产品 4 小时。试计算甲、乙产品各自应负担的工资费用。(为简化核算,假定生产工人工资只在完工产品之间进行分配)

甲产品定额总工时 = 120 × 8 = 960(小时)

乙产品定额总工时 = 120 × 4 = 480(小时)

生产工人工资分配率 = 28 800 ÷ (960 + 480) = 20

甲产品应负担的工资费用 = 20 × 960 = 19 200(元)

乙产品应负担的工资费用 = 20 × 480 = 9 600(元)

编制“工资费用分配表”,如表 3－8 所示。

表 3－8　工资费用分配表

201×年 2 月

应借科目		成本或费用项目	直接计入(元)	分配计入			合计(元)
				生产工时(小时)	分配率	分配金额(元)	
生产成本——基本生产成本	甲产品	直接人工	30 000	960	20	19 200	49 200
	乙产品	直接人工	20 000	480	20	9 600	29 600
	小　计		50 000	1 440		28 800	78 800
生产成本——辅助生产成本	供水车间	直接人工	48 000				48 000
	运输车间	直接人工	32 000				32 000
	小　计		80 000				80 000
制造费用		职工薪酬	15 000				15 000
管理费用		职工薪酬	25 000				25 000
销售费用		职工薪酬	30 000				30 000
合　计			200 000			28 800	228 800

生产车间直接从事产品生产的生产工人工资,应计入产品成本,列入“生产成本——基

本生产成本”账户；生产车间管理人员和技术人员的工资，应记入“制造费用”账户；其他各部门人员的工资，则按其发生的部门和用途，分别记入“管理费用”、“销售费用”、“生产成本——辅助生产成本”等相关账户。

结合上述工资费用分配表，可以编制会计分录如下。

借：生产成本——基本生产成本——甲产品　　49 200
　　　　　　　　　　　　　——乙产品　　29 600
　　　　　——辅助生产成本——供水车间　　48 000
　　　　　　　　　　　　　——运输车间　　32 000
　　制造费用　　15 000
　　管理费用　　25 000
　　销售费用　　30 000
　　贷：应付职工薪酬——工资　　228 800

企业对于除工资外的职工薪酬进行计量，国家规定了计提基础和计提比例的，应当按国家规定的标准计提，如企业应向社会保险经办机构缴纳的医疗保险费、养老保险费、失业保险费等各种社会保险费，应向住房公积金管理机构缴存的住房公积金，以及应向工会部门缴纳的工会经费等。职工薪酬包括的内容较多，这里只举例说明职工福利费、各种保险费、住房公积金、工会经费和职工教育经费的分配核算。

按现行有关规定，上述职工薪酬，应按照工资总额的一定比例提取，并按受益对象计入相关资产的成本或期间费用。

【例 3－11】假定宏盛公司 201×年 2 月应付职工的工资数额如表 3－8 所示。根据公司所在地政府的规定，公司分别按工资总额的 8%、12%、2% 和 10% 计提医疗保险、养老保险、失业保险和住房公积金，按工资总额的 2% 计提工会经费和职工教育经费。

根据表 3－8 和以上计提比例，计算宏盛公司 2 月其他职工薪酬如下：

应记入“生产成本——基本生产成本”账户的其他职工薪酬：

甲产品：49 200×(8%+12%+2%+10%+2%+2%)=17 712(元)

乙产品：29 600×(8%+12%+2%+10%+2%+2%)=10 656(元)

应记入“生产成本——辅助生产成本”账户的其他职工薪酬：

供水车间：48 000×(8%+12%+2%+10%+2%+2%)=17 280(元)

运输车间：32 000×(8%+12%+2%+10%+2%+2%)=11520(元)

应记入“制造费用”账户的其他职工薪酬：

15 000×(8%+12%+2%+10%+2%+2%)=5 400(元)

应记入“管理费用”账户的其他职工薪酬：

25 000×(8%+12%+2%+10%+2%+2%)=9 000(元)

应记入“销售费用”账户的其他职工薪酬：

30 000×(8%+12%+2%+10%+2%+2%)=10 800(元)

根据以上计算，编制宏盛公司“社保费、住房公积金及两费计提表”，如表 3－9 所示。

表 3-9 社保费、住房公积金及两费计提表

201×年 2 月　　单位：元

项目部门		计提依据	医疗保险（8%）	养老保险（12%）	失业保险（2%）	住房公积金（10%）	工会经费（2%）	职工教育经费(2%)	合计
生产成本——基本生产成本	甲产品	49 200	3 936	5 904	984	4 920	984	984	17 712
	乙产品	29 600	2 368	3 552	592	2 960	592	592	10 656
	小计	78 800	6 304	9 456	1 576	7 880	1 576	1 576	28 368
生产成本——辅助生产成本	供水车间	48 000	3 840	5 760	960	4 800	960	960	17 280
	运输车间	32 000	2 560	3 840	640	3 200	640	640	11 520
	小计	80 000	6 400	9 600	1 600	8 000	1 600	1 600	28 800
制造费用		15 000	1 200	1 800	300	1 500	300	300	5 400
管理费用		25 000	2 000	3 000	500	2 500	500	500	9 000
销售费用		30 000	2 400	3 600	600	3 000	600	600	10 800
合　计		228 800	18 304	27 456	4 576	22 880	4 576	4 576	82 368

根据表 3-9，编制如下会计分录：

借：生产成本——基本生产成本——甲产品　　17 712
　　　　　　　　　　　　　——乙产品　　10 656
　　　　　——辅助生产成本——供水车间　　17 280
　　　　　　　　　　　　　——运输车间　　11 520
　制造费用　　5 400
　管理费用　　9 000
　销售费用　　10 800
　贷：应付职工薪酬——医疗保险　　18 304
　　　　　　　　——养老保险　　27 456
　　　　　　　　——失业保险　　4 576
　　　　　　　　——住房公积金　　22 880
　　　　　　　　——工会经费　　4 576
　　　　　　　　——职工教育经费　　4 576

上述工资费用分配表和其他职工薪酬费用分配表也可以合并编制。

小　结

本模块主要介绍各项要素费用的归集和分配。材料费用的归集要注意做好各项基础工作，正确计算发出材料的实际成本。材料费用的分配方法有多种，重点是定额耗用量比例分配法和定额费用比例分配法。对外购动力费用，一般按生产工时比例分配，在此要注意其账务处理。职工薪酬的归集与分配也是企业要素费用核算的一个重要内容，职工薪酬主要包括职工工资、奖金、津贴和补贴，职工福利费，医疗保险费、养老保险费、失业保险费、工伤保险费和生育保险费等社会保险费，住房公积金，工会经费和职工教育经费，非货币性福利，因解除与职工的劳动关系给予的补偿以及其他与获得职工提供的服务相关的支出等。职工薪酬的内容、计时工资与计件工资的计算以及职工薪酬的分配是职工薪酬核算的重点，其他各项要素费用的归集和分配，可参照会计制度和有关规定执行。

思考题

1. 什么是直接材料费用？如何进行材料费用的归集？
2. 什么是定额耗用量比例分配法？利用定额耗用量比例分配法如何分配材料费用？
3. 什么是定额费用比例分配法？利用定额费用比例分配法如何分配材料费用？
4. 工资总额包括哪些内容？
5. 如何计算计时工资和计件工资？
6. 职工薪酬是如何核算的？

练习题

一、单项选择题

1. 在未设立“燃料及动力”成本项目的企业中，直接用于产品生产的工艺用燃料费用应借记的科目是(　　)。

A. “原材料”科目

B. “生产成本——基本生产成本”科目

C. “制造费用”科目

D. “燃料”科目

2. 在未设立“燃料及动力”成本项目的企业中，基本生产车间生产工艺用电费用应借记的科目是(　　)。

A. “生产成本——基本生产成本”科目　　B. “制造费用”科目

C. “应付账款”科目　　D. “管理费用”科目

3. 下列不属于工资总额组成内容的是(　　)。

A. 计件工资　　B. 加班加点工

C. 市内交通补助　　D. 超额劳动报酬

4. 下列不属于生产经营管理费用的是(　　)。

A. 专设销售部门人员的工资

B. 基本生产车间管理人员的工资

C. 行政管理部门人员的工资

D. 生活福利部门人员的工资

5. 直接用于产品生产的机器设备折旧费用应借记的科目是(　　)。

A. “生产成本——基本生产成本”科目　　B. “制造费用”科目

C. “管理费用”科目　　D. “累计折旧”科目

6. 在生产多种产品的车间，下列内容中，既属于直接生产费用又属于直接计入费用的是(　　)。

A. 生产工人计件工资　　B. 生产工人计时工资
C. 机器设备折旧费　　D. 车间房屋折旧费

7. 提前报废的固定资产不补提折旧,其未提足折旧的净损失应计入(　　)。
A. 管理费用　　B. 制造费用
C. 营业外支出　　D. 生产费用

8. 低值易耗品的分次摊销法与一次摊销法相比较,其优点是(　　)。
A. 各月成本、费用负担比较合理　　B. 报废以前账面上一直保留其价值
C. 便于加强实物管理　　D. 核算工作量较小

9. 单位价值较高、使用期限较长的低值易耗品应采用的摊销方法是(　　)。
A. 一次摊销法　　B. 分次摊销法
C. 五五摊销法　　D. 直接摊销法

二、多项选择题

1. 直接用于产品生产,设有"燃料及动力"成本项目的工艺用燃料费用(　　)。
A. 记入"生产成本——基本生产成本"总账科目
B. 属于直接生产费用
C. 直接或分配记入产品成本明细账借方
D. 在产品成本明细账中记入"燃料及动力"成本项目

2. "材料成本差异"科目贷方登记(　　)。
A. 入库材料的成本节约差异
B. 入库材料的成本超支差异
C. 发出材料分摊的差异额
D. 入库材料的实际成本小于计划成本的差额

3. 分配外购动力费用时,基本生产车间照明用外购电费应(　　)。
A. 借记"生产成本——基本生产成本"科目
B. 借记"制造费用"科目
C. 借记"管理费用"科目
D. 贷记"应付账款"科目

4. 生产车间动力用电费在各种产品之间分配可按(　　)进行。
A. 生产工时比例　　B. 机器工时比例
C. 机器功率时数比例　　D. 定额耗电量比例

5. 工业企业计提的职工福利费主要用于(　　)。
A. 职工的医药费　　B. 职工生活困难补助
C. 生活福利部门职工的工资　　D. 生产工人的劳动保护费

6. 分配间接计入的材料费用时可采用的分配标准有(　　)。
A. 定额消耗量　　B. 消耗定额
C. 费用定额　　D. 定额费用

7. 为包装本企业产品领用的包装物和发生的包装费用,可能记入(　　)账户。
A. "生产成本——基本生产成本"　　B. "销售费用"

C.“营业外支出”　　D.“其他业务成本”

三、判断题

1.“在途物资”科目期末若有余额，余额一定在借方，表示在途材料的实际成本。(　　)

2. 办理“假退料”手续，需同时填制本月份的退料单和下月份的领料单，因此不会影响本月产品成本水平。(　　)

3. 在实际工作中，工业企业按生活福利部门人员工资和规定比例计提的职工福利费，在管理费用中列支。(　　)

4. 用于建造固定资产的材料费用在领用时应借记“固定资产”科目。(　　)

5. 采用分次摊销法，在领用低值易耗品时，应将其价值全部转入“待摊费用”科目。(　　)

6. 机器设备折旧费用属于间接生产费用。(　　)

7. 某工人的计件工资可以根据该工人生产的合格品产量乘以规定的计件单价计算，也可以根据该工人完成的产品定额工时总数乘以其小时工资率计算，并且两种方法计算的结果相同。(　　)

8. 实际工作中，月末编制材料费用分配表时，退料凭证的数额应从原定用途的领料凭证的数额中扣除。(　　)

9. 绳、铁皮、铁丝等包装材料在“包装物”账户内核算。(　　)

10. 采用计件工资制时，由于材料质量不符合要求造成的废品不应作为计算计件工资的依据。(　　)

模块四　辅助生产费用的核算

学习目标

1. 了解、熟悉辅助生产费用归集的程序和账户设置。
2. 熟悉并掌握辅助生产费用分配的方法。
3. 熟悉各种辅助生产费用分配方法的特点、优缺点及适用范围。

情景案例

远东工厂有供水和供汽两个辅助生产车间，主要为基本生产车间和企业经营管理服务，同时供水和供汽车间也相互有劳务发生。成本核算员赵蕾考虑到辅助生产车间的业务情况，为简化工作量，直接将辅助生产车间发生的费用分配计入产品成本和制造费用。你认为这样做是否妥当？如果你是成本核算员，该怎么做？

任务一　辅助生产费用的归集

一、辅助生产费用归集的程序

工业企业生产车间按生产任务不同，可分为基本生产车间和辅助生产部门两大类。基本生产车间以直接生产各种对外销售的产品为主要任务。辅助生产部门主要为基本生产车间和其他部门服务而进行的产品生产和劳务供应。辅助生产部门提供的产品主要有自制工具和模具、自制材料和包装物，以及供水、供电、供汽等；提供的劳务主要有机器设备的修理以及运输业务等。根据所提供的劳务或产品的品种，可以分为两种类型：一类是只提供一种劳务或产品的辅助生产，如供电、供水、供汽、运输等；另一类是提供多种劳务或产品的辅助生产，如机械修理、工具模具制造等。辅助生产的类型不同，辅助生产费用归集和分配的方法也不同，所以区分辅助生产的不同类型，是正确组织辅助生产费用核算的前提。

辅助生产费用是辅助生产部门在一定时期内为基本生产车间和行政管理部门等提供劳务或产品而发生的各种耗费。具体包括两个部分的内容：第一部分是该车间自身发生的各项费用，如耗用的各项要素费用等，包括直接材料、直接人工和制造费用等；第二部分是从其他辅助生产部门分进来的费用，这部分费用是当存在多个辅助生产部门时，由于相互提供劳务或产品而从其他辅助生产部门分进来的相互服务费用。

辅助生产部门提供的产品和劳务，有的需要验收入库，期末可能有在产品，如自制材料、工具、模具和包装物等;有的不需要存放于仓库,也没有在产品,如供水、供电、供汽和运输等。

由于各辅助生产车间提供的产品和劳务种类不同,其辅助生产成本归集的程序也不太相同。

在单品种辅助生产部门,其所发生的一切费用都是直接费用,一般可按费用的经济用途即成本项目直接记入所生产的产品或作业、劳务的成本。因此,其成本归集的程序比较简单。

在多品种辅助生产部门,其所发生的费用需要由两个或两个以上的产品、劳务或作业负担,此时,应将共同费用在受益对象之间进行分配,辅助生产成本归集的程序相对比较复杂,反映的内容也比较全面。

二、辅助生产费用归集的账户设置

辅助生产部门发生的费用,可以通过设置"生产成本——辅助生产成本"、"制造费用——辅助生产成本"账户来归集;也可以只设置"生产成本——辅助生产成本"账户,不设置"制造费用——辅助生产成本"账户来进行核算。

1. 只设置"生产成本——辅助生产成本"账户,不设置"制造费用——辅助生产成本"账户。在这种方法下,凡是辅助生产部门发生的费用(无论是为提供劳务或产品生产,还是为组织、管理生产而发生的制造费用)全部记入"生产成本——辅助生产成本"账户。账户处理程序如图 4-1 所示。该账户一般按各辅助生产部门分别设置。同时,还应按辅助生产部门的成本核算对象(产品和劳务的种类)开设"产品成本明细账"("产品成本计算单"),用来归集辅助生产费用,并计算出辅助生产部门生产的各种产品和提供的各种劳务的实际成本和单位成本。辅助生产部门产品和劳务的成本项目,可以比照基本生产车间,设置直接材料、直接人工和制造费用等成本项目,也可以根据辅助生产部门自身的生产特点另行确定成本项目。辅助生产成本二级账及所属的产品成本明细账,都应当按照企业确定的成本项目设专栏(见表 4-1),组织辅助生产费用的明细核算和辅助生产部门产品和劳务成本的计算(可见本教材模块二)。

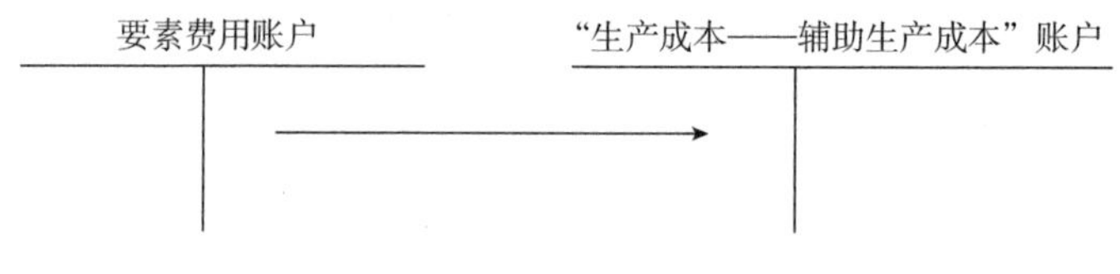

图 4-1

2. 设置"生产成本——辅助生产成本"账户,也设置"制造费用——辅助生产成本"账户,如图 4-2 所示。在这种方法下,参照基本生产车间账户处理。将辅助生产部门提供劳务或产品发生的费用记入"生产成本——辅助生产成本"及其所属明细账,而将辅助生产部门为组织和管理生产等发生的制造费用先记入"制造费用——辅助生产成本"账户,月末再分配转入"生产成本——辅助生产成本"账户,经分配结转后,"制造费用——辅助生产部门"账户应无余额。

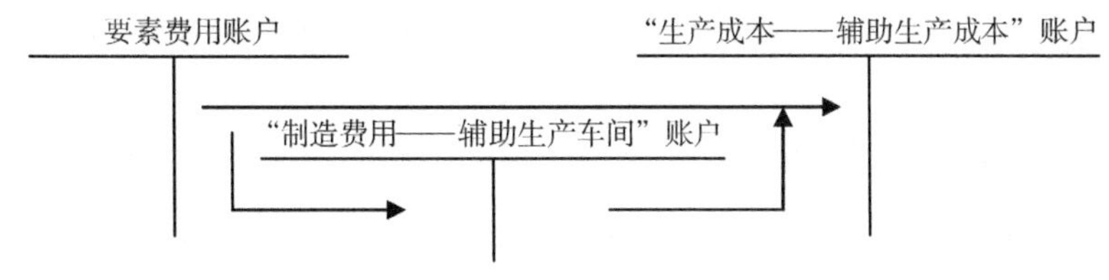

图 4－2

需要说明的是，辅助生产费用的核算是否设置"制造费用——辅助生产成本"账户，并不作统一要求。在实际工作中，可根据辅助生产部门规模大小、制造费用多少等方面的不同来确定。一般来说，企业如果辅助生产规模较大，制造费用较多，或还对外提供产品、劳务等，则可单设"制造费用——辅助生产成本"账户来归集辅助生产过程中发生的制造费用；如果企业辅助生产规模较小，制造费用极少，又不对外提供产品、劳务，则可不单设"制造费用——辅助生产成本"账户，而将辅助生产过程中发生的制造费用直接记入"生产成本——辅助生产成本"账户。

本教材为了简化阐述，采用第一种方法。

表 4－1　辅助生产成本明细账

车间：供电车间　　　　201×年 4 月　　　　金额单位：元

201×年		凭证号数	摘　要	直接材料	燃料及动力	直接人工	折旧费	办公费	保险费	机物料消耗	其他	合 计
月	日											
4	30	略	原材料费用分配表	5 800								5 800
			燃料费用分配表		2 500							2 500
			动力费用分配表		8 200							8 200
			折旧费用分配表				2 160					2 160
			职工薪酬分配表			9 520						9 520
			低值易耗品费用分配表							380		380
			其他费用分配表					653	1 356		580	2 589
			待分配费用合计	5 800	10 700	9 520	2 160	653	1 356	380	580	31 149
			分配转出	－5 800	－10 700	－9 520	－2 160	－653	－1 356	－380	－580	－31 149

任务二　辅助生产费用的分配

辅助生产费用分配是指将辅助生产成本各明细账上所归集的费用，采用一定的方法计算出产品或劳务的总成本和单位成本，并按受益对象耗用的数量计入基本生产成本或期间费用的过程。

如前所述，辅助生产部门的产品、劳务和作业，主要服务于企业的基本生产部门和管理部门。但在某些辅助生产部门之间往往存在相互服务的情况，如供电车间为供汽车间提供电力，供汽车间也为供水车间提供动力服务。那么，要计算供电成本，就要确定供汽成本；而要计算供汽成本，又要确定供电成本。因此，为了正确计算基本生产产品成本，在辅助生产费用分配时，还应在各辅助生产部门之间进行费用的相互分配。这是辅助生产费用分配的一个主要特性。

辅助生产费用的分配必须分部门(或车间)进行，其分配的计算一般是通过编制"辅助生产费用分配表"进行的。该表不仅起到分配计算辅助生产费用的作用，而且也是各受益部门耗用辅助生产费用据以入账的依据。

辅助生产费用的分配是一个较为复杂的过程，为了使分配的结果尽量客观，在分配时要根据企业各辅助生产部门生产产品或劳务的特点以及受益单位提供分配的情况，结合企业管理的条件和要求来选择适当的分配方法。分配辅助生产费用的方法很多，但主要的有直接分配法、一次交互分配法、代数分配法和计划成本分配法等，下面分别加以说明。

一、直接分配法

直接分配法是指将辅助生产部门发生的产品或劳务成本全部直接分配给辅助生产部门以外的各受益对象负担的一种方法。它的特点是不考虑辅助生产部门之间的交互服务，简单地将辅助生产各部门的实际成本在辅助生产部门以外的各受益对象之间进行分配，即既不转出，也不转入。它的分配计算公式如下：

$$\text{某辅助生产部门费用分配率}=\frac{\text{该辅助生产部门直接发生的费用总额}}{\text{该辅助生产部门向辅助生产部门以外的受益单位提供的劳务总量}}$$

$$\text{某受益单位应负担的辅助生产费用}=\text{该受益单位接受的劳务数量}\times\text{辅助生产部门费用分配率}$$

【例4-1】鸿源企业有供水、供电两个辅助生产车间，在分配结转前，"生产成本——辅助生产成本"账户归集的本月辅助生产费用合计数分别为：供水车间为16 000元，供电车间为48 000元。该公司当月辅助生产车间提供的产品和劳务情况如表4-2所示。

根据上述资料，用直接分配法计算各辅助生产部门的费用分配率：

$$\text{供水车间费用分配率}=\frac{16\ 000}{20\ 000-4\ 000}=1$$

$$\text{供电车间费用分配率}=\frac{48\ 000}{80\ 000-16\ 000}=0.75$$

表4-2　辅助生产车间劳务供应量汇总表

201×年5月

辅助生产部门 / 受益部门	供水(m^3)	供电(度)
供水车间	—	16 000
供电车间	4 000	—
小　计	4 000	16 000
基本生产车间甲产品	6 000	28 000
基本生产车间乙产品	4 000	20 000

续表

辅助生产部门 / 受益部门	供水(m³)	供电(度)
基本生产车间一般用	4 000	8 000
公司行政管理部门用	1 600	4 800
专设销售机构部门用	400	3 200
小　计	16 000	64 000
劳务供应量合计	20 000	80 000

根据所得分配率计算各受益部门应负担的辅助生产成本,并编制辅助生产费用分配表,如表4－3所示。

表4－3　辅助生产费用分配表(直接分配法)

201×年5月　　金额单位:元

项　目	供水车间		供电车间		合计金额
	数量(m³)	金额	数量(度)	金额	
待分配费用		16 000		48 000	64 000
劳务供应总量	20 000		80 000		
其中:辅助生产车间以外	16 000		64 000		
费用分配率(单位成本)		1		0.75	
受益对象:					
供水车间			(16 000)		
供电车间	(4 000)				
基本生产车间甲产品	6 000	6 000	28 000	21 000	27 000
基本生产车间乙产品	4 000	4 000	20 000	15 000	19 000
基本生产车间一般用	4 000	4 000	8 000	6 000	10 000
公司行政管理部门用	1 600	1 600	4 800	3 600	5 200
专设销售机构部门用	400	400	3 200	2 400	2 800
合　计	16 000	16 000	64 000	48 000	64 000

根据表4－3,编制分配结转辅助生产费用的会计分录:

借:生产成本——基本生产成本——甲产品　　27 000

　　　　　　　　　　　　　——乙产品　　19 000

　制造费用——基本生产车间　　10 000

　管理费用　　5 200

　销售费用　　2 800

　贷:生产成本——辅助生产成本——供电车间　　48 000

——供水车间　　16 000

采用直接分配法计算最为简便，但因其未考虑辅助生产部门之间产品、劳务或作业的提供，在计算费用分配率时，待分配费用没有包括耗用其他辅助生产部门劳务的成本，因此并不是该车间的实际费用，供应劳务数量又剔除了其他辅助生产车间耗用的数量，因此，该方法对成本计算的准确性有一定的影响。这种方法一般适用于辅助生产部门相互提供劳务较少且辅助生产费用较少的中小型企业。

二、一次交互分配法

一次交互分配法是将辅助生产部门相互提供的劳务先进行交互分配，然后将各辅助生产部门交互分配后的实际费用全部分配给辅助生产部门以外各受益单位的一种分配方法。该方法的特点是进行两次分配。第一次分配是，先根据交互分配前各辅助生产车间发生的费用和提供的劳务总量计算分配率，在辅助生产部门之间进行一次交互分配；第二次分配是，将各辅助生产部门交互分配后的实际费用（交互分配的费用加上交互分配转入的费用减去交互分配转出的费用），再按对外提供劳务的数量，在辅助生产部门以外的各受益单位之间进行分配。分配的计算公式如下：

第一，交互分配。

$$交互分配率=\frac{辅助生产部门直接费用总额}{劳务供应总量}$$

某辅助生产部门应负担的费用＝该辅助生产部门受益的劳务量×对应的交互分配率

第二，对外分配。

某辅助生产部门对外待分配费用＝该辅助生产部门直接费用＋交互分入的费用－交互分出的费用

$$某辅助生产部门对外费用分配率=\frac{该辅助生产部门对外待分配费用}{对外提供劳务总量}$$

某受益单位应分摊辅助生产费用＝该单位受益的劳务量×对外费用分配率

【例4－2】仍以【例4－1】资料为例，采用一次交互分配法分配辅助生产费用，如表4－4所示。

（1）辅助生产车间交互分配。

供电车间交互分配率＝48 000÷80 000＝0.6

供水车间交互分配率＝16 000÷20 000＝0.8

供电车间应负担的水费＝4 000×0.8＝3 200（元）

供水车间应负担的电费＝16 000×0.6＝9 600（元）

供电车间分出的电费＝16 000×0.6＝9 600（元）

供水车间分出的水费＝4 000×0.8＝3 200（元）

（2）对外分配。

供电车间对外待分配费用＝48 000＋3 200－9 600＝41 600（元）

供水车间对外待分配费用＝16 000＋9 600－3 200＝22 400（元）

$$供电车间对外费用分配率=\frac{41\ 600}{64\ 000}=0.65$$

供水车间对外费用分配率 $=\frac{22\ 400}{16\ 000}=1.4$

(3)根据表4－4编制会计分录。

表4－4　辅助生产费用分配表(一次交互分配法)

201×年5月　　　　金额单位:元

项　目	交互分配				对外分配				合计
	分配电费		分配水费		分配电费		分配水费		
	数量(度)	金额	数量(m^3)	金额	数量(度)	金额	数量(m^3)	金额	
待分配费用		48 000		16 000		41 600		22 400	64 000
劳务供应总量	80 000		20 000		64 000		16 000		
费用分配率(单位成本)		0.6		0.8		0.65		1.4	
受益对象:									
供水车间	16 000	9 600							
供电车间			4 000	3 200					
基本生产车间甲产品					28 000	18 200	6 000	8 400	26 600
基本生产车间乙产品					20 000	13 000	4 000	5 600	18 600
基本生产车间一般耗用					8 000	5 200	4 000	5 600	10 800
公司行政管理部门用					4 800	3 120	1 600	2 240	5 360
专设销售机构部门用					3 200	2 080	400	560	2 640
合　计						41 600		22 400	64 000

第一次,交互分配:

借:生产成本——辅助生产成本——供电车间　　3 200
　　　　　　　　　　　　　——供水车间　　9 600
　贷:生产成本——辅助生产成本——供水车间　　3 200
　　　　　　　　　　　　　　——供电车间　　9 600

第二次,对外分配:

借:生产成本——基本生产成本——甲产品　　26 600
　　　　　　　　　　　　　——乙产品　　18 600
　制造费用——基本生产车间　　10 800
　管理费用　　5 360
　销售费用　　2 640
　贷:生产成本——辅助生产成本——供电车间　　41 600
　　　　　　　　　　　　　　——供水车间　　22 400

采用一次交互分配法,辅助生产部门内部相互提供的产品和劳务进行了交互分配(相互分配费用），与直接分配法相比，提高了费用分配结果的正确性。但由于在分配费用时要进行交互分配和对外分配，因而增加了分配计算的工作量。另外，由于交互分配的分配率是根据交互分配前的待分配费用计算的，不是各辅助生产部门的实际单位成本，因而分配结果也不是很准确。这种方法一般适用于各辅助生产部门之间相互提供劳务较多的企业。在实际工作中，为了简化核算工作，如果各月辅助生产的成本水平相差不大，也可以用上月辅助生产部门该产品或劳务的实际单位成本，作为本月交互分配的费用分配率（单位成本）。

三、代数分配法

代数分配法是运用代数中解多元一次联立方程的原理，先计算出各辅助生产部门产品和劳务的实际单位成本，然后根据实际单位成本和各受益单位（包括辅助生产车间）耗用的数量计算分配辅助生产费用的一种方法。其基本计算步骤是：

（1）设未知数，并根据辅助生产部门之间交互服务关系建立方程组。

（2）解方程组，求出各种产品或劳务的单位成本。

（3）用各单位成本乘以受益部门的耗用量，求出各受益部门应分配计入的辅助生产费用。

某辅助生产部门提供劳务总量×该辅助生产车间劳务的单位成本＝该辅助生产部门直接发生费用＋该辅助生产部门耗用其他辅助生产部门的劳务数量×其他辅助生产部门劳务的单位成本

【例4－3】仍以【例4－1】资料为例，说明代数分配法的分配步骤。

设供电车间的单位成本为x，供水车间的成本为y。根据两个辅助生产部门的交互服务关系建立方程组如下：

$$\begin{cases}48\ 000+4\ 000y=80\ 000x\\16\ 000+16\ 000\ x=20\ 000\ y\end{cases}$$

解方程组得：$\begin{cases}x=0.666\ 7\\y=1.333\ 3\end{cases}$

即供电车间提供的电力单位成本为1.39元，供水车间的单位成本为1.91元。

根据计算结果，编制辅助生产费用分配表，如表4－5所示。

根据表4－5，编制会计分录：

借：生产成本——基本生产成本——甲产品	26 667.4
——乙产品	18 667.2
——辅助生产成本——供电车间	5 333.2
——供水车间	10 667.2
制造费用——基本生产车间	10 666.8
管理费用	5 333.44
销售费用	2 666.76
贷：生产成本——辅助生产成本——供电车间	53 336
——供水车间	26 666

表4－5　辅助生产费用分配表（代数分配法）

201×年5月　　　　金额单位：元

项　目	分配电费		分配水费		合计
	数量（度）	金额	数量（m^3）	金额	
待分配费用		48 000		16 000	64 000
劳务供应总量	80 000		20 000		
费用分配率（单位成本）		0.666 7		1.333 3	
受益对象：					
供水车间	16 000	10 667.2			10 667.2
供电车间			4 000	5 333.2	5 333.2
基本生产车间甲产品	28 000	18 667.6	6 000	7 999.8	26 667.4
基本生产车间乙产品	20 000	13 334	4 000	5 333.2	18 667.2
基本生产车间一般耗用	8 000	5 333.6	4 000	5 333.2	10 666.8
公司行政管理部门用	4 800	3 200.16	1 600	2 133.28	5 333.44
专设销售机构部门用	3 200	2 133.44	400	533.32	2 666.76
合　计	80 000	53 336	20 000	26 666	80 000

采用代数分配法，分配结果最为准确。但是，在分配前先要解联立方程组，如果辅助生产部门多，未知数也就较多，计算工作量就会大大增加，计算亦较复杂，因此，这种方法一般适宜在辅助生产部门不多或已经实现会计电算化的企业中采用。

四、计划成本分配法

计划成本分配法是指在分配辅助生产费用时，根据事先确定的产品或劳务的计划单位成本和各车间、部门耗用的劳务数量计算各车间、部门应分配的辅助生产费用的一种方法。其内容是，先按产品或劳务的计划单位成本和实际供应量，在各受益对象（包括各辅助生产部门）之间分配生产费用，然后再将辅助生产单位实际发生的费用（待分配费用加上辅助生产单位内部按计划成本分配转入的费用）与按计划单位成本分配转出的费用的差额，即成本差异，分配给辅助生产部门以外的各受益单位。其计算公式及步骤如下：

1. 按计划成本分配

$$\text{某受益对象应分配的劳务费用（含辅助生产部门）} = \text{该受益对象的受益数量} \times \text{计划单位成本}$$

2. 分配成本差异

$$\text{成本差异} = \text{各辅助生产部门发生的费用} + \text{按计划成本分配转入的费用} - \text{按计划成本分配转出的费用}$$

$$\text{成本差异分配率} = \frac{\text{成本差异额}}{\text{辅助生产部门以外的受益单位劳务量（或分配的计划成本）}}$$

$$某受益对象应分配的成本差异 = \frac{该受益单位受益量}{（或分摊的计划成本）} \times 成本差异分配率$$

为了简化分配核算工作,辅助生产的成本差异也可全部直接计入管理费用。

【例4－4】仍以【例4－1】资料为例,假设供电车间的计划单位成本为0.65元,供水车间的计划单位成本为0.9元,采用计划成本分配法,编制辅助生产费用分配表,如表4－6所示。

表4－6　辅助生产费用分配表(计划成本分配法)

201×年5月　　金额单位:元

项　目	按计划成本分配				辅助生产成本差异		对外分配金额合计
	分配电费		分配水费				
	数量(度)	金额	数量(m^3)	金额	供电	供水	
待分配费用		48 000		16 000			
劳务供应总量	80 000		20 000				
计划单位成本		0.65		0.9			
受益对象:							
供水车间	16 000	10 400					10 400
供电车间			4 000	3 600			3 600
基本生产车间甲产品	28 000	18 200	6 000	5 400			23 600
基本生产车间乙产品	20 000	13 000	4 000	3 600			16 600
基本生产车间一般耗用	8 000	5 200	4 000	3 600			8 800
公司行政管理部门用	4 800	3 120	1 600	1 440			4 560
专设销售机构部门用	3 200	2 080	400	360			2 440
合　计	80 000	52 000	20 000	18 000	－400	8 400	70 000

供电车间实际总成本＝48 000＋3 600＝51 600(元)

供水车间实际总成本＝16 000＋10 400＝26 400(元)

在上列实际成本中,由于分配转入的费用(10 400元和3 600元)是按计划单位成本计算的,因而这种实际成本不是“纯粹”的实际成本。

根据辅助生产费用分配表(表4－8),编制分配结转辅助生产费用的会计分录如下:

(1)按计划单位成本分配的会计分录:

借:生产成本——辅助生产成本——供水车间　　10 400
　　　　　　　　　　　　　　——供电车间　　3 600
　　　　　　——基本生产成本——甲产品　　23 600
　　　　　　　　　　　　　　——乙产品　　16 600
　制造费用——基本生产车间　　8 800
　管理费用　　4 560

销售费用　　2 440
　贷:生产成本——辅助生产成本——供电车间　　52 000
　　　　　　　　　　　　　　——供水车间　　18 000

(2)成本差异分配结转的会计分录:

借:管理费用　　8 000
　贷:生产成本——辅助生产成本——供电车间　　400
　　　　　　　　　　　　　　——供水车间　　8 400

上述分配结转辅助生产成本差异的会计分录属于调整分录,不论成本差异是超支差异还是节约差异,账户的对应关系是相同的。在登记账户时,超支差异用蓝字表示补加,节约差异用红字表示冲减。

采用计划成本分配法,由于是按照事先确定的计划单位成本进行分配的,不必单独计算费用分配率,而且各辅助生产费用只分配一次,从而简化和加速了成本计算和分配工作。采用这种分配方法,不仅能反映和考核辅助生产成本计划的执行情况,而且还便于分析和考核各受益单位的成本,便于分清企业内部各单位的经济责任。但是,采用这种方法,计划单位成本与实际误差不能太大,否则会影响分配结果的准确性。

这种方法一般适宜在有比较准确的计划成本资料的企业中采用。

应当指出,辅助生产费用分配方法不会改变辅助生产费用归集和分配的特点:不管采用何种分配方法,分配结转后辅助生产成本明细账应无余额;对外分配金额的合计数是相同的,即应等于分配前各辅助生产部门的待分配费用之和。

小　结

本模块主要介绍了辅助生产费用的归集与分配的方法。重点介绍辅助生产费用的直接分配法、一次交互分配法、代数分配法和计划成本分配法。

直接分配法,是指不考虑各辅助生产车间之间相互提供劳务的情况,而将辅助生产费用直接分配给辅助生产车间以外的各受益单位的一种分配方法。

一次交互分配法,是将辅助生产车间的费用先在辅助生产车间之外进行分配(又叫对内分配),再将交互分配后的总费用分配给辅助生产车间以外的受益对象(又叫对外分配)。

计划成本分配法是指在分配辅助生产费用时,根据事先确定的产品或劳务的计划单位成本和各车间、部门耗用的劳务数量计算各车间、部门应分配的辅助生产费用的一种方法。

代数分配法是运用代数中解多元一次联立方程的原理,先计算出各辅助生产部门产品和劳务的实际单位成本,然后根据实际单位成本和各受益单位(包括辅助生产车间)耗用的数量计算分配辅助生产费用的一种方法。

通过对每种方法的适用范围及其计算和分配过程进行比较,各企业可以根据企业实际情况选择使用。

思考题

1. 辅助生产的特点是什么?它与基本生产有什么区别?
2. 辅助生产核算的任务是什么?

3. 简述辅助生产成本结转的特点。

4. 辅助生产成本分配的方法有哪几种？各分配方法有什么优缺点？它们各自适用于哪些情况？

练习题

一、单项选择题

1. “辅助生产成本”账户月末(　　)。

A. 一定没有余额　　B. 如果有余额，余额一定在借方

C. 如果有余额，余额一定在贷方　　D. 可能有借方或贷方余额

2. 下列辅助生产成本明细账中，可能有期末余额的有(　　)。

A. 自制材料、自制工具和模具成本明细账　　B. 供电、供水车间成本明细账

C. 修理车间明细账　　D. 运输车间成本明细账

3. 辅助生产车间完工的模具入库时，应借记(　　)账户。

A. “基本生产成本”　　B. “辅助生产成本”

C. “原材料”　　D. “低值易耗品”

4. 下列辅助生产费用的分配方法中，不在辅助生产单位之间分配费用的方法是(　　)。

A. 直接分配法　　B. 一次交互分配法

C. 代数分配法　　D. 计划成本分配法

5. 辅助生产费用交互分配法，一次交互分配时是在(　　)。

A. 各受益单位之间进行分配　　B. 受益的各辅助生产车间分配

C. 辅助生产以外的受益单位之间分配　　D. 受益的各基本车间之间分配

6. 在采用交互分配法分配辅助生产费用的情况下，各辅助生产车间交互分配后的实际费用等于(　　)。

A. 交互分配前的费用

B. 交互分配前的费用加上交互分配转出的费用

C. 交互分配前的费用加上交互分配转入的费用

D. 交互分配前的费用加上交互分配转入的费用，减去交互分配转出的费用

7. 提供水、电、汽的辅助生产单位在各受益对象之间分配的辅助生产费用，是指该生产单位(　　)。

A. 本期发生的费用　　B. 期初在产品成本

C. 期末在产品成本　　D. 生产费用合计数

8. 采用计划成本法分配辅助生产费用，辅助生产的实际成本是(　　)。

A. 按计划成本分配前的实际费用

B. 按计划成本分配前的实际费用加上按计划成本分配转入的费用

C. 按计划成本分配前的实际费用减去按计划成本分配转出的费用

D. 按计划成本分配前的实际费用加上按计划成本分配转入的费用，减去按计划成本分配转出的费用

9. 辅助生产费用采用交互分配法，其说法正确的是(　　)。

A. 正确性较高，但计算工作量大

B. 分配结果不准确，但计算工作简单

C. 计算工作较简单，分配结果准确

D. 计算工作简单，费用只分配一次

10. 辅助生产费用的各种分配法中，能分清内部经济责任、有利于实行厂内经济核算的是(　　)。

A. 直接分配法　　B. 交互分配法

C. 代数分配法　　D. 计划成本分配法

二、多项选择题

1. 辅助生产成本明细账户余额的特点是(　　)。

A. 如果为自制材料和包装物、自制工具和模具等的成本明细账，结转完工入库产品成本后，期末借方余额为期末在产品成本

B. 如果为生产产品的成本明细账，期末分配给受益对象后，应有贷方余额

C. 如果为供水、供电、供气和机修、运输等成本明细账，期末分配给各受益对象以后，应无余额

D. 各种辅助生产成本明细账，一般都应有期末借方余额

2. 辅助生产费用的分配方法有(　　)。

A. 直接分配法　　B. 实际分配率法

C. 交互分配法　　D. 计划成本分配法

3. 采用计划成本分配法，辅助生产成本差异的分配方式有(　　)等。

A. 全部计入制造费用　　B. 全部计入管理费用

C. 分配给辅助生产单位以外的受益对象　　D. 分配给全部受益对象

4. 辅助生产费用分配的直接分配法的特点有(　　)。

A. 核算工作简便　　B. 计算结果不很准确

C. 便于分析考核　　D. 计算结果准确

5. 交互分配法的特点表现在(　　)。

A. 核算工作简便　　B. 计算工作量较大

C. 便于分析考核　　D. 计算结果较准确

6. 在辅助生产费用分配方法中，考虑了辅助生产单位之间交互分配费用的方法有(　　)。

A. 直接分配法　　B. 一次交互分配法

C. 代数分配法　　D. 计划成本分配法

7. 通过辅助生产费用的归集与分配，应计入本月产品成本的生产费用，最终都分别归集在(　　)总账科目及其所属明细科目的借方。

A. “生产成本——辅助生产成本”　　B. “制造费用”

C. “生产成本——基本生产成本”　　D. “管理费用”

8. 月份终了，辅助生产费用按一定分配标准分配给各受益对象，可以借记(　　)科目。

A. “管理费用”　　B. “销售费用”

C.“在建工程” D.“生产成本——基本生产成本”

9. 直接分配法适用于( )。

A. 辅助生产车间相互提供劳务较少

B. 交互分配的辅助生产车间受益程度有明显顺序

C. 交互分配费用相差不大

D. 计划成本基础较好

三、判断题

1. 辅助生产单位发生的制造费用,都应当直接计入辅助生产成本明细账。( )

2. 辅助生产成本需按辅助生产车间及产品品种设置明细账进行明细分类核算。( )

3. 企业辅助生产成本明细账均应无余额。( )

4. 采用直接分配法,辅助生产单位之间相互提供的劳务,不相互分配。( )

5. 采用一次交互分配法,交互分配以后各辅助生产单位的待分配费用,应分配给全部受益对象。( )

6. 采用交互分配法分配辅助生产费用时,对外分配的辅助生产费用,应为交互分配前的费用加上交互分配时转入的费用。( )

7. 采用代数分配法分配辅助生产费用时,应用代数中解联立方程的原理,直接分配各受益车间、部门应负担的费用,不需计算辅助生产车间产品或劳务的单位成本。( )

8. 采用计划成本分配法分配辅助生产费用时,辅助生产部门实际发生的费用与按计划成本分配的费用之间的差额,如果数额不大的话,可直接计入管理费用。( )

9. 辅助生产费用的分配,应遵循谁受益谁负担的原则,分配方法要求简便、合理、易行。( )

10. 虽然辅助生产车间生产的产品和劳务的种类不同,但其转出、分配的程序是一样的。( )

模块五　制造费用的核算

学习目标

1. 熟悉制造费用的内容和各费用项目的核算。
2. 熟悉并掌握制造费用的分配方法。
3. 熟悉制造费用各种分配方法的优缺点及适用范围。

情景案例

惠丰工厂生产甲、乙两种产品，生产产品领用材料 9 800 元，一般机物料消耗 3 400 元，生产工人工资 53 000 元，车间管理人员工资 6 000 元，车间照明 700 元，办公费 1 200 元。以上是有关车间生产及管理数据资料，该企业成本核算员认为本企业只有一个生产车间，可以将车间发生的全部费用直接计入产品成本中。你认为这样做合适吗？通过前面的学习，你认为哪些费用可以直接计入产品成本，哪些费用不能直接计入产品成本。该如何进行核算？

任务一　制造费用的归集

一、制造费用归集的程序

（一）制造费用的含义和内容

制造费用是指各个生产单位为组织和管理生产而发生的各项费用，以及直接用于产品生产但未专设成本项目和间接用于产品生产的各项费用，也就是企业生产部门在组织和管理产品生产过程中发生的所有不能直接归属到所制造产品，或其他有受益的生产活动中的各项费用。根据企业会计制度的规定，制造费用应按费用发生的地点进行归集，期末终了，再采用一定的方法在各成本核算对象之间进行分配，然后才能计入各成本核算对象的成本中去。

制造费用包括的内容很多，也较复杂，具体为：

（1）间接用于产品生产的费用，这部分费用在制造费用中占绝大部分。如机物料消耗、车间和分厂生产用房屋及建筑物的折旧费、保险费或租赁费，生产部门生产用的照明费、取暖费、降温费、运输费、劳动保护费以及季节性停工和生产用固定资产大修理期间的停工损失等。

(2)直接用于产品生产而未专设成本项目的费用。这些费用在管理上不要求单独核算或不便于单独核算。如生产用机器设备的折旧费、保险费或租赁费,生产用低值易耗品的摊销,设计图纸费和试验检验费等。生产工艺用动力,如果没有专设成本项目,也可列入制造费用。

(3)生产部门用于组织和管理生产而发生的费用。如生产部门管理人员工资及福利费,生产部门管理用房屋及设备的折旧费、保险费或租赁费,生产部门管理用具摊销,以及生产部门的照明费、取暖费、差旅费和办公费等。

制造费用一般都是间接计入费用,包含的内容较多,属于综合费用项目。制造费用项目中有些与产品的变动有关,但多为固定费用。因而制造费用一般不能或不便于按照业务量制定定额,而只能按照车间、部门和费用项目,按会计期间(年度、季度、半年度、月度)制定制造费用预算,控制制造费用总额。可以通过制造费用的归集和分配,反映和监督制造费用计划的执行情况,并将费用正确、及时地计入各有关产品的成本。

(二)制造费用的归集

制造费用的归集是通过设置"制造费用"账户进行的。该账户属于集合分配账户,借方归集本期发生的制造费用,贷方反映费用的分配,除季节性生产企业外,"制造费用"账户期末一般无余额。为了反映各车间、部门各项制造费用的支出情况,该账户还应按不同的车间、部门设置明细账,账内按照费用项目设立专栏或专户,根据有关的付款凭证、转账凭证和前述各种费用分配表进行登记。

制造费用的费用项目,一般应包括机物料消耗、工资及福利费、折旧费、租赁费(仅指经营性租赁)、保险费、低值易耗品摊销、水电费、取暖费、运输费、差旅费、办公费、劳动保护费、设计图纸费、试验检验费等。

企业也可以根据费用的大小及管理要求,另行设立费用项目或对上述费用项目再进行细分或合并,但一经确定,不应任意变更,以利于各期成本费用资料的可比。

制造费用的归集按其记账依据不同可分为以下两种情况:

(1)一般费用发生时,根据有关的付款凭证、转账凭证和之前编制的其他各种费用分配表,借记"制造费用"账户及所属有关明细账。如办公费、差旅费、水电费等。

(2)材料、工资、动力费、折旧费及其他费用,在期末应根据汇总编制的各种费用分配表记入"制造费用明细账"。

辅助生产车间发生的费用,如果辅助生产的制造费用是通过"制造费用"核算的,应比照基本生产车间发生的费用核算;如果辅助生产的制造费用不通过"制造费用"科目核算,则应全部借记"辅助生产成本"总账科目,并记入有关的辅助生产成本明细账中相应的项目。

二、制造费用归集的账务处理

(一)固定资产的折旧费用

生产单位固定资产的折旧费用,从其与生产工艺过程的关系看,属于基本费用。为了简化核算,折旧费用视同组织和管理生产所发生的间接费用,列入制造费用项目。

固定资产的折旧费用是通过按月编制的“折旧费用计算表”确定本期折旧费用后，记入制造费用的。

【例5－1】长江企业采用分类折旧率计提折旧，根据该厂月初应计固定资产总值和月分类折旧率编制“固定资产折旧费用计算表”，并据以编制会计分录。

(1)根据企业有关资料编制本月“固定资产折旧费用计算表”，见表5－1。

表5－1　固定资产折旧费用计算表

201×年5月

车间、部门	固定资产类别	固定资产原值	月分类折旧率(%)	固定资产折旧
第一车间	房屋	400 000	2.5	10 000
	设备	300 000	8.0	24 000
	小计	700 000		34 000
第二车间	房屋	600 000	2.5	15 000
	设备	750 000	8.0	60 000
	小计	1 350 000		75 000
供电车间	房屋	200 000	2.5	50 000
	设备	200 000	7.6	15 200
	小计	400 000		65 200
锅炉车间	房屋	150 000	2.5	37 500
	设备	100 000	7.6	7 600
	小计	250 000		45 100
运输车间	房屋	120 000	2.5	3 000
	设备	140 000	7.8	10 920
	小计	260 000		13 920
企业管理部门	房屋	900 000	2.5	22 500
	设备	200 000	7.6	15 200
	小计	1 100 000		37 700
合　计		4 060 000		270 920

根据表5－1，编制会计分录如下：

借：制造费用——第一车间　　34 000

　　　　　——第二车间　　75 000

　　生产成本——辅助生产成本——供电车间　　65 200

　　　　　——辅助生产成本——锅炉车间　　45 100

　　　　　——辅助生产成本——运输车间　　13 920

　　管理费用　　37 700

　　贷：累计折旧　　270 920

（二）材料的耗用和低值易耗品摊销

1. 材料的耗用

制造费用中材料的耗用，除了包括车间的一般消耗之外，还包括用于机器设备的润滑油、清洁用具等。一般可以根据“耗用材料汇总表”确定的金额，直接列作制造费用。

2. 低值易耗品摊销

低值易耗品是企业不列入固定资产管理的各种用具物品，如工具、管理用具、玻璃器皿、劳动保护用品等。生产单位低值易耗品的消耗从其与生产工艺过程的关系看，有的属于基本费用，如产品生产的专用模具、工具等；有的属于一般费用，如管理用具等。因此，在费用计入产品成本的方式上，有的低值易耗品费用可以计入单独设置的专用工具、模具等成本项目，有的则计入生产单位的制造费用。

由于低值易耗品具有单位价值较低、容易损耗等特点，企业为了简化核算，将其列入流动负债管理。低值易耗品的价值可以一次计入有关成本、费用（一次摊销法），也可以分期摊销计入有关成本、费用（分次摊销法或五五摊销法）。

采用一次摊销法时，企业领用低值易耗品的价值，一般可以与领用其他材料一起，汇总编制“材料耗用汇总表”，据以直接计入有关成本费用。

分次摊销是根据低值易耗品价值和预计使用期限求得每期摊销额，分次摊入各期成本费用的一种摊销方法，一般适用于使用期限较长，单位价值较高，各月领用又不均衡的低值易耗品。

采用五五摊销法，低值易耗品在领用时摊销其价值的一半，报废时再摊销其价值的另一半。分期摊销的低值易耗品费用，应当按月编制“低值易耗品摊销计算表”，据以计入有关成本、费用。

【例5－2】长江企业按计划成本对低值易耗品进行核算，公司第一生产车间201×年5月领用生产模具10套，价值共计20 000元。201×年11月16日，该生产模具毁损并报废，残料入库400元。有关账务处理如下：

（1）201×年5月领用低值易耗品时：

借：周转材料——低值易耗品（在用）　　20 000

　　贷：周转材料——低值易耗品（在库）　　20 000

同时，摊销其50%：

借：制造费用　　10 000

　　贷：周转材料——低值易耗品（摊销）　　10 000

（2）201×年11月16日，按其领用价值的50%摊销：

借：制造费用　　10 000

　　贷：周转材料——低值易耗品（摊销）　　10 000

材料入库时：

借：原材料　　400

　　贷：制造费用　　400

同时，冲销已报废低值易耗品的摊销数：

借:周转材料——低值易耗品(摊销)　　20 000

　　贷:周转材料——低值易耗品(在用)　　20 000

(三)管理人员职工薪酬和其他费用

制造费用中,生产单位管理人员的职工薪酬,应当根据“工资结算汇总表”及“各种社会保险费及工会经费、职工教育经费计提计算表”编制会计分录,计入制造费用明细账;办公费、水电费、差旅费、取暖费、运输费、设计制图费、试验检验费、劳动保护费、财产保险费等,通常以现金或银行存款支付,应当根据有关付款凭证,计入制造费用明细账。

【例5－3】长江企业第二车间201×年2月以现金支付购买办公用品费760元,运输费520元;以银行存款支付劳动保护费3 400元,取暖费1 200元。其账务处理如下:

借:制造费用——第二车间　　5 880

　　贷:库存现金　　1 280

　　　　银行存款　　4 600

表5－2　制造费用明细表(基本生产车间)

车间名称:第一基本生产车间　　201×年2月　　金额单位:元

201×年		凭证号数	摘　要	材料费用	职工薪酬	折旧费	动力费	低值易耗品摊销	办公费	水电费	保险费	其他	合计
月	日												
2	28		原材料费用分配表	5 600									5 600
			外购动力分配表							900			900
			职工薪酬费用分配表		5 130								5 130
			折旧费用分配表			4 800							4 800
			低值易耗品费用分配表					1 500					1 500
			其他费用分配表						760		5 200	2 450	8 410
			辅助生产费用分配表				3 645.36						3 645.36
			本月合计	5 600	5 130	4 800	3 645.36	1 500	760	900	5 200	2 450	29 985.36
			分配转出	－5 600	－5 130	－4 800	－3 645.36	－1 500	－760	－900	－5 200	－2 450	－29 985.36

任务二　制造费用的分配

通过制造费用的归集,企业在某一会计期间发生的制造费用都已归入制造费用的明细账中，在会计期末时，为了正确计算产品的生产成本，还要将其合理地分配到有关产品的成本中去。分配的原则是：在某生产单位只生产一种产品或只提供一种劳务的情况下，其归集的制造费用是直接计入费用，可以直接计入该产品生产成本明细账；在生产单位生产多种产品或提供多种劳务的情况下，则间接计入费用应采用适当的分配方法在各受益对象之间进行分配，计入各种产品的成本之中。分配的方法很多，但通常采用的有生产工人工时比例法、生产工人工资比例法、机器工时比例法和按年度计划分配率分配法等。分配方法一经确定，不应任意变更。

一、生产工人工时比例分配法

生产工人工时比例分配法是以各种产品（各受益对象）的生产工人工时为标准来分配制造费用的一种方法。其计算公式如下：

某产品负担的制造费用 = 该产品实际生产工时 × 制造费用分配率

上述公式中的生产工时总数，一般为实际工时，但如果企业产品的定额工时比较准确，也可以用定额工时计算。

【例 5－4】长江企业第一基本生产车间制造费用明细账归集的某月制造费用总额为 29 985.36元（见表 5－3），该车间当月实际生产工时是 6 800 小时，其中甲产品 3 800 小时，乙产品 3 000 小时。所生产的甲、乙两种产品按生产工人的实际生产工时比例分配制造费用。则甲、乙两种产品各自应负担的制造费用计算如下：

$$\text{制造费用分配率} = \frac{29\ 985.36}{3\ 800 + 3\ 000} = 4.409\ 6$$

甲产品应负担的制造费用 = 3 800 × 4.409 6 = 16 756.48（元）

乙产品应负担的制造费用 = 3 000 × 4.409 6 = 13 228.80（元）

在实际工作中，制造费用一般是通过编制制造费用分配表来体现的。其格式如表 5－3 所示。

表 5－3　制造费用分配表

生产单位：第一基本生产车间　　　　201×年 5 月

产品名称	生产工时（小时）	分配率	分配金额（元）
甲产品	3 800		16 756.48
乙产品	3 000		13 228.80
合　计	6 800	4.409 6	29 985.28

按生产工时比例分配制造费用，能将劳动生产率与产品负担的制造费用结合起来，使分配结果比较合理。如劳动生产率提高，则单位产品生产工时减少，所负担的制造费用也就降低，反之亦然，所以，它是一种较好的分配方法，在实际工作中用得也较多。但是，如果生产单位生产的各种产品的工艺过程机械化程度差异较大，采用生产工时作为分配标准，会使工艺过程机械化程度较低的产品负担过多的制造费用，致使分配结果与制造费用的实际情况不相符。因此，采用生产工时作为制造费用的分配标准一般适用于机械化程度较低或生产

单位内生产的各产品工艺过程机械化程度大致相同的单位。

二、机器工时比例分配法

机器工时比例分配法是以各种产品（各受益对象）的机器设备工作时间（运转时间）为标准来分配制造费用的一种方法。其计算公式如下：

$$\text{制造费用分配率}=\frac{\text{某生产部门应分配的制造费用总额}}{\text{该生产部门各种产品机器工时总数}}$$

某产品应负担的制造费用 = 该种产品机器工时 × 制造费用分配率

【例 5－5】长江企业第二基本生产车间生产甲、乙两种产品。本月该车间制造费用总额为 38 500 元，两种产品机器总工时为 16 000 小时，其中，甲产品为 8 900 小时，乙产品为 7 100小时。采用机器工时比例分配法分配第二基本生产车间制造费用，并编制"制造费用分配表"，如表 5－4 所示。

$$\text{制造费用分配率}=\frac{38\ 500}{8\ 900+7\ 100}=2.406\ 25$$

甲产品应负担的制造费用 = 8 900 × 2.406 25 = 21 415.625

乙产品应负担的制造费用 = 7 100 × 2.406 25 = 17 084.375

表 5－4 制造费用分配表

生产单位：第二基本生产车间　　　　201 × 年 5 月

产品名称	机器工时（小时）	分配率	分配金额（元）
甲产品	8 900		21 415.625
乙产品	7 100		17 084.375
合　计	16 000	2.40625	38 500

当机器设备是主要生产因素，并且机器工时与人工之间没有必然联系时，采用这种方法比较合理。特别是在自动化生产时，这种分配标准能做最精确的分配。因为，在这种情况下，制造费用中与机器设备使用有关的费用比重大，如折旧费、修理费等，而人工费用则较少，如果仍按前两种方法分配，则会造成机械化程度较低的产品，由于其生产工人工资及所用人工工时较多，负担的制造费用较大；而机械化程度高的产品，由于其人工成本和所用的人工工时较少，负担的制造费用也较少的不合理分配结果。因此，在机械化程度较高的生产部门，其制造费用采用与设备运转的时间有密切联系的机器工时为标准进行分配比较合理。但采用这种方法，必须具备各种产品所用的机器工时的原始记录，这就增加了机器工时资料收集的成本。

三、生产工人工资比例分配法

生产工人工资比例分配法是按照计入各种产品成本的生产工人的实际工资比例分配制造费用的一种方法。其计算公式如下：

某产品应负担的制造费用 = 该种产品生产工人工资 × 制造费用分配率

【例5－6】长江企业第二基本生产车间制造费用明细账归集的本月制造费用总额为38 500元，该车间直接生产工人工资总额为17 500元，其中，甲产品生产工人工资为9 500元，乙产品生产工人工资为8 000元。则甲、乙产品各自应负担的制造费用计算如下：

制造费用分配率＝38 500÷17 500＝2.2

甲产品应负担的制造费用＝9 500×2.2＝20 900（元）

乙产品应负担的制造费用＝8 000×2.2＝17 600（元）

分配结果如表5－5所示。

表5－5　制造费用分配表

生产单位：第二基本生产车间　　　　201×年5月　　　　金额单位：元

产品名称	直接人工费用	分配率	分配金额
甲产品	9 500		20 900
乙产品	8 000		17 600
合　计	17 500	2.2	38 500

采用这种分配方法，由于其分配依据（生产工人工资）可以通过工资分配表直接获得，因而核算工作较为简便。但要注意的是，采用这种方法的前提是各种产品生产的机械化程度应该相差不多，否则，机械化程度高的产品由于工资费用少，分配负担的制造费用也少，就会影响费用分配的合理性。这是因为制造费用中包括很多与机械使用有关的费用。例如，机器设备的折旧费、修理费、租赁费和保险费等；产品生产的机械化程度高，应该多负担这些费用。因此，这种方法一般适用于各产品的工艺过程机械化程度或需要工人的操作技能大致相同的情况。

四、按年度计划成本分配率分配法

按年度计划成本分配率分配法也叫预定分配率法，它是根据企业正常经营条件下的年度制造费用预算数和预计产量的定额标准数预先计算分配率，然后按此分配率分配制造费用的一种方法。计划费用分配率因分配标准的不同而不同，但一经确定，年度内一般不作变动。如果实际发生的制造费用与其预算数或实际产品产量与其计划数差距较大，应及时调整计划费用分配率。其计算的基本步骤如下：

1. 计算年度计划分配率

计算公式为：

$$制造费用分配率=\frac{某生产部门年度制造费用计划总额}{该生产部门年度预计产量的定额标准数}$$

年度预计产量的定额标准数可以是预计产量的生产工人工时，也可以是直接生产工人的工资数，还可以是机器工时数等。

2. 按计划分配率分配制造费用

计算公式为：

某产品当月应分配的制造费用＝该产品的实际产量定额标准×计划分配率

3. 差异的分配处理

从上述公式中可以看出，计划费用分配率是按预计产量考虑的，实际分配的费用是按实际产量计算的，因此，按计划分配率分配的制造费用数与制造费用实际数额之间一般存在着差异，对此差异的处理方法是：年末时，将其差异额按已分配的比例进行一次再分配，计入各生产单位12月所生产的各产品成本中去。如果实际数大于已分配数，应将其差异额按已分配的比例进行再一次分配，用蓝字补计，计入各生产部门所生产的产品成本中去；如果实际数小于已分配数，应用红字冲减相关产品成本。

因此，在这种分配方法下，“制造费用”账户1—11月各月末分配结转后可能有余额；同时，余额可能在借方，也可能在贷方。“制造费用”账户月末如果有借方余额，表示实际发生的费用大于按计划分配率分配的费用；月末如有贷方余额，则表示按照计划分配率分配的制造费用大于实际发生的费用。

【例5-7】仍以长江企业为例，假定全年制造费用预算总额为405 000元，全年甲、乙两种产品的计划总产量分别为5 500件、4 000件，单位产品的工时定额甲产品为20小时，乙产品为13小时。当年8月生产甲产品500件、乙产品600件，实际发生制造费用44 950元。经查，7月末“制造费用——基本生产车间”明细账有贷方余额300元。有关费用分配结果和制造费用明细账余额的计算如下：

(1)计算计划完成定额总工时：

$5\ 500 \times 20 + 4\ 000 \times 13 = 162\ 000$（小时）

(2)计划制造费用分配率：

$$\text{计划制造费用分配率} = \frac{405\ 000}{162\ 000} = 2.5$$

(3)按计划费用分配率分配计算8月甲、乙两种产品各应负担的制造费用：

甲产品应分配的制造费用 $= 500 \times 20 \times 2.5 = 25\ 000$（元）

乙产品应分配的制造费用 $= 600 \times 13 \times 2.5 = 19\ 500$（元）

本月分配转出制造费用合计 $= 25\ 000 + 19\ 500 = 44\ 500$（元）

从计算结果可以看出，8月出现差异额450元（44 950 - 44 500），即该企业8月制造费用有借方余额450元。

根据上述计算结果，登记计划分配率下制造费用明细账，如表5-6所示。

表5-6　制造费用明细账

生产单位：第二车间　　　　201×年8月　　　　金额单位：元

201×年		凭证号数	摘　要	借方	贷方	借或贷	余额
月	日						
8	1		上月结转			贷	300
	31		本月发生费用	44 950		借	44 650
	31		本月分配费用		44 500	借	150
			本月发生额及余额	44 950	44 500	借	150

到年终时,如果“制造费用”账户仍有余额,就是全年制造费用的实际发生额与计划分配率分配金额的差额,这一差额中除属于为明年开工生产准备的费用可留待明年分配外,其余应在年末进行一次再分配,调整计入12月的产品成本中。

【例5-8】接【例5-7】,假定本年度实际发生制造费用447 000元,至年末累计已分配制造费用459 000元(其中甲产品已分配294 000元,乙产品已分配165 000元),试将“制造费”账户的差额进行调整分配。

年末,“制造费用”账户有贷方余额12 000元,应按已分配比例调整冲回。

甲产品应调减制造费用=12 000×294 000÷459 000=7 686.28(元)

乙产品应调减制造费用=12 000×165 000÷459 000=4 313.72(元)

调整分录如下:

借:生产成本——基本生产成本——甲产品　　7 686.28

　　　　　　　　　　　　　　——乙产品　　4 313.72

　贷:制造费用　　12 000

采用年度计划分配率法分配制造费用,由于年度内各月并不进行差异的再分配,因此,相对来说可简化分配手续,也有利于成本费用的日常控制。但是,确定的计划分配率必须接近实际,如果年度制造费用预算总额与实际差距较大,或者计划生产量与实际差距较大,都会影响成本计算的正确性,因此,该方法要求企业有较高的计划管理水平。这种方法一般适用于季节性生产企业,以便于成本考核和分析。因为在这种企业中,每月发生的制造费用相差不多,但生产的淡季和旺季月产量差异较大,如果按照实际费用分配,各月单位产品中的制造费用将随之或高或低,不便于成本分析工作的进行。采用年度计划分配率分配法可较好地避免这个问题。

小　结

制造费用在产品成本中占有一定的比重,它是构成产品成本的综合性成本,由几个要素费用构成。本模块对制造费用的归集和分配进行了详细的阐述。在介绍制造费用概念的基础上,概括了制造费用的内容。制造费用是企业为生产产品而发生的,应该计入产品成本,但没有专设成本项目的各项生产费用。这些费用中,有的在发生时直接记入“制造费用”账户,有的则通过前述的费用分配归集到“制造费用”账户。归集到“制造费用”账户的生产费用,在会计报告期末要采用适当的方法分配到有关的产品成本中。分配的基本原则是:在只生产一种产品的情况下,直接计入;在生产多种产品的情况下,一般可按生产工时比例、生产工人工资比例、机器工时比例、计划成本分配率等方法分配给不同产品。企业的生产部门究竟采用哪种制造费用的分配方法,选择哪种分配标准,由企业根据自己的生产特点和成本管理的要求合理地加以确定。

思考题

1. 什么是制造费用?它包括的主要项目有哪些?
2. 怎样归集制造费用?怎样对其进行明细分类核算?

3. 生产单位耗用的低值易耗品是怎样计入制造费用的？

4. 制造费用的分配方法主要有哪些？各种方法有什么特点？

5. 采用年度计划费用分配率法怎样分配制造费用？

6. 辅助生产车间的制造费用在“生产成本——辅助生产成本”账户核算和在“制造费用”账户中核算有什么不同？试说明这两个账户的优缺点及适用范围。

练习题

一、单项选择题

1.“制造费用”账户（　　）。

A. 一般有借方余额

B. 除按计划成本分配法分配外，期末应无余额

C. 一般有贷方余额

D. 转入“本年利润”账户后，期末应无余额

2. 基本生产车间应付管理人员的工资，记入（　　）科目的借方。

A. 生产成本　　B. 管理费用

C. 应付工资　　D. 制造费用

3. 采用生产工人工时比例分配法分配制造费用，分配标准是（　　）。

A. 该企业产品生产工人工时　　B. 该生产部门单位产品生产工时

C. 该生产部门产品生产工人工时　　D. 该生产部门单位产品定额工时

4. 期间费用核算内容不应包括（　　）。

A. 制造费用　　B. 管理费用　　C. 财务费用　　D. 营业费用

5. 适用于季节性生产的车间分配制造费用的方法是（　　）。

A. 生产工时比例分配法　　B. 机器工时比例分配法

C. 生产工资比例分配法　　D. 计划分配率分配法

6. 凡企业为生产产品和提供劳务而发生的各项间接费用，都通过（　　）科目核算。

A. 管理费用　　B. 待摊费用　　C. 制造费用　　D. 营业费用

7. 季节性生产的车间，其制造费用分配后，“制造费用”科目一般（　　）。

A. 有借方余额　　B. 有贷方余额

C. 无余额　　D. 有借方或贷方余额

8. 机器工时比例分配法适用于（　　）。

A. 产品生产的机械化程度较低的车间

B. 产品生产的机械化程度较高的车间

C. 产品生产的机械化程度差别较大的车间

D. 不考虑产品的机械化程度

9. 按照生产工人工资比例分配法分配制造费用，条件是（　　）。

A. 各种产品生产的机械化程度差别较大

B. 产品生产的机械化程度较高

C. 各种产品生产的机械化程度差别不大

D. 产品生产的机械化程度较低

二、多项选择题

1. 制造费用是企业为生产产品和提供劳务而发生的各项间接费用,包括(　　)。

A. 生产单位固定资产折旧费　　B. 生产单位管理人员职工薪酬

C. 辅助生产车间固定资产折旧费　　D. 基本生产车间的办公费

2 制造费用一般属于(　　)。

A. 间接费用　　B. 间接计入费用

C. 基本生产费用　　D. 综合性费用项目

3. 制造费用主要是指企业为生产产品和提供劳务而发生的各项间接费用,包括(　　)。

A. 季节性、修理期间的停工损失　　B. 机物料消耗

C. 劳动保护费　　D. 折旧费

4. 制造费用的分配方法有(　　)。

A. 生产工时比例分配法　　B. 生产工人工资比例分配法

C. 机器工时比例分配法　　D. 计划费用分配率法

5. 按年度计划分配率分配法分配制造费用后,“制造费用”科目月末(　　)。

A. 无余额　　B. 有借方余额

C. 有贷方余额　　D. 有借方或贷方余额

6. 分配结转“制造费用”时,可能涉及的科目有(　　)。

A. “管理费用”科目　　B. “生产成本——基本生产成本”

C. “生产成本——辅助生产成本”　　D. “库存商品”

7. 下列费用中,(　　)可以计入产品成本。

A. 管理费用　　B. 制造费用

C. 直接人工　　D. 营业费用

8. 在生产多种产品的分厂,其制造费用(　　)。

A. 包括全部的间接生产费用　　B. 均为间接计入费用

C. 包括全部的直接生产费用　　D. 均应分配计入各种产品成本

9. 某工业企业的某季节性生产车间,年度内每月制造费用计划为 96 800 元;A 产品全年计划产量 8 400 件,B 产品全年计划产量 14 400 件。单位产品的工作定额为:A 产品 7 小时,B 产品 6 小时。9 月初,“制造费用”科目有贷方余额 3 620 元。9 月实际产量为:A 产品 900 件,B 产品 605 件。9 月实际发生的制造费用为 87 000 元。根据上述资料,下列说法正确的有(　　)。

A. 年度计划分配率为 8

B. 年度计划分配率为 0.67

C. A 产品应负担的制造费用为 50 400 元

D. 9 月末“制造费用”借方余额为 3 940 元

三、判断题

1. 制造费用是各生产单位发生的间接计入费用。(　　)

2. 期间费用包括制造费用、财务费用和制造费用。(　　)

3. 制造费用分配后,必须将“制造费用”科目的贷方转到“生产成本——基本生产成本”科目的借方。(　　)

4. 制造费用既是成本类科目,又是一个成本项目。(　　)

5. 经过分配以后,“制造费用”科目期末都没有余额。(　　)

6. 制造费用的分配方法及分配标准一经选定,便不能随意变动,以利于各期进行成本的分析比较。(　　)

7. 制造费用完全由产品成本负担。(　　)

8. 用年度计划分配率法分配制造费用时,年度内如果发现全年的制造费用实际数和产量实际数与计划数发生较大差额,也不能调整计划分配率。(　　)

9. 机械化程度较高的企业,其制造费用适宜采用机器工时比例分配法。(　　)

10. 在按年度计划分配率分配法分配制造费用时,全年实际发生的制造费用与计划分配额的差额,在当年不作处理。(　　)

模块六　损失性费用的核算

学习目标•

1. 熟悉、掌握废品损失和停工损失的含义。
2. 了解并熟悉有关费用损失和停工损失的账户设置及归集和分配的方法。
3. 掌握不可修复废品的核算。
4. 熟悉、掌握可修复废品的修复费用的核算。
5. 熟悉、掌握停工损失的含义、账户设置及账务处理。

情景案例•

华新工厂生产的甲产品市场销售情况良好，产品供不应求。为此，企业采取措施，组织生产工人加班进行生产。但在产品完工验收入库时，企业发现，有些产品验收合格，但也出现了一些废品，其中有的废品可以进行修复后成为合格品，而有的废品已不可修复。同时，企业生产的乙产品带有较强的季节性，需要间断生产。请问：该如何核算该企业甲产品的废品产生的损失？又如何核算停工期间乙产品的损失？

任务一　废品损失的核算

一、废品损失概述

（一）废品及其种类

1. 废品的含义

废品是指在生产过程中发生的质量不符合规定的技术标准，不能按原定用途加以利用，或者需要经过加工修理后才能按原定用途使用的产成品、在产品、半成品、零部件等。它包括在生产过程中发现以及入库或销售以后发生的所有废品。

2. 废品的种类

废品按其是否可修复，可分为可修复废品和不可修复废品两种。在判断可否修复时，主要是从技术上、经济上两个方面考虑。可修复废品是指技术上可以修复，并且支付修复费用在经济上合算的废品。不可修复废品是指在技术上不可修复，或者支付的修复费用在经济上不合算的废品。

按废品产生的原因不同,可将其分为工废品和料废品。工废品是指由于生产工人操作原因造成的废品。工废品的产生属于操作工人的过失,应由操作工人承担责任。料废品是指由于被加工的原材料、半成品或零部件质量不符合要求而造成的废品,料废品的产生不应由生产工人承担责任。

(二)废品损失的含义

废品损失是指企业由于生产原因造成的废品的报废损失和修复费用。报废损失是指不可修复废品的实际生产成本扣除残料和废料价值及过失人赔偿款后的净损失。可修复废品的修复费用是指可修复废品在返修过程中所发生的修理费用,包括修理耗用的直接材料、动力、直接人工、应负担的制造费用等。

应注意的是,在核算过程中,下列内容不应列为废品损失的核算范围:

(1)质量虽不符合规定标准,但经质量检验部门鉴定不需要返修,可以降价出售的不合格品,应作次品处理,与合格品同等计算成本,其降价损失应列入销售损失,不应作为废品损失处理。

(2)产成品入库以后,由于保管不善,运输不当或其他原因而造成的损坏变质,其损失属于管理上的原因,应列作管理费用,而不应作为废品损失处理。

(3)实行产品包退、包修、包换的"三包"企业,在产品出售以后发现的废品所发生的一切损失,也应计入管理费用,不包括在废品损失内。

二、"废品损失"账户的设置

在经常有废品损失的企业,为了便于分清责任,考核和控制各生产单位的废品损失,在会计账户中,应当增设"废品损失"总分类账户,或者在"生产成本"总分类账户下设置"废品损失"明细账户,组织废品损失的核算;同时,在成本项目中,应当增设"废品损失"成本项目。

发现废品后,由质检人员填制"废品通知单",单内填明废品的名称、数量、产生的原因和过失人赔偿金额等。对送交仓库的不可修复废品,应另填制"废品交库单",单上注明废品的残料价值。对可修复废品,在返修过程中所领用的各种材料及所耗工时,应另填制领料单、工作通知单及其他有关凭证,并在单上注明"返修废品用"标记。"废品通知单"、"废品交库单"等经过审核后,作为废品损失核算的依据。

三、不可修复废品损失的归集和分配

不可修复废品损失的核算涉及两项内容,即不可修复废品报废损失额的计算和对损失的账务处理。

不可修复废品的报废损失是指废品的生产成本扣除回收的残料价值及应收赔款后的净损失。由于不可修复废品的生产成本是同合格品的成本归集在一起的,所以必须采用一定的方法,将废品报废以前与合格品计算在一起的各项费用,在合格品与废品之间进行分配。废品的生产成本一般可按废品所耗实际费用计算,也可按废品所耗定额费用计算。计算过程通常是通过编制"废品损失计算表"来进行的。

1. 按废品所耗实际费用计算和分配废品损失

这一方法是指在废品报废时，根据废品和合格品发生的全部实际费用，采用一定的分配标准，在合格品与废品之间进行分配，计算出废品的实际成本。其计算公式如下：

$$\text{废品应负担的直接人工费用}=\frac{\text{某产品直接人工费用总额}}{\text{合格品数量}+\text{废品约当产量}}\times\text{废品约当产量}$$

$$\text{废品应负担的制造费用}=\frac{\text{某产品制造费用总额}}{\text{合格品数量}+\text{废品约当产量}}\times\text{废品约当产量}$$

如果该产品在月末有部分产品尚未完工，则上式分母中还应包括在产品约当产量（或工时）。

所谓约当产量，就是指折合成相当于完工产品的数量，具体折合时应根据完工程度（投料程度、加工程度）进行折算。

【例 6－1】鸿源企业第一基本生产车间 201×年 5 月共生产甲产品 10 000 件，其中合格品为9 800件，不可修复废品为 200 件。200 件废品中，有 100 件的平均加工程度为 50%，有 100 件是在加工完成验收入库时发现的。当月甲产品的实际生产费用为：直接材料 860 000 元，直接人工 167 160 元，制造费用 101 490 元。甲产品原材料在生产开始时一次投入，200 件废品与合格品等同分配材料，直接人工费用和制造费用按 200 件废品折合为 150（100×50%＋100）件合格品后，与合格品等同分配费用。当月残料价值为 5 000 元，已交原材料仓库验收，按规定应由过失人赔偿 800 元。根据上述资料计算废品损失，其计算过程和账务处理如下：

表 6－1 为不可修复废品生产成本计算表。

表 6－1　不可修复废品生产成本计算表

生产单位：第一基本生产车间　　　　201×年 5 月　　　　单位：元

项　目	直接材料	直接人工	制造费用	合　计
生产总成本	860 000	167 160	101 490	1 128 650
分配标准量	10 000	9 950	9 950	
费用分配率	$\frac{860\ 000}{9\ 800+200}=86$	$\frac{167\ 160}{9\ 800+150}=16.80$	$\frac{101\ 490}{9\ 800+150}=10.20$	
废品生产成本	200×86＝17 200	150×16.8＝2 520	150×10.20＝1 530	21 250

2. 按废品所耗定额费用计算和分配废品损失

上述按废品的实际费用来计算和分配废品损失，计算结果比较符合实际，但核算的工作量较大。为了简化核算工作，在消耗定额和费用定额比较健全的企业，也可以按废品所耗定额费用计算不可修复废品的生产成本，即按废品的数量和各项费用定额计算废品的定额成本，再将废品定额成本扣除废品残值或应收赔款即为废品损失，而不考虑废品实际发生的费用。

【例 6－2】假设鸿源企业 201×年 5 月在生产甲产品过程中发现不可修复废品 4 件，原材料在生产开始时一次投入，单件原材料费用定额为 270 元，已完成的定额工时 115 小时，每小时定额为：直接人工 5 元，制造费用 3 元。不可修复废品的残料作价 320 元入库，按定额费用计算废品损失。

表 6-2　废品损失计算表

第一车间:甲产品　　201×年5月　　单位:元

项　目	产量(件)	直接材料	定额工时	直接人工	制造费用	合　计
定额费用		270		5	3	—
废品定额成本	4	1 080	115	575	345	2 000
减:废品残值(应收赔款)		320				320
废品损失		760		575	345	1 680

采用这一方法,计算比较简便,便于进行成本的分析和考核,对于具备比较准确的定额资料的企业尤为适用。

四、可修复废品损失的归集和分配

可修复废品损失是指在修复过程中发生的各种费用,即废品的修复费用。可修复废品返修以前发生的生产费用不是废品损失,因为可修复废品修复后仍可作为合格品入库待售,因此不必计算原来的生产成本,只需要计算其修复费用。如果有废品回收残值或应收赔偿款的话,也应从废品损失中扣除。

可修复废品的修复费用包括直接材料、直接人工和应负担的制造费用等。材料费用一般可以根据有关领料凭证直接确定;人工费用有的可以直接确定,有的需要根据修复废品实际消耗的工时和小时工资率计算确定;应负担的制造费用不能直接确定,一般可以根据修复废品实际消耗的工时和小时费用率计算确定。

可修复废品损失在废品修复时计算。其计算公式如下:

可修复废品损失 = 修复废品材料费用 + 修复废品人工费 + 修复废品制造费用

上述公式中的材料费用、工资及福利费和制造费用数额从各费用分配表中取得。具体会计处理如下:

(1)根据各费用分配表结转修复费用:

借:废品损失——××产品

　　贷:原材料(应付职工薪酬、制造费用等)

(2)回收残值或应收赔偿款:

借:原材料(或其他应收款)

　　贷:废品损失——××产品

(3)废品损失计入生产成本:

借:生产成本——基本生产成本——××产品

　　贷:废品损失——××产品

在不单独核算“废品损失”的生产企业,不设“废品损失”账户,在产品成本项目中也不设“废品损失”项目,只是在回收残值或应收账款时冲减“生产成本——基本生产成本”账户,并从其产品成本明细账的有关成本项目中扣除。

任务二　停工损失的核算

一、停工损失的归集

(一)停工损失的含义和内容

停工损失是指企业生产车间或生产班组由于停电、待料、机器设备发生故障或进行大修理,以及发生非常灾害或计划减产而停止生产所造成的损失。停工损失主要包括停工期间发生的燃料及动力费、损失的材料费用、应支付的生产工人薪酬和应负担的制造费用等。由过失单位或保险公司负担的赔偿应冲减停工损失。

造成生产单位停工的原因是多种多样的,有季节性停工、机器设备大修理停工、原材料和半成品供应不及时停工,有计划内停工和计划外停工等。停工的时间有长有短,短则几分钟,长则超过一个月,范围亦有大有小,从某台设备、某个生产班组、车间到全厂。为了简化核算,对于全车间或班组不满一个工作日的停工,一般可以不计算停工损失。具体计算停工损失的范围和时间起点,可由企业或其主管部门界定。只有超过界定的时间、范围的停工才计算停工损失。季节性生产企业在停工期间发生的费用,由开工期内的生产成本负担,不作为停工损失。

(二)“停工损失”的账户设置

企业发生停工时,由车间填制“停工单”,并在考勤记录中登记,在“停工单”中,应详细列明停工的范围、起止时间、原因、过失单位或个人等内容。“停工单”经会计部门审核后,作为停工损失核算的原始凭证。

为了考核和控制企业停工期间发生的各项费用,应当设置“停工损失”总分类账户或者在“生产成本”总分类账户下设置“停工损失”明细账,组织停工损失的核算;并且在产品生产成本明细账中增设“停工损失”成本项目。

“停工损失”账户是为归集和分配停工损失而设立的,该账户的借方归集生产单位当月发生的各项停工损失,贷方登记应索赔的停工损失和分配结转的停工损失,分配结转后该账户月末一般无余额。该账户应按生产单位设置明细账,账内按费用项目分设专栏或专行进行明细分类核算。

在停工损失中,原材料、水电费、生产工人薪酬等,一般可以根据有关原始凭证确认后直接计入;制造费用能够直接确认的应尽量直接计入,不能直接确认的可以按照停工工时数和小时制造费用分配率(计划或实际)分配计入。

二、停工损失的分配

企业“停工损失”账户归集的停工损失,应当根据发生停工的原因进行分配和结转。可以获得赔偿的停工损失,应当积极索赔,并冲减停工损失;由于自然灾害等引起的非常停工损失,应计入营业外支出;其他停工损失,如季节性和固定资产修理期间的停工损失,应计入产品成本。如果停工的生产单位只生产一种产品,可直接计入该种产品生产成本明细账中单独设置的“停工损失”成本项目；如果停工的生产单位生产多种产品，则可以采用分配制造费用的方法在各种产品之间进行分配，分别计入该生产单位各种产品生产成本明细账中的“停工损失”成本项目。具体会计处理程序见图6－1。

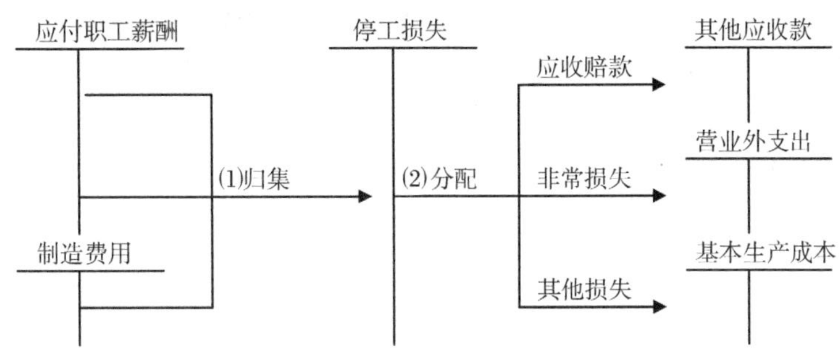

图6－1　停工损失分配的会计处理程序

有关账务处理如下：

(1)发生停工损失时，编制会计分录如下：

借：停工损失

　　贷：应付职工薪酬

　　　　制造费用等

(2)应向过失单位或保险公司索赔的款项，编制会计分录如下：

借：其他应收款

　　贷：停工损失

(3)由于自然灾害等引起的非正常停工损失，编制会计分录如下：

借：营业外支出

　　贷：停工损失

(4)其他原因造成的停工损失，编制会计分录如下：

借：生产成本——基本生产成本

　　贷：停工损失

在不单独核算停工损失的企业，不设置“停工损失”账户及“停工损失”成本项目。在停工损失发生较少的企业，为简化核算工作，停工期间发生的属于停工损失的各种费用，直接记入“制造费用”和“营业外支出”等账户。

小　结

企业生产过程中一旦产生废品，就会增加产品成本，使企业受到一定的损失。本模块在介绍废品损失的含义、有关账户设置的基础上，对废品损失的计算方法及其有关的账务处理进行了具体的阐述。废品损失又可分为可修复废品损失和不可修复废品损失。可修复废品损失指要将废品修复成合格品而发生的修复费用；不可修复废品损失指的是废品的生产成本，如果有残值收入，要将其扣除。废品损失和停工损失专设“废品损失”和“停工损失”两个账户进行归集，月末根据不同原因将其净额转入“生产成本——基本生产成本”、“其他应收款”或“营业外支出”等账户。本模块除了对废品损失进行详细讲解之外，还对停工损失的概念、有关账户设置及其账务处理做了简要的介绍。

思考题

1. 什么是废品损失？它包括的内容主要有哪些？如何分配结转废品损失？

2. 为什么要将废品划分为可修复废品和不可修复废品？为什么要将废品损失分为可修复废品损失和不可修复废品损失？

3. 可修复费用损失和不可修复废品损失各包括哪些内容？两者的核算方法有何不同？

4. 什么是停工损失？哪些费用应计入停工损失？如何分配结转停工损失？

练习题

一、单项选择题

1. 生产过程中发现的、入库后发现的各种产品的废品损失，应包括(　　)。

A. 实行“三包”损失　　B. 管理不善损坏变质损失

C. 废品过失人赔偿款　　D. 不可修复废品的报废损失

2. 经鉴定不需要返修可以降价出售的不合格品，其售价与生产成本的差额，应计入(　　)。

A. 废品损失　　B. 营业外支出

C. 销售损益　　D. 销售费用

3. 生产过程中或入库后发现的各种废品损失，不包括(　　)。

A. 实行“三包”损失　　B. 不可修复废品的报废损失

C. 废品修复耗用的材料　　D. 修复废品人员工资

4. 不可修复废品成本应按废品(　　)计算。

A. 计划成本　　B. 所耗定额

C. 实际成本　　D. 先进先出法

5. 废品净损失应(　　)。

A. 记入“制造费用”账户　　B. 记入“营业外支出”账户

C. 由同种合格产品成本负担　　D. 由营业成本负担

6. 废品的报废损失是指(　　)。

A. 不可修复废品的生产成本扣除残料价值后的损失

B. 不可修复废品的生产成本

C. 可修复废品的修复费用

D. 不可修复废品的生产成本扣除残料价值和赔款后的净损失

7. 应计入产品成本的停工损失是(　　)。

A. 由于火灾造成的停工损失　　B. 应由过失单位赔偿的停工损失

C. 季节性和固定资产维修期间的停工损失　　D. 由于暴雨造成的停工损失

8. 某种产品发生不可修复废品时，如果有回收的材料和应收的赔款，就会使该产品的(　　)。

A. 总成本提高，单位成本降低　　B. 总成本降低，单位成本降低

C. 总成本降低,单位成本提高　　D. 总成本提高,单位成本提高

9. 结转不可修复废品的生产成本时,应借记“废品损失”科目,贷记(　　)。

A.“生产成本——基本生产成本”科目　　B.“原材料”科目

C.“应付职工薪酬”科目　　D.“制造费用”科目

10. 若将不可修复废品的生产成本由按所耗实际费用计算改为按定额费用计算,则会使产品的(　　)。

A. 实际总成本不变,各成本项目金额变化　　B. 实际总成本变化,各成本项目金额变化

C. 实际总成本变化,各成本项目金额不变　　D. 实际总成本不变,各成本项目金额不变

二、多项选择题

1. 废品损失包括(　　)。

A. 可修复废品的修复费用　　B. 不可修复废品的净损失

C. 销售退回废品的生产成本　　D. 保管不善产生的变质损失

2. 不可修复废品的成本,可以按(　　)。

A. 废品所耗实际费用计算　　B. 废品售价计算

C. 废品所耗定额费用计算　　D. 废品残值计算

3.“废品损失”账户借方登记的内容有(　　)。

A. 不可修复废品的成本　　B. 可修复废品的成本

C. 可修复废品的工资费用　　D. 可修复废品的材料费用

4. 停工损失包括(　　)。

A. 计划内停工损失

B. 停工期内支付的生产工人工资及提取的福利费

C. 计划外停工损失

D. 停工期内应负担的制造费用

5. 结转停工损失的会计分录中,对应的借方科目主要有(　　)。

A. 制造费用　　B. 营业外支出

C. 生产成本——基本生产成本　　D. 管理费用

6. 从“废品损失”科目贷方转出的内容有(　　)。

A. 废品残料的回收价值　　B. 废品的应收赔款

C. 废品的净损失　　D. 可以降价出售的不合格品的生产成本

7. 以下各项不属于废品损失的有(　　)。

A. 可修复废品的修复费用

B. 可以降价出售不合格品的降价损失

C. 入库后发现的不可修复废品的净损失

D. 产成品入库后由于保管不善而损坏变质的损失

8. 计算废品净损失时,应考虑的内容有(　　)。

A. 生产过程中发现的不可修复废品的生产成本

B. 可修复废品的修复费用

C. 废品的残值和废品的应收赔款

D. 入库后发现生产过程中造成的不可修复废品的生产成本

9. 在单独核算废品损失的企业中,按定额费用计算不可修复废品生产成本的特点在于(　　)。

A. 计算工作比较简便

B. 计算工作比较复杂

C. 计入产品成本的废品损失数额不受废品实际费用水平的影响

D. 有利于废品损失和产品成本的分析和考核

E. 不利于废品损失和产品成本的分析和考核

10. 如果废品是在完工以后发现的,此时(　　)。

A. 单位废品负担的各项生产费用与合格产品相同

B. 单位废品负担的各项生产费用与合格产品不同

C. 可按合格产品和废品数量比例分配各项生产费用

D. 应按减去废品数量后的合格品分配生产费用

三、判断题

1. 损失性费用没有创造价值,不应计入产品成本。(　　)

2. 可修复废品是指技术上可以修复的废品。(　　)

3. 废品损失是指废品的报废损失,即不可修复废品的生产成本扣除回收材料、废料残值后的净损失。(　　)

4. 停工损失包括停工期间所支付的生产工人工资和提取的应付福利费,所耗用材料、燃料和动力,以及应负担的制造费用等。(　　)

5."废品损失"账户期末一般无余额。(　　)

6. 销售后发现的废品,包括废品的生产成本和运输费用等,都应列为废品损失。(　　)

7. 产成品入库以后,由于保管不善、运输不当或其他原因而造成的损坏变质,其损失属于管理上的原因,应作为废品损失处理。(　　)

8. 固定资产修理期间的停工损失应计入产品成本。(　　)

9. 按废品所耗定额费用计算不可修复废品成本时,无须考虑废品实际发生费用的多少。(　　)

10. 季节性生产企业在停工期间发生的费用,应作为停工损失。(　　)

模块七　生产费用在完工产品与在产品之间的归集和分配

学习目标

1. 了解在产品收发存的核算。
2. 了解和掌握在产品清查和清查结果的核算。
3. 了解和掌握在产品完工程度的计算。
4. 了解和掌握在产品成本计算的各种方法。

情景案例

小林是一家服装厂的会计，该厂的产品服装经过裁剪、缝纫和平整三个生产步骤顺序加工完成。5 月末，各步骤的生产情况如下：裁剪车间完工产品 3 500 件，在产品 1 000 件；缝纫车间完工产品 3 200 件，在产品 800 件；平整车间完工产品 3 000 件，在产品 400 件。小林在月末时应如何计算当月完工产品的成本和月末在产品的成本呢？

任务一　在产品概述

一、在产品的含义

在产品是指没有完成全部生产过程，不能作为商品销售的产品。在产品有广义和狭义之分。广义的在产品是指从整个企业来看，凡是没有完成企业全部生产过程，不能作为商品销售的商品，包括正在企业各个车间加工中的在制品（包括等待返修的废品）和已经完成一个或几个生产步骤但还需要继续加工的自制半成品、等待验收入库的产品等。狭义的在产品指就某一车间或某一生产步骤来说，它只包括本车间或本生产步骤正在加工中的那部分在产品，完工的半成品不包括在内。本模块所说的半成品仅指狭义的在产品。

二、生产费用与完工产品和在产品之间的关系

企业在生产过程中发生的生产费用，经过在各种产品之间归集、分配以后，计入当月各种产品成本的生产费用，已集中反映在“基本生产成本”科目及其所属的各种产品成本明细账中。为了计算产品成本，还需要加上期初在产品费用，然后将其在本月完工产品和月末在产品之间进行分配。某种产品如果月末没有在产品，计入该种产品成本的全部生产费用就

是当月完工产品的的成本；如果当月没有完工产品，计入该种产品的全部生产费用就是月末在产品的成本；如果月末既有完工产品又有在产品，那么该种产品当月发生的生产费用加上月初的生产费用，需要采用适当的分配方法，在当月完工产品和月末在产品之间进行分配，分别计算出完工产品成本和月末在产品成本。生产费用与在产品之间的关系，有以下两种计算方法：

（1）公式一：

月初在产品成本 + 本月生产费用 = 本月完工产品成本 + 月末在产品成本

（2）公式二：

本月完工产品成本 = 月初在产品成本 + 本月生产费用 − 月末在产品成本

根据公式一，月初在产品成本加上本月生产费用即为全部生产费用，需要采用一定的方法，在完工产品与月末在产品之间进行分配，计算完工产品成本和月末在产品成本。

根据公式二，需要先计算出月末在产品成本，然后从全部生产费用中减去月末在产品成本，即为完工产品成本。

无论采用哪种分配方法，都必须正确组织在产品数量的核算，取得在产品收、发、存数量的资料，这是正确计算完工产品成本所必需的。

三、在产品数量的核算

合理、准确地确定在产品数量和加强在产品的实物管理，是日常成本管理的一项重要内容，也是成本核算的一项基础性工作。在产品数量的确定，主要包括两个方面的内容：一是做好在产品收发结存的日常核算工作；二是做好在产品的清查盘点工作。这样，既可以从账面上随时掌握在产品的动态，又可以查清在产品的实存数量。一般应根据在产品实际盘存数量计算在产品成本。

（一）在产品收发存的日常核算

为了进行在产品收发结存的核算工作，必须根据企业、车间、工艺过程的特点，建立健全在产品的原始记录。生产车间按产品的品种和在产品的品名设置“在产品收发结存账”（在产品台账），提供车间各种在产品收发结存动态的业务核算资料。一般由车间核算人员根据领料凭证、在产品内部转移凭证、产品交库凭证和产品检验凭证及时登记在产品收、发、存数量，最后由车间核算人员进行汇总。其账簿格式如表 7－1 所示。

表 7－1　在产品收发结存账

车间名称：第一车间

零部件名称：甲产品　　　　计量单位：台

日期	凭证号	摘要	收入	发出		结存		备注
				合格品	废品	完工	未完工	
3 月 1 日		期初结存					80	
3 月 10 日		本月投入	800					
3 月 31 日		完工转出		820				
3 月 31 日		本月合计	800	820		820	60	

(二)在产品清查的核算

为了保证在产品的安全完整,保证账实相符,应该定期或不定期地对在产品进行清查盘点,根据清查结果编制"在产品盘点表"。如有差异,应及时调整账面记录,查明原因,提出处理意见,并进行相应的账务处理。

在产品发生盘盈时,应按计划成本或定额成本借记"生产成本——基本生产成本"科目,贷记"待处理财产损溢"科目;按规定核销时,则借记"待处理财产损溢"科目,贷记"制造费用"科目,冲减制造费用。

发生在产品盘亏和毁损时,应借记"待处理财产损溢"科目,贷记"生产成本——基本生产成本"科目,冲减在产品账面价值;按规定核销时,应根据不同的原因和责任,分别予以处理。毁损在产品残值,应借记"原材料"、"银行存款"等科目;由于自然灾害造成的损失,应由保险公司赔款部分,记入"银行存款"或"其他应收款"科目的借方,并将其净损失记入"营业外支出"的借方;应由过失人和过失单位赔偿的部分,记入"其他应收款"科目的借方;由于生产车间管理不善造成的损失,记入"制造费用"科目的借方。

【例 7-1】某工业企业月末对第一基本生产车间在产品进行清查盘点,结果如表 7-2 所示。要求:根据盘点清单,编制在产品盘点盈亏的会计分录。

表 7-2　在产品盘点盈亏报告表

填制单位:一车间　　　　201×年 11 月 30 日

产品名称	单位	账存数量	实存数量	溢缺数量		单位定额成本	溢缺金额		备　注
				盘盈	盘亏		盘盈	盘亏	
甲产品	件	10	15	5		20	100		
乙产品	件	375	355		20	50		1 000	
丙产品	件	1 260	1 060		200	40		8 000	
处理意见									

会计主管:　　　　复核人:　　　　制表:

甲产品的在产品盘盈 5 件,单位定额成本 20 元;乙产品的在产品盘亏 20 件,单位定额成本 50 元,其中过失人赔偿 400 元,其余由企业负担;丙产品在产品毁损 200 件,单位定额成本 40 元,收回残料入库价值 200 元,产品毁损系自然灾害造成,由保险公司赔偿 4 500 元,经批准,其余损失由企业负担。

1. 在产品盘盈的核算

(1)盘盈时:

借:生产成本——基本生产成本——甲产品　　100

　　贷:待处理财产损溢　　100

(2)批准后:

借:待处理财产损溢　　100

　　贷:制造费用　　100

2. 在产品盘亏的核算

(1)盘亏时:

借:待处理财产损溢　　1 000

　　贷:生产成本——基本生产成本——乙产品　　1 000

(2)批准后:

借:其他应收款　　400

　　制造费用　　600

　　贷:待处理财产损溢　　1 000

3. 在产品毁损的核算

(1)在产品毁损时:

借:待处理财产损溢　　8 000

　　贷:生产成本——基本生产成本——丙产品　　8 000

(2)收回残料价值:

借:原材料　　200

　　贷:待处理财产损溢　　200

(3)批准处理:

借:其他应收款　　4 500

　　营业外支出　　3 300

　　贷:待处理财产损溢　　7 800

企业辅助生产在产品数量和清查的核算,与基本生产成本相同,只需要将“基本生产成本”改为“辅助生产成本”即可。

任务二　生产费用在完工产品和在产品之间的分配

生产费用在完工产品和在产品之间分配是否简便和合理,是产品成本计算中一项重要而复杂的工作。在产品结构复杂、零部件种类和加工工序较多时,这一问题更为突出。因此,企业在将生产费用在完工产品与月末在产品之间进行分配时,需要考虑以下因素:

(1)月末在产品数量的多少。

(2)各月在产品数量变化的大小。

(3)各项费用在产品成本中所占比例的大小。

(4)定额管理的基础好坏。

根据以上因素的分析,通常有以下几种分配方法:不计算在产品成本法、按年初固定数计算在产品成本法、按所耗原材料费用计算在产品成本法、约当产量法、定额比例法和按定额成本计算在产品成本法。

一、不计算在产品成本法

不计算在产品成本法是指将某种产品本月归集的生产费用全部计入该种完工产品成

本。采用这种分配方法时，虽然有月末在产品，但不计算成本。这种方法适用于各月月末在产品的产品数量很小的产品。根据公式二（见P82），如果各月末在产品数量很小，那么月初和月末在产品费用就很小，月初在产品费用和月末在产品费用的差额更小，是否计算各月的在产品费用对完工产品的费用影响很小。因此，为了简化成本计算工作，可以不计算在产品成本。也就是说，这种产品每月发生的生产费用全部由该种完工产品负担。如煤矿行业的采煤，由于工作面小，在产品数量很少，月末在产品就可以不计算成本。其计算公式为：

本月完工产品成本 = 本月发生的生产费用

二、按年初固定数计算在产品成本法

按年初固定数计算在产品成本是指各月末不具体计算当月在产品成本的实际数额，而是固定地按年初数来反映。采用这种分配方法时，各月末的在产品成本固定不变。该方法适用于各月末在产品数量较小或者在产品数量较大但各月之间变化不大的产品。这种方法下，对月末在产品数量较小的产品来说，由于月初和月末在产品费用较小，月初在产品费用和月末在产品费用的差额很小，是否计算各月在产品费用的差额对完工产品费用的影响不大；对各月末在产品数量较大的产品来说，月初和月末在产品费用虽大，但由于各月末在产品数量变化不大，因而月初、月末在产品费用的差额仍然不大，是否计算各月在产品费用的差额对完工产品费用的影响仍然不大。因此，为了简化产品成本计算工作，上述两种产品每月的在产品成本都可以固定不变。如炼铁企业的产品，由于其高炉的容积是固定的，其在产品成本可以采用该种方法计算。但是，采用这种方法时，为了避免由于时间过长使在产品成本与实际出入过大，从而影响在产品成本计算的准确性，年终时，应根据实际盘点的在产品数量调整计算在产品成本。

三、按所耗直接材料费用计算在产品成本法

按所耗直接材料费用计算在产品成本是指月末在产品成本只计算其所耗用的直接材料费用，不计算直接人工和制造费用等加工费用，即在产品的加工费用全部由完工产品成本负担。这种分配方法适用于各月末在产品数量较大，各月在产品数量变化也较大，且直接材料费用在成本中所占比重较大的产品。这是因为，各月末在产品数量较大，在产品数量变化也较大的产品，既不能采用不计算在产品成本法，也不能采用按年初固定数计算在产品成本法，而必须具体计算每月的在产品成本。又由于该种产品的直接材料费用所占比重较大，而直接人工等加工费用所占比重不大，在产品成本中的加工费用，以及月初、月末在产品加工费用的差额不大，基本上可以相互抵消，因此，为了简化产品成本计算工作，在产品可以不计算加工费用。这时，这种产品的全部生产费用减去按所耗用的直接材料费用计算的在产品成本，就是该种完工产品的成本。如纺织、造纸、酿酒等工业的产品，直接材料费用比重较大，都可以采用这种分配方法。

【例7－2】某工业企业生产甲产品，该产品的原材料费用在产品成本中所占比重较大，在产品只计算所耗用的直接材料费用。甲产品月初在产品直接材料费用（即月初在产品成本）为7 600元。本月发生的生产费用为：直接材料费用97 400元，直接人工2 800元，制造

费用800元。本月完工产品800件,月末在产品200件。该种产品的原材料是在生产开始时一次性投入的,原材料费用按完工产品和月末在产品的数量比例分配。其计算过程和结果如下:

(1)直接材料费用分配率 = $\frac{7\ 600 + 97\ 400}{800 + 200} = 105$

(2)在产品成本(直接材料费用) = 200 × 105 = 21 000(元)

(3)完工产品直接材料费用 = 800 × 105 = 84 000(元)

(4)完工产品的直接人工 = 2 800(元)

(5)完工产品的制造费用 = 800(元)

(6)完工产品的总成本 = 84 000 + 2 800 + 800 = 87 600(元)

四、约当产量法

约当产量是指将月末在产品数量按其完工程度折算为相当于完工产品的数量。约当产量法是按完工产品数量和月末在产品约当产量比例来分配生产费用,以确定完工产品成本和月末在产品成本的一种方法。这种分配方法适用于月末在产品数量较大,各月末在产品数量变化也较大,产品成本中直接材料费用和直接人工等加工费用所占比重相差不大的产品。

(一)约当产量法的一般应用

采用约当产量法时,如果原材料是在生产开始时一次性投入的,完工产品与月末在产品的原材料费用可以按照它们的数量来进行计算分配。但由于单件的完工产品与不同程度的在产品所发生的加工费用不相等,因而完工产品和月末在产品的各种加工费用均不能按它们的数量比例分配计算,而应按约当产量比例分配计算。其计算公式如下:

在产品约当产量 = 在产品数量 × 完工百分比(完工率)

某项费用分配率 = $\frac{\text{该项费用总额}}{\text{完工产品产量} + \text{在产品约当产量}}$

完工产品该项费用 = 完工产品数量 × 费用分配率

在产品该项费用 = 在产品约当产量 × 费用分配率 = 费用总额 − 完工产品费用

【例7-3】某工业企业生产的甲产品,本月完工800件,月末在产品200件,原材料在生产开始时一次性投入,在产品完工程度为40%。月初在产品成本资料:直接材料8 000元,直接人工4 200元,制造费用3 600元。本月发生的生产费用:直接材料142 000元,直接人工75 000元,制造费用49 200元。按约当产量法分配计算如下:

(1)计算月末在产品约当产量。

月末在产品约当产量 = 200 × 40% = 80(件)

(2)直接材料费用的分配。

直接材料费用分配率 = $\frac{8\ 000 + 142\ 000}{800 + 200} = 150$

完工产品直接材料费用 = 800 × 150 = 120 000(元)

在产品直接材料费用 = 200 × 150 = 30 000(元)

(3)直接人工费用的分配。

$$直接人工费用分配率 = \frac{4\ 200 + 75\ 000}{800 + 80} = 90$$

完工产品直接人工费用 = 800 × 90 = 72 000(元)

在产品直接人工费用 = 80 × 90 = 7 200(元)

(4)制造费用的分配。

$$制造费用分配率 = \frac{3\ 600 + 49\ 200}{800 + 80} = 60$$

完工产品制造费用 = 800 × 60 = 48 000(元)

在产品制造费用 = 80 × 60 = 4 800(元)

(5)计算完工产品成本和月末在产品成本。

完工产品的成本 = 120 000 + 72 000 + 48 000 = 240 000(元)

在产品成本 = 30 000 + 7 200 + 4 800 = 42 000(元)

(二)在产品完工率的确定

通过上述计算可以看出,在采用约当产量比例法分配费用时,必须正确计算在产品约当产量,而在产品约当产量正确与否,主要取决于在产品完工程度的测定。在计算在产品完工程度时,应按成本项目分别测定,因为实际生产中在产品耗用的原材料与直接人工、制造费用的情况是不一样的。

测定在产品完工程度一般有两种方法:

(1)平均计算法。即一律按 50% 作为各工序在产品的完工程度。这是在各工序在产品数量和单位产品在各工序的加工量都相差不大的情况下,后面各工序的在产品多加工的程度可以抵补前面各工序少加工的程度。这样,全部在产品完工程度均可按 50% 平均计算。

月末在产品约当产量 = 月末在产品数量 × 50%

(2)工序测定法。如果各工序上的在产品数量和完工程度差别较大,则要分工序计算在产品的完工程度。为了提高成本计算的正确性,并加速成本计算工作,可以根据各工序的累计工时定额数占完工产品工时定额数的比例,事前确定各工序在产品的完工率。其计算公式如下:

$$某工序在产品完工率 = \frac{前面各道工序工时定额 + 本道工序工时定额 \times 50\%}{产品工时定额}$$

某工序在产品约当产量 = 某工序在产品数量 × 该工序在产品完工程度

在产品约当产量 = 各工序在产品约当产量之和

在上面的公式中,本道工序(在产品所在工序)工时定额乘以 50%,是因为该工序中各件在产品的完工程度不同,为了简化完工率的测算工作,本道工序一律按平均完工率 50% 计算,在产品从上一道工序转入下一道工序时,其上一道工序已经完工,因而前面各道工序的工时定额应按 100% 计算。

【例 7-4】某工业企业生产丙产品,单位工时定额 100 小时,经过三道工序制成产成品。第一道工序的工时定额是 20 小时,第二道工序的工时定额是 20 小时,第三道工序的工时定额是 60 小时。其完工率的计算过程如下:

$$第一道工序完工率 = \frac{20 \times 50\%}{100} = 10\%$$

$$第二道工序完工率=\frac{20+20\times 50\%}{100}=30\%$$

$$第三道工序完工率=\frac{20+20+60\times 50\%}{100}=70\%$$

产品生产各工序的完工率确定以后，每月计算产品成本时，根据各工序的月末在产品数量和确定的完工率，即可计算出各工序月末在产品的约当产量及其总数，据以分配费用。

假定【例 7－4】中丙产品当月完工 600 件，月末在产品 100 件，其中第一道工序 10 件，第二道工序 10 件，第三道工序 80 件。根据各道工序月末在产品的数量和各道工序的完工率，分别计算各道工序月末在产品的约当产量及其总数。约当产量计算表如表 7－3 所示。

表 7－3　约当产量计算表

产品名称：丙产品　　201×年 10 月　　单位：件

在产品所在工序	完工率（%）	在产品数量		完工产品产量	产量合计
		结存量	约当产量		
1	10	10	1		
2	30	10	3		
3	70	80	56		
合　计		100	60	600	660

假定丙产品的原材料是在生产开始时一次性投入的，月初在产品成本和本月生产费用合计如下：直接材料 112 000 元，直接人工 52 800 元，制造费用 35 640 元。完工产品与月末在产品之间的费用分配计算过程如下：

$$（1）直接材料费用分配率=\frac{112\ 000}{600+100}=160$$

完工产品直接材料费用 = 600 × 160 = 96 000（元）

月末在产品直接材料费用 = 100 × 160 = 16 000（元）

$$（2）直接人工费用分配率=\frac{52\ 800}{600+60}=80$$

完工产品直接人工费用 = 600 × 80 = 48 000（元）

月末在产品直接人工费用 = 60 × 80 = 4 800（元）

$$（3）制造费用分配率=\frac{35\ 640}{600+60}=54$$

完工产品制造费用 = 600 × 54 = 32 400（元）

月末在产品制造费用 = 60 × 54 = 3 240（元）

（4）完工产品成本 = 96 000 + 48 000 + 32 400 = 176 400（元）

月末在产品成本 = 16 000 + 4 800 + 3 240 = 24 040（元）

（三）在产品投料程度的测定

原材料的投料方式有一次投入和陆续投入两种，每种方式下投料程度的计算都不一样。

1. 原材料在开始生产时一次投入

如果原材料在生产开始时就已经全部投入了，那么无论在产品完工程度如何，单位在产品所负担的材料费用与单位完工产品负担的材料费用是一样的，所以投料程度为100%，此时月末在产品约当产量等于月末在产品数量。

2. 原材料随生产过程陆续投入

如果原材料是在生产过程中陆续投入的，并且与产品加工程度基本一致，分配原材料成本的约当产量按完工程度折算。

如果原材料随生产过程陆续投入，但原材料的投料程度与加工程度不一致，则应分两种情况计算各工序的投料程度。

(1)在每一道工序开始时一次投入本工序所需材料。原材料在每个工序开始时一次投入，则某工序在产品的完工程度，按该工序在产品累计原材料费用定额除以完工产品原材料费用定额计算确定。其计算公式如下：

$$某工序在产品投料程度=\frac{\begin{matrix}单位产品前面各工序\\累计材料消耗定额\end{matrix}+\begin{matrix}单位产品本道工序\\材料消耗定额\end{matrix}}{单位完工产品材料消耗定额}\times 100\%$$

某工序在产品约当产量=某工序在产品数量×该工序在产品投料程度

在产品约当产量=各工序在产品约当产量之和

(2)在每个工序中陆续投入本工序所需材料。如果在每个工序中陆续投入本工序所需材料，则某工序在产品的投料程度，仍然按该工序在产品的累计原材料费用定额除以完工产品原材料费用定额计算确定。而该工序在产品的累计原材料费用定额，就是前面各道工序材料消耗定额加上本工序材料消耗定额的50%。其计算公式如下：

$$某工序在产品投料程度=\frac{\begin{matrix}单位产品前面各工序\\累计材料消耗定额\end{matrix}+\begin{matrix}单位产品木道工序\\材料消耗定额\end{matrix}\times 50\%}{单位完工产品材料消耗定额}\times 100\%$$

【例7-5】某工业企业生产的甲产品经三道工序加工而成，其原材料在每道工序开始时一次投入，其每道工序在产品完工率及原材料费用分配计算过程和结果如下：

表7-4　在产品约当产量计算表

单位：件

工　序	原材料消耗定额	月末在产品数量	在产品投料程度(%)	在产品约当产量
1	200	450	20	90
2	380	300	58	174
3	420	771	100	771
合　计	1 000	1 521		1 035

假定甲产品完工产品产量2 465件，月初在产品直接材料费用和本月发生的直接材料费用合计420 000元。直接材料费用分配计算如下：

$$(1)直接材料费用分配率=\frac{420\ 000}{2\ 465+1\ 035}=120$$

(2)完工产品的直接材料费用 =2 465 ×120 =295 800(元)

(3)在产品的直接材料费用 =1 035 ×120 =124 200(元)

五、定额比例法

定额比例法是指生产费用在完工产品和在产品之间按照两者的定额消耗量或者定额费用比例,分配计算完工产品成本和月末在产品成本。其中,直接材料成本按直接材料的定额消耗量或定额费用比例分配;直接人工、制造费用等加工费用,可以按各该定额成本的比例分配,也可以按定额工时比例分配。由于直接人工、制造费用等加工费用的定额费用一般根据定额工时乘以每小时的各项费用定额计算,因而这些费用一般按定额工时比例分配,这样可以简化各项定额费用的计算。

这种方法适用于各项消耗定额或费用定额比较准确、稳定,但各月末在产品数量变动较大的产品。

采用定额比例法时,如果直接材料费用按定额成本比例分配,直接人工和制造费用等加工费用均按定额工时比例分配,则这种方法的计算公式如下:

$$(1)\ \frac{\text{直接材料成本}}{\text{分配率}} = \frac{\text{月初在产品直接材料实际成本} + \text{本月发生直接材料实际成本}}{\text{完工产品直接材料定额成本} + \text{月末在产品直接材料定额成本}}$$

完工产品应负担的直接材料成本 = 完工产品定额材料成本 × 直接材料成本分配率

月末在产品应负担的直接材料成本 = 月末在产品定额材料成本 × 直接材料成本分配率

$$(2)\ \frac{\text{直接人工成本}}{\text{分配率}} = \frac{\text{月初在产品直接人工实际成本} + \text{本月发生直接人工实际成本}}{\text{完工产品定额工时} + \text{月末在产品定额工时}}$$

完工产品应负担的直接人工成本 = 完工产品定额工时 × 直接人工成本分配率

月末在产品应负担的直接人工成本 = 月末在产品定额工时 × 直接人工成本分配率

$$(3)\ \frac{\text{制造费用成本}}{\text{分配率}} = \frac{\text{月初在产品制造费用实际成本} + \text{本月发生制造费用实际成本}}{\text{完工产品定额工时} + \text{月末在产品定额工时}}$$

完工产品应负担的制造费用成本 = 完工产品定额工时 × 制造费用成本分配率

月末在产品应负担的制造费用成本 = 月末在产品定额工时 × 制造费用成本分配率

【例 7 -6】某工业企业生产丁产品,本月完工产品产量 400 个,月末在产品 30 个,单位产品的材料消耗定额为 50 元,单位产品的工时定额为 100 小时。单位在产品的材料消耗定额为 50 元,单位在产品的工时定额为 60 小时。有关月初在产品成本和本月生产费用资料如表 7 -5 所示。要求:按定额比例法计算在产品成本及完工产品成本。

表 7 -5　生产费用资料

产品名称:丁产品　　　　单位:元

项　目	直接材料	直接人工	制造费用	合　计
月初在产品成本	24 800	16 800	12 400	54 000
本月生产费用	61 200	33 360	23 130	117 690
合　计	86 000	50 160	35 530	171 690

计算过程及结果如下:

(1)完工产品直接材料定额成本 = 400 × 50 = 20 000(元)

(2)月末在产品直接材料定额成本 = 30 × 50 = 1 500(元)

(3)完工产品定额工时 = 400 × 100 = 40 000(工时)

(4)月末在产品定额工时 = 30 × 60 = 1 800(工时)

(5)直接材料成本分配率 = $\frac{24\ 800 + 61\ 200}{20\ 000 + 1\ 500} = 4$

完工产品的直接材料成本 = 20 000 × 4 = 80 000(元)

月末在产品的直接材料成本 = 1 500 × 4 = 6 000(元)

(6)直接人工成本分配率 = $\frac{16\ 800 + 33\ 360}{40\ 000 + 1\ 800} = 1.2$

完工产品的直接人工成本 = 40 000 × 1.2 = 48 000(元)

月末在产品的直接人工成本 = 1 800 × 1.2 = 2 160(元)

(7)制造费用成本分配率 = $\frac{12\ 400 + 23\ 130}{40\ 000 + 1\ 800} = 0.85$

完工产品的制造费用成本 = 40 000 × 0.85 = 34 000(元)

月末在产品的制造费用成本 = 1 800 × 0.85 = 1 530(元)

根据上述资料及计算过程和结果,登记生产成本明细账,见表 7-6。

表 7-6　产品成本明细账

产品名称:丁产品　　　201×年 10 月　　　完工产品:400 个　在产品:30 个

成本项目	月初在产品成本	本月生产费用	生产费用合计	费用分配率	完工产品费用		月末在产品费用	
					定额	实际	定额	实际
直接材料	24 800	61 200	86 000	4	20 000	80 000	1 500	6 000
直接人工	16 800	33 360	50 160	1.2	40 000*	48 000	1 800*	2 160
制造费用	12 400	23 130	35 530	0.85	—	34 000	—	1 530
合计	54 000	117 690	171 690	—	—	162 000	—	9 690

注:“*”项的单位为工时。

六、定额成本法

定额成本法是根据月末在产品实际储存数量和单位定额成本,计算出月末产品定额成本,以在产品的定额成本代替在产品的实际成本,对月末在产品进行计价的方法。

采用这种方法,该种产品的全部成本(如果有月初在产品,包括月初在产品)减去按定额成本计算的月末在产品成本,余额作为完工产品成本;每月生产成本脱离定额的节约差异或超支差异全部计入当月完工产品成本。

这种方法适用于各项消耗定额或费用定额比较准确、稳定,而且各月末在产品数量变化不大的产品。这是因为:

(1)产品的各项消耗定额或费用定额比较准确,因而月初、月末单件在产品费用脱离定额的差异不会很大;由于各月末在产品数量变化不大,因而月初在产品费用脱离定额差异总额与月末在产品费用脱离定额差异总额的差额也不会很大。因而,月末在产品不计算费用差异,对完工产品成本的影响不大,为了简化成本计算工作,可以这样分配费用。

(2)在修订消耗定额或费用定额的月份,月末在产品按新的定额成本计算,产品的全部生产费用减去按新的定额成本计算的在产品成本以后的余额,全部作为完工产品的成本。这就是说,完工产品成本中包括了月末在产品按新的定额成本计价所发生的差额。为了对完工产品成本进行正确的分析和评价,在产品按定额成本计价时,产品的各项消耗定额必须比较稳定,也就是不需要经常修订定额。

这种方法的计算公式如下:

在产品定额材料成本 = 在产品数量 × 单位在产品材料消耗定额 × 材料单价

在产品定额人工成本 = 在产品数量 × 单位在产品工时定额 × 单位小时定额人工

在产品定额制造费用 = 在产品数量 × 单位在产品工时定额 × 单位小时定额制造费用

月末在产品成本 = 在产品定额材料成本 + 在产品定额人工成本 + 在产品定额制造费用

完工产品总成本 =(月初在产品成本 + 本月发生的生产费用)- 月末在产品成本

【例 7-7】某工业企业生产的 C 产品,采用按定额成本计算月末在产品成本的方法。原材料于生产开始时一次投入,本月完工产品 400 件,月末在产品 120 件,单件在产品直接材料定额成本 600 元,在产品单位定额工时 40 小时,每小时直接人工定额成本 8 元,每小时制造费用定额成本 5 元。月初在产品成本和本月生产费用合计:直接材料 240 000 元,直接人工费用134 400元,制造费用 84 000 元。要求:按定额成本法计算月末在产品成本和完工产品成本。

计算过程和结果如下:

(1)月末在产品成本计算如下:

直接材料成本 = 120 × 600 = 72 000(元)

直接人工成本 = 120 × 40 × 8 = 38 400(元)

制造费用成本 = 120 × 40 × 5 = 24 000(元)

月末在产品定额成本 = 72 000 + 38 400 + 24 000 = 134 400(元)

(2)完工产品成本计算如下:

直接材料成本 = 240 000 - 72 000 = 168 000(元)

直接人工成本 = 134 400 - 38 400 = 96 000(元)

制造费用成本 = 84 000 - 24 000 = 60 000(元)

完工产品成本 = 168 000 + 96 000 + 60 000 = 324 000(元)

任务三　完工产品成本的结转

通过上述生产费用在完工产品和在产品之间的分配,就可以计算出各种完工产品和月末在产品的实际成本。完工产品成本应转入“库存商品”账户,月末在产品成本应留在账户上,作为下月的月初在产品成本。

制造企业的完工产品,包括产成品、自制材料、自制工具和模具等。企业应该在产品验收入库后，根据取得的产品入库单和产品成本计算单进行归集，编制“完工产品成本汇总表”，据以进行完工产品成本结转的账务处理。

一、编制完工产品成本汇总表

为了便于结转完工产品成本，期末企业可以根据成本计算资料编制“完工产品成本汇总表”，其格式如表7－7所示。

表7－7　完工产品成本汇总表

201×年10月　　单位：元

成本项目	甲产品（800件）		乙产品（1 200件）	
	总成本	单位成本	总成本	单位成本
直接材料	235 600	294.5	458 700	382.25
直接人工	72 800	91	144 000	120
制造费用	68 600	85.75	124 800	104
合　计	377 000	471.25	727 500	606.25

二、结转完工产品成本

为了反映完工产品的增减变动情况，需要设置“库存商品”、“自制半成品”等账户进行核算。在制造企业中，“库存商品”账户借方登记验收入库的外购商品或完工入库产品的实际成本；贷方登记结转的商品销售成本和其他原因减少的商品实际成本；期末余额在借方，表示企业在库商品的实际成本。企业应当按照商品的品名、规格分设明细账，对库存商品进行明细分类核算。

根据表7－7，编制会计分录如下：

借：库存商品——甲产品　　377 000
　　　　　　——乙产品　　727 500
　贷：生产成本——基本生产成本——甲产品　　377 000
　　　　　　　　　　　　　　——乙产品　　727 500

期末，“生产成本——基本生产成本”账户的余额，就是基本生产车间尚未加工完成的各项在产品的成本。

小　结

本模块介绍的内容主要是通过生产费用在完工产品和在产品之间的归集与分配，计算完工产品总成本和单位成本。首先，介绍了完工产品与在产品的概念以及在产品数量的日常核算方法。其次，详细介绍了在产品成本计算的各种方法。实务中常用的方法有：不计算在产品成本法、按年初固定数计算在产品成本法、按所耗直接材料费用计算在产品成本法、约当产量法、定额比例法和定额成本法。其中，最重要的计算方法有约当产量法、定额比例法和定额成本法。

约当产量法是按月末完工产品数量和月末在产品约当产量比例来分配生产费用,以确定完工产品和月末在产品成本的一种方法。这种方法适用范围较广泛,特别是月末在产品数量较大且月末在产品数量变化也较大,产品成本中直接材料费用和直接人工等加工费用所占比重相差不大的产品。

定额比例法是指生产费用在完工产品和在产品之间按照两者的定额消耗量或者定额费用比例,分配计算完工产品成本和月末在产品成本。其中,直接材料成本按直接材料的定额消耗量或定额费用比例分配;直接人工、制造费用等加工费用,可以按各自定额成本的比例分配,也可以按定额工时比例分配。由于直接人工、制造费用等加工费用的定额费用一般根据定额工时乘以每小时的各项费用定额计算,因而这些费用一般按定额工时比例分配,这样可以简化各项定额费用的计算。

这种方法适用于各项消耗定额或费用定额比较准确、稳定,但各月末在产品数量变动较大的产品。

定额成本法计算月末在产品成本是指月末在产品按定额成本计算,该种产品的全部成本(如果有月初在产品,包括月初在产品)减去按定额成本计算的月末在产品成本,余额作为完工产品成本;每月生产成本脱离定额的节约差异或超支差异,全部计入当月完工产品成本。

这种方法适用于各项消耗定额或费用定额比较准确、稳定,而且各月末在产品数量变化不大的产品。

思考题

1. 什么是在产品?如何理解广义在产品和狭义在产品?

2. 生产费用在完工产品与在产品之间的分配方法有哪几种?各种方法的适用范围如何?

3. 在产品的完工程度如何确定?

4. 什么是约当产量法?如何运用?

5. 什么是定额比例法?什么是定额成本法?两者有何区别?如何运用?

练习题

一、单项选择题

1. 在产品数量的日常核算应设置(   )。

A. 生产成本明细账　　B. 在产品台账

C. 制造费用明细账　　D. 原材料明细账

2. 在产品盘盈时,经批准后应贷记的科目是(   )。

A. 制造费用　　B. 管理费用

C. 生产成本——基本生产成本　　D. 生产成本——辅助生产成本

3. 采用约当产量法计算在产品成本时,影响在产品成本准确性的关键因素是(   )。

A. 在产品数量　　B. 在产品完工程度

C. 完工产品数量　　D. 废品的数量

4. 不计算在产品成本法的适用条件是(　　)。

A. 月末在产品数量变化很小　　B. 月末没有在产品

C. 月末在产品数量很少　　D. 月末在产品数量变化较大

5. 在产品各项消耗定额都比较准确、稳定，各月末在产品数量变化较大，在完工产品和月末在产品之间分配费用的方法是(　　)。

A. 定额成本法　　B. 在产品按所耗原材料费用计价法

C. 定额比例法　　D. 在产品按年初固定数计算

6. 月末在产品数量较多，各月末在产品数量变化也较大，产品成本中原材料费用和职工薪酬等加工费用所占比重相差不多的产品，在完工产品与月末在产品之间分配时适用的方法是(　　)。

A. 在产品按完工产品成本计算　　B. 在产品按定额成本法计算

C. 不计算在产品成本法　　D. 约当产量法

7. 某厂生产的甲产品经过第一、第二两道工序加工而成。单位产品定额工时为50小时，其中第一道工序的定额工时为30小时，第二道工序的定额工时为20小时，各工序加工费用比较均衡，则第二道工序在产品的完工率为(　　)。

A. 30%　　B. 40%

C. 50%　　D. 80%

8. 采用约当产量法，如果产品生产过程中原材料于开始生产时一次投入，直接人工费用和制造费用的发生都比较均衡，则在产品直接人工费用和制造费用项目的完工程度可以按(　　)计算。

A. 25%　　B. 50%

C. 60%　　D. 100%

9. 下列各项中，不应列入在产品的是(　　)。

A. 已验收入库的对外销售的自制半成品　　B. 正在车间加工中的合格产品

C. 已验收入库地仍需加工的自制半成品　　D. 正在车间返修的废品

10. 下列方法中，不属于完工产品与月末在产品之间分配费用的方法是(　　)。

A. 约当产量比例法　　B. 不计算在产品成本法

C. 年度计划分配率分配法　　D. 定额比例法

11. 计算完工产品成本时，如果不计算月末在产品成本，应具备的条件是(　　)。

A. 各月末在产品数量比较稳定　　B. 各月末在产品的数量很小

C. 各月末在产品的数量较大　　D. 定额管理基础较好

二、多项选择题

1. 计算在产品成本的方法主要有(　　)等。

A. 在产品只计算材料成本法　　B. 定额成本法

C. 约当产量法　　D. 定额比例法

2. 企业在选择完工产品与月末在产品之间进行分配的方法时，应考虑的条件有(　　)。

A. 月末在产品数量大小　　B. 月末在产品数量变化大小

C. 各项费用在产品成本中所占比例的大小　　D. 定额管理基础的好坏

3. 在产品按所耗原材料费用计价法的适用条件有(　　)。

A. 各月末在产品数量较大

B. 各月末在产品数量变化较大

C. 原材料费用在成本中所占比重较大

D. 各月末在产品数量变化不大

4. 采用约当产量法时,应考虑的条件有(　　)。

A. 月末在产品数量较大

B. 月末在产品数量变化较大

C. 各项费用在产品成本中所占比例相差不大

D. 月末在产品数量变化不大

5. 按年初固定数计算在产品成本法,适用的情况为(　　)。

A. 各月末在产品数量较大

B. 各月末在产品数量较小

C. 各月末在产品数量变化较大

D. 各月末在产品数量虽大但各月之间变化不大

6. 下列各项中属于在产品内容的是(　　)。

A. 正在车间加工中的在产品　　B. 需要继续加工的半成品

C. 等待验收入库的产品　　D. 正在返修的废品

7. 在产品清查盘点后,对盘亏、毁损的在产品进行处理时,可能借记的科目有(　　)。

A. 制造费用　　B. 其他应收款

C. 营业外支出　　D. 基本生产成本

8. 生产费用在完工产品和月末在产品之间分配的方法有(　　)。

A. 定额比例法　　B. 按定额成本计价法

C. 约当产量法　　D. 计划成本分配法

9. 企业生产费用在完工产品与在产品之间进行分配的方法选择应根据(　　)。

A. 在产品数量的多少　　B. 各月末在产品数量变化的大小

C. 各项费用比重的大小　　D. 定额管理基础的好坏

10. 在产品成本按完工产品成本计算法适用的情况为(　　)。

A. 月末在产品已接近完工　　B. 产品已经加工完毕,尚未验收入库

C. 产品已经加工完毕,尚未包装入库　　D. 月末在产品数量很少

三、判断题

1. 在产品的原材料费用不需要计算在产品约当产量。(　　)

2. 采用约当产量法时,全部在产品的完工程度均按50%计算。(　　)

3. 经批准核销在产品盘盈时,应冲减制造费用。(　　)

4. 采用月末在产品按定额成本计价法时,定额成本与实际成本的差异应由完工产品与月末在产品共同负担。(　　)

5. 正确确定本期完工产品成本,关键是正确计算期末在产品成本。(　　)

6. 狭义的在产品是指正在某车间或某生产步骤中加工的在产品。(　　)

7. 企业毁损的在产品结果处理时，应记入“管理费用”科目。(　　)

8. 在采用在产品不计算成本法时，某产品某月发生的生产费用之和，就是该产品的完工产品成本。(　　)

9. 按年初数固定计算在产品成本法，适用于各月末在产品数量较大，各月末在产品数量变化也较大，原材料费用在产品成本中占有较大比重的产品。(　　)

10. 各月末在产品数量变化不大的产品，可以不计算月末在产品成本。(　　)

模块八　产品成本计算方法概述

学习目标

1. 了解生产类型、生产特点及管理要求对产品成本计算的影响。
2. 理解并掌握产品成本计算方法的一般原理及其在实际中的应用。
3. 理解并掌握产品成本计算方法的特点和适用范围。

情景案例

华星工厂是一个小型的钢铁厂,主要生产钢材。该厂设有炼铁车间、炼钢车间、轧钢车间3个基本生产车间。原材料是在生产开始时一次投入,其中炼铁车间用铁矿石等原料炼出生铁,然后再把这些生铁转移到炼钢车间;炼钢车间再炼出钢锭;最后由轧钢车间将钢锭轧制成各种规格的钢材,经检验合格后送交成品仓库。半成品生铁、钢锭也可对外销售。该工厂针对前面所述生产情况应采用何种成本计算方法咨询了一位经验丰富的会计师,该会计师的意见是:产成品成本计算方法以分步法为主,各车间内部采用品种法计算产品成本。请根据本章所学的内容回答以下问题:①该厂为什么要采用品种法和分步法计算产品成本?②产品成本计算方法都有哪些?

任务一　工业企业的生产类型及特点

所谓产品成本计算方法,是指按一定的成本计算对象汇集与分配生产费用,用以计算产品成本的方法。构成一个产品成本计算方法,一般包括下列几个方面的内容:①成本计算对象的确定;②成本核算的账户设置;③成本项目的确定;④生产费用的归集及其计入产品成本的程序;⑤间接费用的分配;⑥成本计算期的确定;⑦生产费用在完工产品和在产品之间的分配;⑧产品总成本和单位成本的计算。在选择成本计算方法时,应考虑企业的生产类型及其特点,同时还应兼顾企业成本管理的不同要求。

工业企业的生产类型是按照一定的标准对工业企业生产划分的不同类型。

一、企业的生产类型及特点

(一)按工艺过程的特点分类

工业产品的生产工艺过程是指产品从投产到完工的全部过程。按生产工艺过程的特点,工业企业的生产可分为单步骤生产和多步骤生产两种类型。

1. 单步骤生产

单步骤生产又称简单生产,是指生产工艺过程不能间断或不能分散在不同地点进行的生产。这类生产工艺技术较简单,生产周期较短,产品品种较少且相对稳定。这类企业生产一般技术上具有不可间断性,如发电;或由于受到工作地点上的限制,如采掘,通常由一个企业整体进行,而不能分别由几个车间协作进行。

2. 多步骤生产

多步骤生产又称复杂生产,是指产品的生产工艺过程由若干个可以间断的、分散在不同地点的、在不同时间进行的生产步骤所组成的生产。这类生产工艺技术较复杂,生产周期较长,产品品种较多且不甚稳定,一般由一个企业的若干个生产步骤或车间协作进行生产。

按其加工方式的不同,多步骤生产又可分为连续式多步骤生产和装配式多步骤生产。

(1)连续式多步骤生产。连续加工式生产是指从原材料投入生产到产品完工,要依次经过各生产步骤的连续加工的生产,前一加工步骤完工的半成品为后一步骤加工的对象,如纺织、冶金、造纸等生产。

(2)装配式多步骤生产。多步骤装配式生产是指各个生产步骤可以在不同地点同时进行,先将原材料平行加工成零件、部件,然后将零件、部件装配成产成品,如机械、仪表等生产。

(二)按组织方式分类

生产组织是保证生产过程各个环节、各个因素相互协调的生产工作方式。按生产组织的特点,工业企业的生产可分为大量生产、成批生产和单件生产三种类型。

1. 大量生产

大量生产是指不断地大量重复生产相同的产品。在这种生产类型的企业或车间里,往往产品的品种较少,产量较大,专业化水平较高,而且比较稳定。例如,纺织品、面粉、采掘、电力、造纸等的生产。

2. 成批生产

成批生产是指按照事先规定的产品批别和数量进行的生产。在这种生产类型的企业或车间里,通常产品的品种较多,产量较大,生产具有重复性,但往往是间断的重复。例如,服装、机械的生产。成批生产按照产品的批量大小,又可分为大批生产和小批生产。大批生产,由于产品批量较大,往往在几个月内不断地重复生产一种或几种产品,因而性质上接近于大量生产;小批生产,由于产品批量较小,一批产品一般可以同时完工,因而性质上接近于单件生产。

3. 单件生产

单件生产类似于小批生产,是指根据订货单位的要求,生产个别的、性质特殊的产品,它的特点是品种多,每种产品的产量很少,一般不重复生产,即使重复生产也是个别的、不定期的。例如,船舶、重型机器的生产,新产品试制等。

综上所述,将生产工艺特点与生产组织方式相结合,可以形成四种基本的生产类型:

(1)大量大批单步骤生产。
(2)大量大批连续式多步骤生产。
(3)大量大批装配式多步骤生产。
(4)单件小批多步骤生产。

二、生产特点和管理要求对产品成本计算方法的影响

(一)生产类型对成本计算方法的影响

在工业企业中,产品生产按其组织方式,有大量生产、成批生产和单件生产;按其工艺过程的特点,有单步骤生产(简单生产)和多步骤生产(复杂生产)。企业采用何种成本计算方法,在很大程度上是由产品的生产特点即生产类型所决定的。生产类型对产品成本核算方法的影响主要表现在确定产品成本计算对象、确定成本计算期、确定生产费用汇集和分配的方法及计入产品成本的程序上。

1. 对成本计算对象的影响

成本计算对象是企业为计算产品成本而确定的归集和分配生产费用的各个对象。企业要计算产品成本,必须先确定成本计算对象,这是计算产品成本的前提条件。不同的生产类型对成本计算对象的影响不同。具体表现在:

(1)从生产工艺过程的特点看,生产有单步骤生产和多步骤生产。两种生产类型对成本计算对象的影响为:①单步骤生产由于工艺过程不能间断,成本计算对象为每一品种,按产品品种分别计算成本。②多步骤连续式生产,由于工艺过程由若干个分散在不同地点、不同时间的连续加工过程所组成,为分清各自责任,便于计算产品成本,需要以生产步骤为成本计算对象,既按步骤又按品种计算各步骤半成品成本和产品成本。③多步骤装配式生产,由于产品的零部件可以在不同地点同时进行加工,然后装配成最终产品,而零件、部件半成品没有独立的核算意义,因而不需要按步骤计算半成品的成本,而以产品品种为成本计算对象。

(2)从生产组织方式的特点看,生产可分为大量生产、成批生产和单件生产。三种生产类型对成本计算对象的影响为:①在大量生产的情况下,一种或多种产品连续不断地重复生产,由于同样的原材料投入,不断产出相同产品,只能按产品品种为成本计算对象计算产品成本;②大批生产往往集中投料,生产一批零部件供几批产品耗用,在这种情况下,零部件生产的批别和数量与产品生产的批别和所用零部件的数量往往不一致,因此不能按产品批别计算成本,而只能按产品品种计算产品成本;如果大批生产的零件、部件按产品批别投产,也可按批别或件别计算产品成本。③小批单件生产,由于产品批量小,一批产品一般可以同时完工,可按产品批别计算产品成本。

2. 对成本计算期的影响

成本计算期是指每次计算产品成本的期间,它与会计报告期和产品的生产周期并非完全一致。不同生产类型的企业,产品成本计算期有所不同,这主要取决于生产组织的特点:①在大量大批生产的企业中,由于生产连续不断地进行,且产品的生产周期较短,每月都有完工产品,因此要求按月定期计算产品成本。此时成本计算期与生产周期不一致,而与会计

报告期一致。②在小批单件生产的情况下，各张订单或各批产品的生产周期各不相同，一般要等到一张订单所列产品或一批产品全部完工之后才能计算成本，因此常以产品的生产周期为成本计算期，因而小批单件生产企业的产品成本计算具有不定期性。成本计算期与生产周期一致，而与会计报告期不同。

3. 对生产费用计入产品成本程序的影响

产品的生产特点在一定程度上也影响着生产费用计入产品成本的程序：①在大量大批生产单一产品的企业或车间里，在企业或车间范围内发生的全部生产费用都可看作直接生产费用，可以直接计入该种或该类产品的成本。②在大量大批生产多种产品的企业或车间里，为生产产品所发生的直接费用可直接计入该种或该类产品的成本，发生的间接费用先计入集合分配账户，分配后再计入产品的生产成本。③在连续式生产的企业里，生产过程中往往有几个生产步骤，因而要分步骤归集各步骤的产品成本，再汇总计算产成品成本。④在装配式单件小批生产费用中，有一部分费用可以确定为生产某一种、类、批产品所发生，可以直接计入该种、类、批产品成本，另一部分并不与某种、类、批产品的生产直接联系，就必须在集合分配账户中先行归集，然后按一定标准在各种、类、批产品间进行分配。⑤在装配式大量、大批生产的企业里，由于构成产成品成本的零部件都是成批地或大量地生产的，为了计算产品的成本，有时需要先计算零部件的成本，再计算由零部件装配成的产成品的成本。由此可见，生产费用的归集及其计入产品成本的程序，是与产品的生产特点密切联系的。

4. 对完工产品与在产品之间费用分配的影响

生产类型的特点，还会影响到月末在进行成本计算时，是否需要在完工产品与在产品之间分配生产费用。①在单步骤生产中，生产过程不能间断，生产周期也较短，一般没有在产品或在产品数量很少，因而计算产品成本时，生产费用不需在完工产品与在产品之间进行分配。②在多步骤生产中，是否需要在完工产品与在产品之间分配费用，很大程度上取决于生产组织的特点。在大量大批生产中，由于生产不间断进行，而且经常有在产品，因而在计算成本时，就需要采用适当的方法，将生产费用在完工产品与产品之间进行分配。③在小批单件生产中，如果成本计算期与生产周期一致，在每批、每件产品完工前，产品成本明细账中所登记的生产费用就是月末在产品的成本，完工后，所登记的费用就是完工产品的成本，因而不存在完工产品与在产品之间分配费用的问题。

通过以上说明不难看出，产品的生产特点不同，成本计算对象、生产费用的归集及其计入产品成本的程序、成本计算期等也就有所区别。不同的成本计算对象，不同的生产费用的归集及其计入产品成本的程序，不同的成本计算期，以及生产费用在完工产品和在产品之间的划分方法等的相互结合，就构成了各种不同的产品成本计算方法。而成本计算对象，一般是决定成本计算方法的主要因素。不同的成本计算对象决定了不同的成本计算期和生产费用在完工产品与在产品之间的分配。因此，成本计算对象的确定，是正确计算产品成本的前提，也是区别各种成本计算方法的主要标志。

（二）管理要求对产品成本计算方法的影响

产品生产特点，即生产类型，客观上决定了成本计算对象。但同时，因为成本核算要为成本管理服务并提供资料，所以成本计算对象的确定还要考虑管理上的要求。

（1）单步骤生产或管理上不要求分步骤计算成本的多步骤生产，可以产品品种或产品批别作为成本计算对象来计算产品成本。

（2）管理上要求分步骤计算成本的多步骤生产，以生产步骤和产品品种为成本计算对象计算产品成本。

（3）在产品品种、规格繁多的企业，管理上要求尽快提供成本资料，简化成本计算工作，可以以产品类别和品种为成本计算对象计算产品成本。

（4）在定额管理基础较好的企业，为加强定额管理工作，可采用定额法计算产品成本。

任务二　产品成本计算的主要方法

前面讲述了生产类型和管理要求对产品成本计算方法的影响，它们体现在成本计算对象的确定、成本计算期的确定以及生产费用在完工产品与在产品之间的分配等方面，其中影响最为主要的是成本计算对象的确定。以不同的成本计算对象为主要标志，形成了工业企业成本计算的各种方法。

一、产品成本计算的基本方法

为了适应各类型生产的特点和不同的管理要求，在产品成本计算工作中存在着三种不同的成本计算对象，从而形成了以下三种不同的成本计算方法：

（一）品种法

以产品品种为成本计算对象归集生产费用、计算产品成本的方法，称为品种法。这种方法是最基本的产品成本计算方法。

成本计算按月定期进行，月末计算产品成本时，如果没有在产品或在产品数量很少，就不需要计算在产品成本；如果月末在产品数量较多，则需要将产品成本明细账上所归集的生产费用，采用适当的方法在完工产品和在产品之间进行分配，从而计算完工产品和月末在产品的成本。

（二）分批法

以产品批别为成本计算对象归集生产费用、计算产品成本的方法，称为分批法。这种方法是在品种法的基础上产生的，成本计算对象是产品批别或工作令号，生产费用按月汇总，以生产周期为成本计算期，因此成本计算期是不定期的，一般不需计算在产品成本。

（三）分步法

以产品品种和生产步骤为成本计算对象归集生产费用，计算产品成本的方法，称为分步法。这种方法是在品种法的基础上形成的，成本计算对象为各种产品的生产步骤和产品品种，成本计算一般按月定期进行，往往需要采用适当的方法，将生产费用在完工产品与在产品之间进行分配。

受企业生产特点和管理要求的影响，成本计算对象有分品种、分批别和分步骤三种，所以上述以不同成本计算对象为主要标志的三种成本计算方法是产品成本计算的基本方法，同时也是计算产品实际成本必不可少的方法。

二、产品成本计算的辅助方法

除上述产品成本计算的基本方法外，为简化成本计算工作、加强成本管理，还有其他的辅助成本计算方法，主要是分类法和定额法两种。

（一）分类法

分类法是按产品类别归集生产费用，再按一定的分配标准在类内各产品之间进行分配，计算各种产品成本的方法。这种方法一般适用于产品品种、规格繁多且能进行恰当分类的企业，如灯泡厂、钉厂等。

（二）定额法

定额法是以产品的定额成本为基础，加减脱离定额差异和定额变动差异，进而计算产品实际成本的一种方法。这种方法是为了加强成本管理、进行成本控制而采用的一种成本计算方法。

分类法和定额法，或者是为了简化成本计算，或者是为了加强成本管理。它们是在三种基本方法的基础上，为了解决成本计算或管理中的问题而产生的、并非独立的方法，所以称为成本计算的辅助方法。

基本方法和辅助方法的划分，只是从产品成本计算的主要影响因素方面来考虑的，并不是说辅助方法不重要。在实际工作中，辅助方法往往也有着重要的应用。

在工业企业中，确定不同的成本计算对象，采用不同的成本计算方法，主要是为了适应企业的生产特点和管理要求，正确提供产品成本资料，为成本管理服务。不论什么类型的企业，不论采用哪种成本计算方法，最终都必须提供按产品品种计算的产品成本资料。因此，品种法是成本计算基本方法中最基本的一种方法。

三、产品成本计算方法的比较

产品成本计算的基本方法有品种法、分批法、分步法，它们各有特点，现从以下几个方面进行比较。

（一）从成本计算对象上比较

品种法以产品品种作为成本计算对象，按产品品种分别设置基本生产成本明细账。分批法以产品批别或单件产品作为成本计算对象，按产品批号即产品批别设置基本生产成本明细账，按产品批别归集生产费用。分步法以产品的生产步骤和产品品种作为成本计算对象，即以各种完工产品及各生产步骤的半成品为成本计算对象，按生产步骤和产品品种设立基本生产成本明细账。如果一个加工步骤只生产一种产品，基本生产成本明细账可按加工步骤设置。如果一个步骤生产多种产品，生产成本明细账要按该步骤的每种产品设置。

（二）从成本计算期上比较

品种法的计算期是“月”，按月计算产品成本，成本计算期和会计报告期一致，而与生产周期不一致，这是因为使用品种法计算成本的一般是大量大批生产。分批法成本计算期是产品的生产周期，不定期计算产品成本，它与会计报告期往往不一致；分步法定期按月进行成本计算，其成本计算期与产品生产周期不一致，而与会计报告期相同。

（三）从生产费用在完工产品与月末在产品之间的分配上比较

在品种法下，单步骤生产企业月末一般不存在在产品或在产品数量很少，通常不存在月末在产品成本计算问题。多步骤生产企业月末一般都存在一定数量的在产品，因此通常要将生产费用采用适当的分配方法，在各种产品的完工产品与月末在产品之间进行分配。在分批法下，小批或单件生产的产品月末一般全部完工或全部未完工，不需要进行费用分配。如果是一批产品跨月陆续完工，则需要在完工产品与在产品之间进行分配。在分步法下，由于月末在产品数量较多，月末各步骤各产品的生产费用需要在完工产品与在产品之间进行分配。

（四）从适用范围上比较

品种法一般适用于单步骤的大量、大批生产，如发电、采掘，也可用于管理上不需要分步骤计算成本的多步骤的大量大批生产。分批法适用于小批单件的单步骤生产和管理上不要求分步骤计算成本的多步骤生产，如重型机械制造、船舶制造、修理作业等。分步法一般适用于大量大批且管理上要求分步骤计算成本的多步骤生产，如纺织、冶金等生产。上述比较可通过表8－1反映：

表8－1　产品成本计算方法比较

产品成本计算方法	品种法	分批法	分步法
成本核算对象	产品品种	产品批别	产品品种及其所经生产步骤
生产工艺过程和管理要求	单步骤生产或管理上不要求分步骤计算成本的多步骤生产		管理上要求分步骤计算成本的多步骤生产
生产组织类型	大量大批生产	单件小批生产	大量大批生产
成本计算期	定期按月	与生产周期一致	定期按月
生产费用在完工产品和在产品之间的分配	有在产品时需要分配	一般不需要分配	通常有在产品，需要分配

四、产品成本计算方法的应用

（一）几种产品成本计算方法的同时运用

一个企业的各个生产车间，如果生产类型不同，可同时采用不同的成本计算方法。例如，纺织厂的纺纱和织布基本生产车间，一般属于大量、大批、多步骤的生产。厂内供电、供汽等辅助生产车间，属于大量、大批、单步骤生产。在这种情况下，对基本生产车间可采用分步法计算产品成本，而对辅助生产车间可采用品种法计算产品成本。

一个企业或一个车间的各种产品也可同时采用不同的成本计算方法。例如，瓷器厂生产各种瓷器，有的已经定型且大量大批生产，可采用分步法计算产品成本；有的却正在试制或刚刚试制成功，只能单件小批生产，则应采用分批法计算成本。

（二）几种产品成本计算方法的结合应用

在实际工作中，即使是同一种产品，对它的各生产步骤、各种半成品和各个成本项目、生产特点和管理要求也可能不完全相同，因而在同一种产品生产中可能将几种成本计算方法结合起来使用。

如小批单件生产企业，装配车间一般采用分批法计算产品成本；加工、装配车间之间，则可采用逐步结转分步法结转零部件的成本；若在加工车间和装配车间之间要求分步骤计算成本，但加工车间不要求计算半成品成本，则在加工车间和装配车间之间可采用平行结转分步法结转成本。这样，该厂就在分批法的基础上，同时采用了品种法和分步法。

一种产品的不同零部件，由于管理要求不同，也可以采用不同的成本计算方法。例如，某种产品由若干零部件组装而成，其中不需对外出售的零部件不要求单独计算成本；经常对外销售的零部件，管理上要求计算零部件成本，采用适当成本计算方法单独计算成本。

一种产品的不同成本项目，可以结合采用不同的成本计算方法。例如，大量、大批、多步骤生产的某种产品，该产品原材料费用比重较大，原材料费用可采用逐步结转分步法，分步计算该产品的原材料费用。其他比重较小的成本项目，则可采用品种法等其他的成本计算方法。

（三）辅助方法与基本方法的配合使用

分类法和定额法作为成本计算的辅助方法，是为了简化成本核算和加强成本定额管理而采用的。前已述及，它们必须与三种基本方法结合使用。例如，石化厂所生产的各种联产品的成本，由于石化产品生产一般属于大量大批生产，且产品的品种规格繁多，可在品种法的基础上结合应用分类法计算产品成本。又如，玻璃制品厂生产各类玻璃器皿的成本，可采用分类法和分步法相结合的方法计算。再如，在大量、大批、多步骤生产的企业中，如果定额管理基础较好，则可在分步法的基础上，采用定额法计算产品成本。

综上所述，企业实际情况复杂，因而所采用的成本计算方法也是多种多样的。企业应根据自身生产特点和管理要求，结合企业生产规模的大小及管理水平的高低等实际情况，将成本计算的各种方法灵活地加以应用。为了便于企业进行各期成本资料的分析和考核，避免利用成本计算方法的改变，人为调节各期成本与利润，企业的成本计算方法一经确定，不得任意变更。

小 结

本模块主要介绍如何根据企业生产经营特点和管理要求来确定产品成本的计算方法。企业生产组织方式不同，生产工艺不同，在管理上对成本计算方法的要求也不尽相同。制造业生产类型可以根据工艺过程特点和组织方式进行划分，可以分为四种基本的生产类型：大量大批单步骤生产、大量大批连续多步骤生产、大量大批装配式多步骤生产和单件小批多步骤生产。基于不同的生产特点和管理要求，形成了三种不同的成本计算方法，即品种法、分批法和分步法。品种法是以产品品种为成本计算对象归集生产费用、计算产品成本的方法；分批法是以产品批别为成本计算对象归集生产费用、计算产品成本的方法；分步法是以产品品种和生产步骤为成本计算对象归集生产费用、计算产品成本的方法。以上三种方法中，品种法又是最基本的一种方法。除了成本计算的基本方法外，为简化成本核算、加强成本管理，还产生了成本计算的辅助方法，主要有分类法和定额法。分类法是按产品类别归集生产费用，再按一定的分配标准在类内各产品之间进行分配，计算各种产品成本的方法。定额法是以产品的定额成本为基础，加减脱离定额差异和定额变动差异，进而计算产品成本的一种方法。成本计算的辅助方法应与基本方法结合使用。

思考题

1. 产品成本计算方法包括哪些？
2. 企业生产类型主要有哪些？它们对成本计算方法有哪些影响？
3. 产品成本计算的基本方法有哪些？它们各自适用的条件是什么？
4. 在实际工作中，如何选择和应用各种成本计算方法？

练习题

一、单项选择题

1. 产品成本计算方法中最基本的方法是(　　)。

A. 分类法　　B. 分步法

C. 品种法　　D. 定额法

2. 下列方法中对加强成本定额管理、降低产品成本具有重要作用的是(　　)。

A. 分类法　　B. 分步法

C. 品种法　　D. 定额法

3. 企业产品品种、规格繁多，为了简化成本计算工作，应采用的成本计算方法是(　　)。

A. 分类法　　B. 分步法

C. 品种法　　D. 定额法

4. 采用定额法是为了(　　)。

A. 简化成本计算工作　　B. 提高成本计算的准确性

C. 加强成本的定额管理　　D. 计算产品的实际成本

5. 品种法的特点是(　　)。

A. 分批计算产品成本　　B. 分步计算产品成本

C. 既分批计算又分步计算　　D. 按照产品品种计算成本

6. 分批法的特点是(　　)。

A. 按产品订单计算成本　　B. 按产品批别计算成本

C. 按照产品品种计算成本　　D. 按车间来计算成本

7. 必须设置基本生产成本二级账的成本计算方法是(　　)。

A. 分批法　　B. 分步法

C. 品种法　　D. 简化分批法

8. 某企业采用分批法计算产品成本。8 月 1 日，该企业投产 A 产品 6 件，B 产品 4 件；8 月 12 日，投产 B 产品 3 件；8 月 20 日，投产 A 产品 5 件，B 产品 2 件。该企业 8 月应开设的产品成本明细账应该是(　　)。

A. 2 本　　B. 3 本

C. 4 本　　D. 5 本

9. 简化分批法的适用条件为(　　)。

A. 各月间接计入费用水平相差不大　　B. 月末未完工产品批数多

C. 同一月投产批数多　　D. 同时具备上述三点

10. 下列方法中，属于不计入半成品成本的分步法是(　　)。

A. 逐步结转法　　B. 综合结转法

C. 分项结转法　　D. 平行结转法

二、多项选择题

1. 为了适应各种类型企业的生产特点和管理要求，产品成本计算对象有(　　)。

A. 产品品种　　B. 产品类别

C. 产品生产步骤　　D. 产品批别

E. 产品的定额成本

2. 产品成本计算品种法的适用范围是(　　)。

A. 单步骤生产

B. 管理上不要求分步骤计算成本的多步骤生产

C. 大量生产

D. 大批生产

3. 采用简化分批法(　　)。

A. 不计算在产品成本

B. 不分批计算在产品成本

C. 仍需按照产品批别设立产品成本明细账

D. 计算全部在产品总成本

4. 采用分批法计算产品成本时，如果批内产品跨月陆续完工的情况不多，完工产品数量占全部批量的比重很小，完工产品成本的计价可采用(　　)。

A. 实际单位成本　　B. 计划单位成本

C. 定额单位成本　　D. 最近一批相同产品的实际单位成本

5. 采用简化分批法，各月(　　)。

A. 不分批计算在产品成本　　B. 期末计算全部在产品的总成本

C. 可分批计算在产品的实际成本　　D. 分批计算完工产品成本

6. 在逐步综合结转法下，半成品成本的计价方式可采用(　　)。

A. 实际成本　　B. 计划成本

C. 定额成本　　D. 平均成本

E. 责任成本

7. 在下列情况下，要求进行成本还原的是(　　)。

A. 半成品成本采用逐步综合结转法

B. 半成品成本按实际成本分项结转

C. 半成品成本按计划成本分项结转

D. 管理上要求从整个企业角度考核和分析产品成本的构成和水平

8. 采用逐步结转分步法,按照结转的半成品成本在下一步骤产品成本明细账中的反映方法不同,可分为(　　)。

A. 综合结转法　　B. 分项结转法

C. 按实际成本结转　　D. 按计划成本结转

E. 平行结转法

9. 逐步分项结转分步法的特点为(　　)。

A. 需要进行成本还原

B. 不需要进行成本还原

C. 能提供按原始成本项目反映的半成品成本资料

D. 有利于加强半成品实物和资金的有效管理

E. 能及时计算出完工产品成本

10. 平行结转分步法中的在产品包括(　　)。

A. 各生产步骤期末未完工产品　　B. 各生产步骤的完工产品

C. 前面生产步骤的完工产品　　D. 企业的全部未完工在产品

三、判断题

1. 如果企业产品品种、规格繁杂,为了简化成本计算工作,可采用品种法计算产品成本。(　　)

2. 为了配合和加强定额管理,加强成本控制,企业可单独使用定额法计算产品成本。(　　)

3. 不论什么类型的生产企业,不论采用什么成本计算方法,最终都必须按照产品品种算出产品成本。(　　)

4. 品种法也适用于大量大批的多步骤生产。(　　)

5. 简化分批法又称为不分批计算在产品成本法和累计间接计入费用分配法。(　　)

6. 在平行结转分步法下,完工产品与月末在产品之间的费用分配,通常采用计划成本法。(　　)

7. 在小批和单件生产中,如果产品的批量根据购买单位的订单确定,按批、按件计算产品成本,也就是按订单计算产品成本。(　　)

8. 在采用品种法计算产品成本的企业或车间,若只生产一种产品,成本计算对象就是这种产品的实际成本。(　　)

9. 工业企业的副产品如果加工处理所需时间不长,费用不大,为了简化成本计算工作,可按计划单位成本计价,而不计算副产品的实际成本。(　　)

10. 用分类法计算出的类内各种产品的成本带有一定的假定性。(　　)

模块九　品种法

学习目标

1. 掌握品种法的概念、特点、适用范围。

2. 熟悉品种法成本计算基本程序,熟练运用品种法进行产品成本计算。

情景案例

琪琪食品厂是一家刚开业不久的小型企业,主要生产夹心饼干、曲奇饼干和法式软面包。采用原材料一次投入,逐步加工的生产方式。11 月末,车间中一定数量的饼干和软面包已加工完成,经检验、包装待入库;尚有部分饼干和法式软面包仍在流水线上继续加工中。如果你是刚到该企业任职的一名成本会计核算员,请考虑该企业应采取何种成本核算方法。为什么?

任务一　品种法概述

一、品种法的特点和适用范围

(一)品种法的特点

品种法是指以产品品种为成本计算对象来归集生产费用、计算产品成本的方法。品种法是企业产品成本计算最基本的方法。其特点主要体现在以下三个方面:

(1)以产品品种作为成本计算对象,并据以开设产品成本明细账和成本计算单,归集生产费用。

采用品种法计算成本时,如果企业或车间只生产一种产品,成本核算对象就是该种产品的产成品。企业发生的全部费用都是直接费用,可以直接计入为这种产品开设的产品成本明细账中的对应栏目,生产成本明细账(产品成本计算单)就按该种产品设置,所有生产费用都可以直接计入该种产品的生产成本明细账,包括制造费用在内的各种费用都不需要在各成本核算对象之间分配。如果生产多种产品,则应该按照产品的品种分别设置生产成本明细账,并按成本项目开设专栏,本月发生的直接费用直接计入各种成本明细账中各对应专栏,间接费用应当另行归集,然后采用适当的分配方法在各成本核算对象之间分配,再计入各品种生产成本明细账。

(2)成本计算定期按月进行。

采用品种法计算成本的企业是大量大批生产组织形式,一般在较长时间内,连续不断地重复生产相同品种的产品,而且产品生产周期较短,不可能在产品全部完工以后才计算成本,只能定期在月末计算当月产出的完工产品成本。因此,品种法的成本计算期与会计报告期一致,与产品生产周期不一致。

(3)月末一般需要将生产费用在完工产品与在产品之间进行分配。

生产企业的成本计算一般应当按月进行。在月末计算产品成本时,如果没有在产品或者在产品数量很少,则不需要计算月末在产品成本。在这种情况下,按产品品种设置的生产成本明细账中按成本项目汇集的生产费用就是该产品的实际成本,用它除以该产品的实际总产量,就可以得到该产品的本月实际平均单位成本。如果月末有在产品,而且数量比较多,还需要将归集于生产成本明细账的生产费用,采用一定的方法,在本月完工产品与月末在产品之间进行分配,以便计算出本月完工产品的实际总成本和单位成本。

(二)品种法的适用范围

品种法的适用范围比较广泛,主要适用于单步骤的大量大批生产,如发电、采掘等。在大量大批多步骤生产下,如果企业或车间的规模较小,而且管理上又不要求按照生产步骤计算成本,也可以采用品种法计算产品成本,如小型水泥厂、制砖厂等。企业的辅助生产车间,如供水车间、供电车间、运输车间等,也可以采用品种法计算其产品(劳务)的成本。

二、品种法的成本计算程序

(1)按产品品种设置有关成本明细账,并在明细账中按成本项目设置专栏,归集生产费用。

企业应在“生产成本”总分类账户下设置“基本生产成本”和“辅助生产成本”二级账,同时按照企业确定的成本核算对象设置生产成本明细账,按照辅助生产单位或其提供的产品品种设置辅助生产成本明细账;在“制造费用”总分类账户下,按生产单位设置制造费用明细账。产品生产成本明细账(产品成本计算单)和辅助生产成本明细账应当按照成本项目设置专栏,制造费用明细账应按费用项目设置专栏。

(2)归集和分配本月发生的各项费用,以此作为登账的依据。

企业应根据发生各项费用的原始凭证和其他有关凭证归集和分配材料费用、人工费用和其他各项费用。按成本核算对象归集和分配生产费用时,根据编制的会计分录,凡能直接计入有关成本明细账的应当直接计入;不能直接计入的,应当按照受益原则分配,再根据有关费用分配表分别计入有关产品生产成本明细账。各生产单位发生的制造费用,先通过制造费用明细账归集,计入有关制造费用明细账。直接计入当期损益的管理费用、销售费用、财务费用,应分别计入有关期间费用明细账。

(3)分配辅助生产费用。

根据辅助生产成本明细账归集的本月辅助生产费用总额,按照企业确定的辅助生产费用分配方法,分别编制各辅助生产单位的“辅助生产费用分配表”分配辅助生产费用。根据分配结果,编制会计分录,分别记入有关产品生产成本明细账、制造费用明细账和期间费用明细账。

(4)分配基本生产单位制造费用。

根据各基本生产单位制造费用明细账归集的本月制造费用,按照企业确定的制造费用分配方法,分别编制各基本生产单位的“基本费用分配表”,分配制造费用。根据分配结果编制会计分录,分别记入有关产品生产成本明细账。

(5)计算本月完工产品实际总成本和单位成本。

根据产品生产成本明细账归集的本月生产费用合计数,在本月完工产品和月末在产品之间分配生产费用,计算出本月完工产品的实际总成本和月末在产品成本。各产品完工产品实际总成本分别除以其实际总产量,可以计算出该产品本月实际单位成本。

(6)结转本月完工产品成本。

根据产品成本计算结果,编制本月“完工产品成本汇总表”,编制结转本月完工产品成本的会计分录,并分别记入有关产品生产成本明细账和库存商品明细账。

任务二　品种法举例

品种法的特点以及成本计算程序前面已作介绍。品种法在实际应用中有两种不同类型:简单品种法和典型品种法。简单品种法是品种法的简化形式,它运用于大量大批单步骤生产企业,这类企业产品品种单一,生产周期较短,一般没有在产品,成本计算程序相对较为简单。典型品种法用于管理上不需分步计算产品成本的大量大批多步骤生产企业,这时成本计算较为复杂,要按产品品种归集生产费用,计算产品成本,还需在不同产品的完工产品和月末在产品之间分配生产费用。下面就通过一个综合实例来介绍典型品种法的应用。

一、基本资料

鸿盛制造厂有一个基本生产车间,大量生产甲和乙两种产品,其生产工艺过程属于单步骤生产。企业根据自身生产特点和管理要求,确定采用品种法计算产品成本。该企业还设有运输和供水两个辅助车间,为企业提供劳务服务,辅助生产车间提供的劳务按计划成本分配法分配。计划单位成本为:水 0.5 元/吨,运输 10 元/公里。辅助生产车间所发生的制造费用计入辅助生产成本。产品成本需要在完工产品和月末在产品之间分配,分配方法采用约当产量法,月末在产品完工程度均为 50%。原材料在生产开始时一次投入。该企业201 × 年 8 月有关产量资料及成本费用资料如下。

1. 月初在产品成本

月初在产品成本如表 9 – 1 所示。

表 9 – 1　月初在产品成本

201 × 年 8 月　　　　单位:元

产品名称	直接材料	直接人工	制造费用
甲产品	72 000	30 000	25 600
乙产品	44 000	24 000	12 000

2. 产量资料

产量情况如表 9 – 2 所示。

表 9-2　产量资料

201×年 8 月　　　　单位:件

产品名称	月初在产品	本月投入	本月完工产品	月末在产品
甲产品	400	2 000	1 600	800
乙产品	600	2 200	1 800	1 000

3. 本月发生的生产费用

(1)材料费用如表 9-3 所示。

表 9-3　材料费用

201×年 8 月

领料用途	直接领用 A 材料	共同耗用 B 材料	B 材料定额耗用量(千克)	合计
甲产品	360 000		5 900	
乙产品	300 000		5 100	
小　计	660 000	220 000		880 000
基本生产车间一般耗用	30 000	18 000		48 000
运输车间	20 000			20 000
供水车间	12 000			12 000
合　计	722 000	238 000		960 000

(2)应付职工薪酬汇总表如表 9-4 所示。

表 9-4　职工薪酬汇总表

201×年 8 月　　　　单位:元

部　门		应付职工薪酬
基本生产车间	生产工人	112 000
	车间管理人员	28 000
辅助生产车间	运输车间	30 000
	供水车间	24 000
合　计		194 000

(3)折旧费用计算表如表 9-5 所示。

(4)其他费用情况如表 9-6 所示。

表 9－5　折旧费用计算表

201×年 5 月　　单位:元

部　门	金　额
基本生产车间	42 000
运输车间	12 000
供水车间	18 000
合　计	72 000

表 9－6　其他费用汇总表

201×年 5 月　　单位:元

部　门	费用项目					
	摊销低值易耗品	电费	办公费	保险费	其他	合计
基本生产车间	8 000	12 400	1 200	6 440	1 500	29 540
运输车间	1 600	8 400	800	2 600	360	13 760
供水车间	1 360	12 400	900	5 600	1 420	21 680
合　计	10 960	33 200	2 900	14 640	3 280	64 980

4. 工时资料

甲产品所用工时为 5 200 小时,乙产品所用工时为 4 800 小时。

5. 辅助生产车间劳务供应量

运输车间和供水车间两个辅助车间生产产品及劳务供应情况如表 9－7 所示。

表 9－7　辅助生产车间劳务供应量及受益对象

受益对象	运输(公里)	供水(吨)	计划单位成本
基本生产车间	4 640	133 200	
运输车间		4 400	10 元/公里
供水车间	280		0.5 元/吨
合　计	4 920	137 600	

注:辅助生产车间按计划成本分配后的差额全部计入管理费用。

6. 有关费用分配方法

(1)甲、乙产品共同耗用的材料费用按定额耗用量比例分配。

(2)生产工人工资按生产工时比例分配。

(3)制造费用按生产工时比例分配。

二、成本核算程序

1. 按产品品种设置基本生产成本明细账或产品成本计算单

本例中需设置“生产成本——基本生产成本——甲产品”“生产成本——基本生产成

本——乙产品”“生产成本——辅助生产成本——运输车间”“生产成本——辅助生产成本——供水车间”“制造费用——基本生产车间”等账户。

2. 根据审核后的领料凭证，编制材料费用分配表

材料费用分配情况如表9－8所示。

表9－8 材料费用分配表

201×年8月 单位：元

应借账户		A材料	B材料			合 计
总账户	明细账户		定额耗用量（千克）	分配率	分配金额	
生产成本——基本生产成本	甲产品	360 000	5 900		118 000	478 000
	乙产品	300 000	5 100		102 000	402 000
	小计	660 000	11 000	20	220 000	880 000
生产成本——辅助生产成本	运输车间	20 000				20 000
	供水车间	12 000				12 000
	小计	32 000				32 000
制造费用	基本生产车间	30 000			18 000	48 000
合 计		722 000			238 000	960 000

注：B材料分配率：220 000÷11 000＝20。

根据表9－8，编制会计分录如下：

借：生产成本——基本生产成本——甲产品 478 000
　　　　　——基本生产成本——乙产品 402 000
　　　　　——辅助生产成本——运输车间 20 000
　　　　　　　　　　　　　——供水车间 12 000
　　制造费用——基本生产车间 48 000
　　贷：原材料——A材料 722 000
　　　　　　　——B材料 238 000

3. 根据本月工资结算汇总表编制职工薪酬分配表

职工薪酬分配情况如表9－9所示。

根据表9－9，编制会计分录如下：

借：生产成本——基本生产成本——甲产品 58 240
　　　　　　　　　　　　　——乙产品 53 760
　　　　　——辅助生产成本——运输车间 30 000
　　　　　　　　　　　　　——供水车间 24 000
　　制造费用——基本生产车间 28 000
　　贷：应付职工薪酬 194 000

表 9-9　职工薪酬分配表

201×年 8 月　　　　单位:元

应借账户		分配标准（工时）	应付职工薪酬		合　计
总账户	明细账户		分配率	分配金额	
生产成本——基本生产成本	甲产品	5 200	11.2	58 240	58 240
	乙产品	4 800	11.2	53 760	53 760
	小计	10 000	11.2	112 000	112 000
生产成本——辅助生产成本	运输车间				30 000
	供水车间				24 000
	小计				54 000
制造费用	基本生产车间				28 000
合　计					194 000

注:生产工人薪酬费用分配率 = 112 000 ÷ 10 000 = 11.2。

4. 根据本月折旧等计算表分配折旧等费用

折旧及其他费用分配表如表 9-10 所示。

表 9-10　折旧及其他费用分配表

201×年 8 月　　　　单位:元

借方科目		折旧费	低值易耗品摊销	其他费用项目				
总账户	明细账户			电费	办公费	保险费	其他	合计
制造费用	基本生产车间	42 000	8 000	12 400	1 200	6 440	1 500	21 540
生产成本——辅助生产成本	运输车间	12 000	1 600	8 400	800	2 600	360	12 160
	供水车间	18 000	1 360	12 400	900	5 600	1 420	20 320
	小计	30 000	2 960	20 800	1 700	8 200	1 780	32 480
合　计		72 000	10 960	33 200	2 900	14 640	3 280	54 020

根据表 9-10,编制会计分录如下:

(1)折旧费用的分配:

借:制造费用——基本生产车间　　42 000

　生产成本——辅助生产成本——运输车间　　12 000

　　　　　　　　　　　　——供水车间　　18 000

　贷:累计折旧　　72 000

(2)低值易耗品摊销:

借:制造费用——基本生产车间　　8 000

　生产成本——辅助生产成本——运输车间　　1 600

　　　　　　　　　　　　——供水车间　　1 360

贷:周转材料——低值易耗品摊销 10 960

(3)其他费用的分配:

借:制造费用——基本生产车间 21 540

生产成本——辅助生产成本——运输车间 12 160

——供水车间 20 320

贷:银行存款 54 020

5. 归集和分配辅助生产费用

(1)根据上述各种费用分配表和其他有关资料,登记辅助生产成本明细账,如表9-11、表9-12所示。

表9-11 辅助生产成本明细账(一)

车间名称:运输车间 单位:元

201×年		凭证号数	摘 要	机物料	职工薪酬	折旧费用	其他费用	合计
月	日							
8	31	略	材料费用分配表(表9-8)	20 000				20 000
	31		职工薪酬分配表(表9-9)		30 000			30 000
	31		折旧及其他费用分配表(表9-10)			12 000		12 000
	31		折旧及其他费用分配表(表9-10)				13 760	13 760
	31		待分配费用合计	20 000	30 000	12 000	13 760	75 760
	31		分配转出	20 000	30 000	12 000	13 760	75 760

表9-12 辅助生产成本明细账(二)

车间名称:供水车间 单位:元

201×年		凭证号数	摘 要	机物料	职工薪酬	折旧费用	其他费用	合计
月	日							
8	31	略	材料费用分配表(表9-8)	12 000				12 000
	31		职工薪酬分配表(表9-9)		24 000			24 000
	31		折旧及其他费用分配表(表9-10)			18 000		18 000
	31		折旧及其他费用分配表(表9-10)				21 680	21 680
	31		待分配费用合计	12 000	24 000	18 000	21 680	75 680
	31		分配转出	12 000	24 000	18 000	21 680	75 680

(2)根据辅助生产成本明细账归集的费用及运输和供水车间提供劳务的数量分配辅助生产费用,如表9-13所示。

表 9－13　辅助生产费用分配表(计划成本分配法)

应借科目		运输车间		供水车间		合　计
		劳务数量	分配金额	劳务数量	分配金额	
待分配费用		4 920	75 760	137 600	75 680	151 440
计划单位成本			10		0.5	
生产成本——辅助生产成本	运输车间			4 400	2 200	2 200
	供水车间	280	2 800			2 800
制造费用	基本生产车间	4 640	46 400	133 200	66 600	113 000
按计划成本分配合计			49 200		68 800	118 000
辅助生产实际成本			77 960		78 480	156 440
差　异			28 760		9 680	38 440

根据表 9－13,编制会计分录如下:

借:生产成本——辅助生产成本——运输车间　　2 200
　　　　　　　　　　　　　　——供水车间　　2 800
　制造费用——基本生产车间　　113 000
　管理费用　　38 440
　贷:生产成本——辅助生产成本——运输车间　　77 960
　　　　　　　　　　　　　　　——供水车间　　78 480

6. 归集和分配制造费用

(1)制造费用总额＝48 000＋28 000＋42 000＋8 000＋21 540＋113 000＝260 540(元)

(2)根据基本生产车间制造费用明细账和甲、乙两种产品的生产工时,编制制造费用分配表,如表 9－14 所示。

表 9－14　制造费用分配表

201×年 8 月　　　　金额单位:元

应借账户		分配标准(生产工时)	分配率	应分配金额
总账账户	明细账户			
生产成本——基本生产成本	甲产品	5 200		135 480.80
	乙产品	4 800		125 059.20
合　计		10 000	26.0540	260 540

注:制造费用分配率＝260 540÷10 000＝26.0540。

根据表 9－14,编制会计分录如下:

借:生产成本——基本生产成本——甲产品　　135 480.80
　　　　　　　　　　　　　　——乙产品　　125 059.20
　贷:制造费用——基本生产车间　　260 540

7. 根据有关费用分配表登记基本生产成本明细账

基本生产成本明细账如表9－15、表9－16所示。

表9－15　基本生产成本明细账(一)

产品名称:甲产品　　201×年8月　　金额单位:元

201×年		凭证号数	摘　要	成本项目			合　计
月	日			直接材料	直接人工	制造费用	
8	1		月初在产品成本	72 000	30 000	25 600	127 600
8	31		材料费用分配表(表9－8)	478 000			478 000
	31		职工薪酬分配表(表9－9)		58 240		58 240
	31		制造费用分配表(表9－14)			135 480.80	135 480.80
			生产费用合计	550 000	88 240	161 080.80	799 320.80
			分配率	229.17	44.12	80.54	353.83
	31		结转完工产品成本	366 667.2	70 592	128 864	566 123.20
	31		月末在产品成本	183 332.8*	17 648*	32 216.80*	233 197.6*

注:*标注数字为倒挤计算结果。

各项费用分配率的计算如下:

直接材料分配率＝550 000÷(1 600＋800)＝229.17

直接人工分配率＝88 240÷(1 600＋800×50%)＝44.12

制造费用分配率＝161 080.80÷(1 600＋800×50%)＝80.54

表9－16　基本生产成本明细账(二)

产品名称:乙产品　　201×年8月　　金额单位:元

201×年		凭证号数	摘　要	成本项目			合　计
月	日			直接材料	直接人工	制造费用	
8	1		月初在产品成本	44 000	24 000	12 000	80 000
8	31		材料费用分配表(表9－8)	402 000			402 000
	31		职工薪酬分配表(表9－9)		53 760		53 760
	31		制造费用分配表(表9－14)			125 059.20	125 059.20
			生产费用合计	446 000	77 760	137 059.20	660 819.20
			分配率	159.29	33.81	59.59	252.69
	31		结转完工产品成本	286 722	60 858	107 262	454 842
	31		月末在产品成本	159 278*	16 902*	29 797.20*	205 977.20*

注:*标注数字为倒挤计算结果。

各项费用分配率的计算如下:

直接材料分配率＝446 000÷(1 800＋1000)＝159.29

直接人工分配率 = 77 760 ÷ (1 800 + 1 000 × 50%) = 33.81

制造费用分配率 = 137 059.20 ÷ (1 800 + 1 000 × 50%) = 59.59

8. 根据各产品的基本生产成本明细账，编制完工产品成本汇总

完工产品成本汇总表如表 9－17 所示。

表 9－17　完工产品成本汇总表

201×年 8 月　　　　金额单位：元

成本项目	甲产品(1 000 件)		乙产品(1 800 件)	
	总成本	单位成本	总成本	单位成本
直接材料	366 667.20	229.17	286 722	159.29
直接人工	70 592	44.12	60 858	33.81
制造费用	128 864	80.54	107 262	59.59
合　计	566 123.20	353.83	454 842	252.69

根据表 9－17 编制会计分录如下：

借：库存商品——甲产品　　566 123.20

　　　　　——乙产品　　454 842

　贷：生产成本——基本生产成本——甲产品　　566 123.20

　　　　　　　　　　　　　　——乙产品　　454 842

小　结

本模块主要介绍了品种法的概念、特点和适用范围，并通过实例介绍了品种法计算成本的基本程序。品种法是产品成本计算的基本方法，是按照产品的品种归集生产费用、计算产品成本的一种方法，主要适用于大量大批单步骤生产，或者管理上不要求分步骤提供成本资料的多步骤生产。品种法要求按月定期进行成本计算，成本计算期与会计报告期一致，与产品的生产周期不一致。如果月末没有在产品或在产品数量很少，为简化核算，可不计算月末在产品成本；如果月末在产品数量较大，则需在完工产品与月末在产品之间分配生产费用。

思考题

1. 什么是产品成本计算品种法？这种方法有何特点？

2. 品种法适用于哪些类型的企业？

3. 简述品种法的成本计算程序。

练习题

一、单项选择题

1. 产品成本计算品种法是一种(　　)计算产品成本的方法。

A. 按产品品种、不按产品批别、按各生产步骤的各种产品

B. 按产品类别、不按产品批别和产品生产步骤

C. 按产品品种、不按产品批别和产品生产步骤

D. 按产品品种、产品批别和产品生产步骤

2. 品种法就是(　　)。

A. 简易成本计算法

B. 按照产品品种和生产步骤计算产品成本的方法

C. 按照产品品种计算产品成本的方法

D. 单一法

3. 品种法适用于(　　)。

A. 大量生产

B. 成批生产

C. 单件小批生产

D. 大量大批的单步骤生产和管理上不要求分步骤计算成本的大量大批多步骤生产

4. 品种法的根本特点是(　　)。

A. 以产品品种为成本计算对象

B. 成本计算一般要按月进行

C. 月末一般应根据具体情况处理在产品成本

D. 不分步骤计算产品成本

二、多项选择题

1. 品种法适用于(　　)。

A. 单件单步骤生产

B. 大量大批生产规模较小的多步骤生产

C. 大量大批单步骤生产

D. 大量大批按流水线组织的多步骤生产

2. 品种法可用于(　　)。

A. 小批单件生产

B. 大批大量单步骤生产

C. 管理上不要求分步骤计算成本的多步骤生产

D. 多步骤生产

3. 简化的品种法适用的情况有(　　)。

A. 产品单一

B. 没有或很少有在产品

C. 大量大批生产工艺过程是单步骤生产

D. 多品种、小批量

三、判断题

1. 采用品种法计算产品成本，月末应采用适当的分配方法，将生产费用在完工产品和月末在产品之间进行分配。(　　)

2. 品种法的成本计算期与会计报告期一致，一般与生产周期不一致。(　　)

3. 品种法亦可称为简单法或单一法、简易成本计算法。(　　)

4. 不论什么样的工业企业,不论什么生产类型的产品生产,也不论成本管理要求如何,最终都必须按产品品种来算出产品成本。(　　)

5. 一般地说,水泥厂、造纸厂、发电厂、采矿业都是大量生产,适合采用品种法计算产品成本。(　　)

模块十　分批法

学习目标

1. 掌握分批法的概念、特点、适用范围。
2. 熟悉分批法成本计算的基本程序，熟练运用分批法进行产品成本计算。
3. 了解简化分批法的特点及应用。

情景案例

丰源公司生产计划部门依据客户订单下达生产任务，按生产批号组织生产。201×年9月产品生产情况如下：

(1)1001号甲产品25件，7月投产，9月全部完工。

(2)1003号乙产品18件，9月投产，尚未完工。

(3)1005号丙产品22件，8月投产，本月完工14件，其余8件尚未完工。

三种产品的原材料均是在生产开始时一次投入。假如你是该企业的成本核算员，如何计算9月完工产品的成本？

任务一　分批法概述

一、分批法的特点和适用范围

(一)分批法的特点

成本计算的分批法又称"订单法"，是以产品的批别或订单为成本计算对象来归集生产费用、计算产品成本的一种成本计算方法，是产品成本计算方法中的基本方法之一。其特点主要体现在以下三个方面：

(1)以产品批别(或订单、生产通知单)作为成本计算对象。

分批法要求为每批次或每一订单开设产品成本明细账(或成本计算单)，并按照成本项目开设专栏，汇集该批或该订单产品的生产费用。凡能直接计入各批成本计算对象的直接材料、直接人工、废品损失等，应根据记账凭证，直接计入该批别产品成本明细账；凡不能直接计入各批别的间接生产费用，如制造费用、共用材料等，应按照一定标准在各批别之间进行分配,再计入有关批别的产品成本明细账。产品批号一般根据客户的订单确定,但产品的批号与订单并不完全相同。当订单数量较大,超过企业的一次性生产能力时,可将一张订单分成多个批号组织生产;若同一时期不同订单要求生产同种产品,在企业生产能力范围内,可将它们合并为一批组织生产;若生产大型复杂产品,如大型机械制造,因其价值大、生产周期长,也可按其零部件分批组织生产。

由此可见,分批法成本计算的批次,应根据客户的要求和生产组织的需要灵活确定,通常是根据企业的内部订单,即生产通知单来划分批次,确定成本计算对象。

(2)以每批或每一订单产品的生产周期作为成本计算期。

在分批法下,按产品批别组织生产,各批产品因生产的复杂程度、数量、要求各不相同,各批别的生产周期也就不同。有的批别当月投产、当月完工;有的批别需要几个月甚至跨年度才能完工。因此,分批法成本计算期就因各批别的生产周期而异。有的当月即可结转并计算完工成本,有的几个月甚至跨年才能结转并计算完工成本。因此,其成本计算期是不确定的,与会计报告期不一致,而与生产周期相一致。但是,采用分批法计算产品成本时,各批产品发生的费用仍应按月归集核算。

(3)月末一般不需在完工产品和在产品之间分配生产费用。

月末,如果某批或某一订单产品已经全部完工,归集在该批或该订单上的生产费用就是完工产品的总成本,如果尚未完工,就是在产品成本,一般不存在把生产费用在完工产品和在产品之间进行分配的问题。只有在小批生产的产品跨月陆续完工的情况下,才需要将归集的生产费用在完工产品与在产品之间进行分配。如果小批生产的批量不大,批内产品陆续完工的情况不多,可以将完工产品暂按计划成本、定额成本或上批实际成本计算并进行结转,待该批产品全部完工后,再合并计算其实际总成本和单位成本。如果批内产品跨月完工的情况较多,月末批内完工产品的数量占全部批量的比重大,为了提高产品成本计算的准确性,则应根据具体条件采用适当的分配方法,将该批产品已发生的生产费用在完工产品与在产品之间进行分配,计算完工产品成本和月末在产品成本。为了减少在完工产品与月末在产品之间分配费用的工作,提高成本计算的正确性和及时性,在合理组织生产的前提下,也可以适当缩小产品的批量,以较小的批量分批投产,尽量使同一批的产品能够同时完成,避免跨月陆续完工的情况。但是缩小产品批量应有一定的限度,否则会使生产组织不合理、不经济,从而加大核算的工作量。

(二)分批法的适用范围

分批法通常适用于小批单件的复杂生产,产品种类经常更新的小规模制造厂,专门进行修理业务的工厂,以及新产品试制车间,如重型机械、船舶、精密仪器和专用设备、专用工具、建筑安装工程的生产和施工、新产品试制、来料加工和修理作业等。在小批单件生产的企业中,产品的品种和每批产品的批量往往根据需用单位的订单确定。

二、分批法的成本计算程序

(1)按产品批别设置基本生产成本明细账、辅助生产成本明细账,账内按成本项目设置专栏,按车间设置制造费用明细账。

（2）根据各生产费用的原始凭证或原始凭证汇总表和其他有关资料，编制各种要素费用分配表，分配各要素费用并登账。

对于各批产品所耗用的原材料、职工薪酬等费用，一般根据原始凭证或要素费用分配表按产品批别列示，并计入各个批别产品成本明细账中的直接材料、直接人工成本项目中；至于在车间内发生的各项其他费用（如间接耗用材料、管理人员薪酬、折旧费、办公费等），一般先按不同的车间进行归集，记入制造费用账户中，待月末按适当的方法进行分配。

（3）分配辅助生产费用。月末编制“辅助生产费用分配表”，按受益对象分配辅助生产费用，并据以登记有关成本费用明细账。

（4）月末编制“制造费用分配表”，并据以计入各个批别产品成本明细账中的制造费用成本项目中。

（5）月末根据完工批别产品的完工通知单，汇总完工批别基本生产成本明细账中所归集的生产费用，计算出该批完工产品的总成本和单位成本并转账；如月末有部分产品完工，部分未完工，则将所归集的生产费用采用适当的方法在完工产品与月末在产品之间进行分配，计算出该批已完工产品的总成本和单位成本。

任务二　分批法举例

分批法的特点及成本计算程序前面已述，现以亿达工厂的成本计算为例，介绍分批法在实际工作中的一般运用。

一、企业的基本情况

亿达工厂按照购买单位的要求，成批生产甲、乙两种产品，采用分批法计算各批产品成本。201×年5月，该厂的生产情况和生产费用相关资料如下：

1. 本月同时生产三个批次的产品

（1）批号1001——甲产品8台，3月投产，本月全部完工。

（2）批号2001——甲产品20台，4月投产，本月完工12台，未完工8台。

（3）批号2002——乙产品16台，本月投产，计划6月完工，本月提前完工4台，其余尚未完工。

2. 有关成本资料

（1）月初，在产品成本资料如表10－1所示。

表10－1　在产品成本资料

201×年5月　　　　单位：元

批号	直接材料	直接人工	制造费用	合计
1001	13 120	21 680	3 560	38 360
2001	25 720	32 300	7 780	65 800

（2）根据费用分配表，汇总各批产品本月发生的生产费用，见表10－2。

表 10－2 各批产品生产费用汇总表

单位:元

批号	直接材料	直接人工	制造费用	合计
1001		12 260	1 940	14 200
2001		19 880	5 460	25 340
2002	18 720	27 840	6 020	52 580

(3)完工产品与在产品之间费用的分配方法。

2001 批号甲产品,原材料在生产开始时一次投入。由于 5 月末完工产品数量较大,原材料费用可按照完工产品和在产品的实际数量比例分配。其他费用采用约当产量法在完工产品与在产品之间进行分配,在产品完工程度为 50%。

2002 批号乙产品,本月完工 4 台,为简化核算工作,完工产品按计划成本计算转出。每台计划成本为:直接材料 1 160 元,直接人工费用 1 532 元,制造费用 328 元,合计 3 020 元。

二、成本计算的程序

根据亿达工厂上述各项资料,登记各批产品成本明细账,具体见表 10－3 至表 10－5。

表 10－3 产品成本明细账

产品批号:1001　　投产日期:3 月 21 日

产品名称:甲产品　　完工日期:5 月 28 日

产量:8 台　　单位:元

摘　要	直接材料	直接人工	制造费用	合　计
月初在产品成本	13 120	21 680	3 560	38 360
本月生产费用		12 260	1 940	14 200
生产费用合计	13 120	33 940	5 500	52 560
完工产品成本	13 120	33 940	5 500	52 560
完工产品单位成本	1 640	4 242.5	687.5	6 570

表 10－4 产品成本明细账

产品批号:2001　　投产日期:4 月 11 日

产品名称:甲产品(本月完工 12 台)　　完工日期:6 月

产量:20 台　　单位:元

摘　要	直接材料	直接人工	制造费用	合　计
月初在产品成本	25 720	32 300	7 780	65 800
本月生产费用		19 880	5 460	25 340
生产费用合计	25 720	52 180	13 240	91 140
分配率	1 286	3 261.25	827.5	5 374.75
完工 12 台产品的成本	15 432	39 135	9 930	64 497

续表

摘　要	直接材料	直接人工	制造费用	合　计
完工产品单位成本	1 286	3 261.25	827.5	5 374.75
月末在产品成本	10 288	13 045	3 310	26 643

直接材料分配率 = 25 720 ÷ (12 + 8) = 1 286

直接人工分配率 = 52 180 ÷ (12 + 8 × 50%) = 3 261.25

制造费用分配率 = 13 240 ÷ (12 + 8 × 50%) = 827.5

表 10－5　产品成本明细账

产品批号:2002　　投产日期:5 月 3 日

产品名称:乙产品　　完工日期:6 月

产量:16 台　　单位:元

摘　要	直接材料	直接人工	制造费用	合　计
本月生产费用	18 720	27 840	6 020	52 580
每台计划成本	1 160	1 532	328	3 020
完工 4 台产品成本	4 640	6 128	1 312	12 080
月末在产品成本	14 080	21 712	4 708	40 500

在分批法下,如果批内产品跨月陆续完工的情况不多,完工产品数量占全部批量的比重很小,为简化核算工作,可以按计划单位成本、单位定额成本或最近一期相同产品的实际单位成本计算产品的成本,然后用所归集的总的生产费用减掉完工产品成本,即为在产品成本。

任务三　简化的分批法

一、简化分批法的特点

前述分批法中,对于当月发生的各项费用,包括直接材料费用、直接人工及制造费用等,都要在当月各批次产品之间进行分配,然后计入各批次产品成本明细账,而不论其是否完工。这种分配方法一般适用于企业组织生产的批次不多,且各月未完工批次较少的企业。而在有些小批、单件生产的企业或车间里,同一月内投产的产品批数有时很多,几十批甚至上百批,而实际每月完工的批数并不多。在这种情况下,如果仍将当月发生的各项生产费用全部分配给各批产品,而不论各批产品完工与否,费用分配的核算工作将非常繁重。因此,为了简化核算工作,这类企业或车间可采用不分批计算在产品的分批法,也叫人工及制造费用的累计分配法或简化的分批法。其成本计算特点如下:

(1)生产成本明细账的设置。

采用这一方法,仍按照产品的批别设置生产成本明细账,但在各批产品完工之前,账内只按月登记直接费用和耗用工时,不必按月登记各项间接费用,而是将各项间接费用和工时累计起来,到产品完工时,才按照完工产品累计工时的比例在各批完工产品之间进行分配。各批完工产品应负担的间接费用可按下列公式计算:

$$\text{全部产品累计间接费用分配率}=\frac{\text{月初累计间接费用余额}+\text{本月间接费用发生额}}{\text{月初在产品累计工时数}+\text{本月发生工时数}}$$

$$\text{批完工产品应负担间接费用}=\text{该批完工产品累计工时}\times\text{全部产品累计间接费用分配率}$$

小提示

在简化的分批法下,只有“直接材料费用”是直接费用,不需要进行分配。

(2)各批产品的在产品成本只分成本项目,以总数登记在专设的基本生产成本二级账中。

采用这一方法,必须在基本生产成本账下增设一个基本生产成本二级账。其主要作用在于:①按月提供企业或车间全部产品累计的生产费用和生产工时资料。②在有完工产品的月份,按照上述计算公式计算和登记全部产品累计间接计入费用分配率,然后根据完工产品累计生产工时和累计间接计入费用分配率,计算和登记完工产品应负担的累计间接计入费用,并计算完工产品成本。③以全部产品累计生产费用减去本月完工产品总成本,计算和登记月末各批在产品总成本。

简化的分批法,其优点是简化间接费用分配的手续,但由于各批未完工产品的明细账中未计入应负担的间接费用,因而不能完整地反映各批未完工产品的在产品成本,同时,间接费用不是每月在各批次产品之间进行分配,而是按照完工月份的分配率一次分配计入完工产品的,因此,各月间接费用水平相差悬殊的情况下,就会影响各月在产品成本的正确性,如果月末未完工产品的批数不多,也不宜采用这种方法。因此,这种简化的分批法适用于同一月份投产的产品批数很多而月末未完工批数较多的企业,否则,多批产品仍然要分配登记各项间接费用,工作量并没有减少很多;它还适用于各月发生的间接计入费用水平相差不多的情况,否则会使计算结果发生较大的偏差。

二、简化分批法举例

下面通过案例分析说明简化分批法的应用。

【资料1】鸿源企业小批生产多种产品(原材料于生产开始时一次投入),由于生产批数较多,为简化成本计算工作,采用分批法计算产品成本。该企业201×年9月的产品批别如下:

(1)1001批甲产品10件,7月投产,本月完成。

(2)2001批乙产品15件,8月投产,本月完成。

(3)2002批丙产品8件,8月投产,本月完工2件。

(4)3001批丁产品12件,9月投产,尚未完工。

201×年9月,该企业上述4种产品的月初在产品成本如表10-6所示。

表 10－6　月初在产品成本

单位:元

产品批别	累计工时(小时)	直接材料	直接人工	制造费用
累计总数	29 000	30 000	22 000	15 000
1001 批甲产品	11 000	9 500		
2001 批乙产品	13 000	12 000		
2002 批丙产品	5 000	8 500		

【资料 2】9 月,四种产品生产工时总数为 17 000 小时,其中,甲产品 3 900 小时,乙产品 6 700小时,丙产品 3 100 小时,丁产品 3 300 小时。本月发生的直接人工费用总数、制造费用总数分别为 12 960 元、8 920 元;丁产品开工,投入原材料 24 000 元。

【资料 3】为简化核算工作,月末在产品一律视同完工产品分配生产费用。

根据上述资料,企业开设并登记"基本生产成本二级账"和各批次的"基本生产成本明细账",具体内容见表 10－7 至表 10－11。

表 10－7　基本生产成本二级账

201×年 9 月

201×年		摘　要	生产工时(小时)	直接材料	直接人工	制造费用	合计
月	日						
9	1	月初在产品成本	29 000	30 000	22 000	15 000	67 000
	30	本月发生费用	17 000	24 000	12 960	8 920	45 880
	30	生产费用合计	46 000	54 000	34 960	23 920	112 880
	30	累计间接计入费用分配率			0.76	0.52	
	30	完工产品成本转出					
	30	月末在产品成本					

直接人工累计分配率 = 34 960 ÷ 46 000 = 0.76

制造费用累计分配率 = 23 920 ÷ 46 000 = 0.52

总的完工产品累计工时 = 14 900 + 19 700 + 2 025 = 36 625(小时)

总的完工产品直接材料费用 = 9 500 + 12 000 + 2 125 = 23 625(元)

总的完工产品直接人工费用 = 36 625 × 0.76 = 27 835(元)

总的完工产品制造费用 = 36 625 × 0.52 = 19 045(元)

月末在产品成本 = 累计生产费用 － 转出完工产品成本

直接材料费用 = 54 000 － 23 625 = 30 375(元)

直接人工费用 = 34 960 － 27 835 = 7 125(元)

制造费用 = 23 920 － 19 045 = 4 875(元)

月末在产品累计工时 = 46 000 － 36 625 = 9 375(小时)

表 10－8　基本生产成本明细账(一)

批号:1001　　　　　　　　　　　　　　　　　　　　开工日期:7 月
产品名称:甲产品　　　　　　　　　　　　　　　　　完工日期:9 月
批量:10 件　　　　　　　　　　　　　　　　　　　金额单位:元

201×年		摘　要	生产工时	直接材料	直接人工	制造费用	合计
月	日						
8	31	8—9 月发生	11 000	9 500			
9	30	本月发生	3 900				
	30	本月累计	14 900	9 500			
	30	累计间接费用分配率			0.76	0.52	
	30	本月转出完工产品成本	14 900	9 500	11 324	7 748	28 572
	30	完工产品单位成本		950	1 132.4	774.8	2 857.2

完工产品应负担的直接人工费用＝14 900×0.76＝11 324(元)

完工产品应负担的制造费用＝14 900×0.52＝7 748(元)

表 10－9　基本生产成本明细账(二)

批号:2001　　　　　　　　　　　　　　　　　　　　开工日期:8 月
产品名称:乙产品　　　　　　　　　　　　　　　　　完工日期:9 月
批量:15 件　　　　　　　　　　　　　　　　　　　金额单位:元

201×年		摘　要	生产工时	直接材料	直接人工	制造费用	合计
月	日						
8	31	8 月发生	13 000	12 000			
9	30	本月发生	6 700				
	30	本月累计	19 700	12 000			
	30	累计间接费用分配率			0.76	0.52	
	30	本月转出完工产品成本	19 700	12 000	14 972	10 244	37 216
	30	完工产品单位成本		800	998.13	682.93	2 481.06

完工产品应负担的直接人工费用＝19 700×0.76＝14 972(元)

完工产品应负担的制造费用＝19 700×0.52＝10 244(元)

表 10-10　基本生产成本明细账(三)

批号:2002　　开工日期:8 月
产品名称:丙产品　　完工日期:9 月
批量:8 件(完工 2 件)　　金额单位:元

201×年		摘　要	生产工时	直接材料	直接人工	制造费用	合计
月	日						
8	31	8 月发生	5 000	8 500			
9	30	本月发生	3 100				
	30	本月累计	8 100	8 500			
	30	累计间接费用分配率			0.76	0.52	
	30	本月转出完工产品成本	2 025	2 125	1 539	1 053	4 717
	30	完工产品单位成本		1 062.50	769.50	526.50	2 358.50

完工产品所耗工时 = 8 100 ÷ 8 × 2 = 2 025(小时)
完工产品应负担的直接人工费用 = 2 025 × 0.76 = 1 539(元)
完工产品应负担的制造费用 = 2 025 × 0.52 = 1 053(元)
完工产品的直接材料费 = 8 500 ÷ 8 × 2 = 2 125(元)

表 10-11　基本生产成本明细账(四)

批号:3001　　开工日期:9 月
产品名称:丁产品　　完工日期:
批量:12 件　　金额单位:元

201×年		摘　要	生产工时	直接材料	直接人工	制造费用	合计
月	日						
9	30	本月发生	3 300	24 000			

小提示

采用这种方法,各批号完工产品之间分配间接费用的工作以及完工产品与月末在产品之间分配间接费用的工作,都是利用累计间接费用分配表,到产品完工时合并在一起进行的。因此,这种简化的分批法也被称为累计间接计入费用分配法。

小　结

本模块主要介绍了分批法的概念、特点、使用范围、计算程序及简化分批法的核算等。分批法又称订单法,是以产品批号或订单号作为成本计算对象来归集和分配生产费用、计算各批产品成本的一种方法。在分批法下,产品成本计算期与产品生产周期基本一致,属于不定期计算产品成本法。这种方法适用于小批量、多品种的生产类型。如果企业生产批次和各月末完工批次都较多,也可以采用简化的分批法核算。简化分批法也称为累计分批法,采用这种方法,仍应按产品批号设立产品成本明细账,但同时还必须设置一个基本生产成本二级账。在各批产品完工以前,账内只需按月登记直接计入费用和生产工时,而不必按月分配、登记该项间接计入费用,只在有完工产品的那个月份才分配间接计入费用,计算、登记各完工产品的成本。

思考题

1. 分批法的特点和适用范围分别是什么?

2. 分批法的成本核算程序是怎样的?

3. 什么是简化分批法?适用于什么情况?

4. 简化分批法下为什么必须设立基本生产成本二级账?该账簿有何特殊作用?

练习题

一、单项选择题

1. 如果对同一种产品进行分批轮番生产,则其产品成本明细账按(　　)设置。

A. 该产品　　　　B. 产品批别

C. 产品工艺过程　　　　D. 该产品的生产步骤

2. 采用分批法,会计部门应根据生产计划部门下达的(　　)设立产品成本明细账。

A. 产品品种　　　　B. 产品种类

C. 产品批号　　　　D. 产品完工的时间

3. 在小批生产批内产品跨月陆续完工不多的情况下,采用(　　)在完工产品和月末在产品之间分配生产费用。

A. 简化的分批法　　　　B. 约当产量比例法

C. 不计算在产品成本法　　　　D. 简化的分配方法

4. 按产品所用零件的批别计算各批零件的成本,再将各批产品所耗各种零件的成本和装配成本汇总起来,计算各批产品成本的方法,称为(　　)。

A. 零件分批法　　　　B. 简化的分批法

C. 零件分步法　　　　D. 分批法

5. 在简化分批法下,间接费用的分配是利用(　　),到产品完工时合并一次完成。

A. 累计生产费用分配率　　　　B. 累计直接费用分配率

C. 累计制造费用分配率　　　　D. 累计间接费用分配率

6. 采用简化分批法,在各批产品完工之前,各批产品成本明细账中按月登记(　　)。

A. 直接计入费用

B. 直接计入费用、间接计入费用和生产工时

C. 直接计入费用和生产工时

D. 直接计入费用、在产品成本和生产工时

7. 分批法适用于(　　)。

A. 大量大批生产　　　　B. 大量大批多步骤生产

C. 大量大批单步骤生产　　　　D. 小批单件生产

8. 在简化分批法下，必须设置产品成本二级账，登记(　　)

A. 间接费用和生产工时　　B. 定额工时

C. 直接费用　　D. 期间费用

9. 在简化分批法下，在产品完工以前，产品成本明细账(　　)。

A. 只登记间接费用和生产工时　　B. 只登记原材料费用

C. 不需登记任何费用　　D. 只登记直接费用和生产工时

10. 产品成本计算的分批法适用于(　　)。

A. 小批单件生产　　B. 大量大批多步骤生产

C. 大批单件生产　　D. 大量大批单步骤生产

二、多项选择题

1. 产品成本计算的分批法，其产品批别可以按(　　)确定。

A. 一张订单中的不同产品　　B. 需用单位的订单

C. 一张订单中的产品组成部分　　D. 相同产品的不同订单

2. 在分批法下，如果批内产品跨月陆续完工的情况不多，先完工产品可以按(　　)从产品成本明细账中转出。

A. 定额单位成本　　B. 实际单位成本

C. 历年相同产品的平均单位成本　　D. 计划单位成本

3. 基本生产成本二级账中月末在产品的各项直接费用和生产工时，可以根据(　　)。

A. 各该累计的直接费用和生产工时分别减去本月完工产品的各该直接费用和生产工时计算登记

B. 各批产品成本明细账中月末在产品的各该直接费用和生产工时分别汇总登记

C. 各批产品成本明细账中月初在产品的各该直接费用和生产工时分别汇总登记

D. 各批产品成本明细账中月末在产品的生产费用和生产工时分别汇总登记

4. 基本生产成本二级账中月末在产品的各项间接费用，可以根据(　　)。

A. 本月发生的间接费用登记

B. 月初在产品的间接费用登记

C. 月末在产品生产工时分别乘以各该费用的累计分配率计算登记

D. 各该费用的累计数减去完工产品的相关费用计算登记

5. 下列情况中，适宜采用简化分批法的是(　　)。

A. 投产批数多，完工批数多　　B. 投产批数多，完工批数少

C. 投产批数少　　D. 各月间接费用水平相差不多

6. 采用简化分批法，基本生产成本二级账中(　　)。

A. 登记月初在产品成本和生产工时

B. 登记本月发生的各项生产费用和生产工时

C. 计算累计间接费用分配率

D. 计算完工产品总成本、月末在产品成本和生产工时

7. 采用累计间接费用分配法必须具备的条件有(　　)。

A. 各月间接费用水平比较均衡　　B. 各月间接费用水平相差较大

C. 月末未完工产品批数较少　　D. 月末未完工产品批数较多

8. 下列适宜用分批法计算产品成本的有(　　)。

A. 专用设备的制造　　B. 供电企业

C. 小批单件生产　　D. 成批生产

9. 在简化的分批法下,各项间接计入费用累计分配率是(　　)。

A. 在各批完工产品之间分配各项费用的依据

B. 在完工批别与月末在产品批别之间分配各项费用的依据

C. 在某批产品的完工产品与月末在产品之间分配各项费用的依据

D. 全部产品该累计间接计入费用与全部产品累计生产工时之比

10. 简化的分批法的特点是(　　)。

A. 每月发生的各项间接计入费用,不是按月在各批完工产品之间进行分配

B. 每月发生的各项间接计入费用,不是按月在各批在产品之间进行分配

C. 累计间接计入费用,在产品完工时,按完工产品累计生产工时比例,在各批完工产品之间进行分配

D. 各月不在完工产品与在产品之间分配费用

三、判断题

1. 零件分批法在自制零件种类不多或已经实现电算化的企业采用。(　　)

2. 简化的分批法,就是不分批计算在产品成本的分批法、累计生产费用分批法。(　　)

3. 简化的分批法必须设置基本生产成本二级账,其他的成本计算方法可以不设立基本生产成本二级账。(　　)

4. 简化的分批法下,某项累计间接费用分配率等于全部产品该项累计间接费用除以全部完工产品累计生产工时。(　　)

5. 在简化的分批法下,生产费用的横向分配工作和纵向分配工作,到月末一起进行。(　　)

6. 在简化的分批法下,在各该批产品完工以前,基本生产成本二级账需登记本月发生的生产工时和本月发生的生产费用。(　　)

7. 单件小批生产企业,产品的品种和每批产品的批量往往根据订货单位的订单确定,因而按照产品批别计算产品成本,往往也就是按照订货单位的订单计算产品成本。(　　)

8. 在分批法下,要对成本计算对象做具体分析。同一种产品也有可能进行分批生产,这也要求分批计算产品成本。(　　)

9. 在分批法下,成本计算期与会计报告期基本一致,而与产品生产周期不一致。(　　)

10. 在分批法下,生产成本只需按产品批别或订单及生产通知单设置明细账,不需按生产基本环节设置明细账。(　　)

模块十一　分步法

学习目标

1. 了解分步法的含义、特点及适用范围。
2. 掌握逐步结转分步法的成本计算程序。
3. 掌握综合结转分步法的成本计算及成本还原。
4. 掌握平行结转分步法的成本计算。

情景案例

兴皖服装厂下设裁剪、缝纫和平整三个生产车间，产品生产经过三个车间顺序加工完成。裁剪完工的产品直接转入缝纫车间，缝纫完工的产品直接转入平整车间，平整完工的产品可入库后直接对外销售。请问：该企业应采用何种方法计算完工产品的成本？

任务一　分步法概述

一、分步法的概念、特点及适用范围

（一）分步法的概念及适用范围

分步法是按照产品的品种和生产步骤来归集生产费用、计算产品成本的一种方法。这种方法主要适用于管理上要求分步骤计算成本的大量大批多步骤生产，如冶金、纺织、机械制造等。在这类企业中，产品生产可以分为若干个生产步骤的成本管理。例如，纺织企业的生产可以分为纺纱、织布、印染等步骤；冶金企业的生产可以分为炼铁、炼钢、轧钢等步骤；机械制造企业的生产可分为铸造、加工、装配等步骤。为了加强各生产步骤的成本管理，不仅要按照产品品种归集生产费用、计算产品成本，而且还要按照产品的生产步骤归集生产费用、计算各步骤的产品成本，以便为分析和考核各种产品及各生产步骤成本计划的执行情况提供资料。

二、分步法的特点

（1）以该产品及其所经过的各个生产步骤为成本计算对象。

采用分步法计算产品成本时，应按照产品的生产步骤设立产品成本明细账。如果只生

产一种产品,成本计算对象就是该种产品及其所经过的各生产步骤,产品成本明细账应该按照产品的生产步骤开立。如果生产多种产品,成本计算对象则应是各种产成品及其所经过的各生产步骤,产品成本明细账应该按照每种产品的各个步骤开立。在进行成本计算、分配和归集时,各生产步骤、各种产品发生的直接计入费用,直接计入各有关的产品成本计算对象;发生的间接计入费用,应采用一定的标准分配计入各有关的产品成本计算对象。

(2)成本计算定期按月进行。

在大量大批生产的企业里,原材料投入后,经过各个生产步骤的加工,产品连续不断地往下移动。生产过程较长,可以间断,产品往往是跨月陆续完工。因此,成本计算期一般都是按月、定期地进行,成本计算期与生产周期不一致,而与报告期相一致。

(3)月末一般需要将生产费用在完工产品和在产品之间进行分配。

在大量大批多步骤生产的产品中,由于生产过程较长,可以间断,成本计算一般都是按月进行,与产品的生产周期不相一致。因而,在月末计算产品成本时,各生产步骤一般都存在未完工的在产品。这样,为了计算完工产品成本和月末在产品成本,还需要根据企业的具体情况,采用适当的方法,将归集在产品成本明细账的费用在完工产品与月末在产品之间进行分配,以计算完工产品成本和月末在产品成本。

(4)计算和结转产品各步骤成本。

在多步骤生产企业,由于产品的生产是分步骤进行的,上一个步骤生产的半成品是下一个步骤的加工对象。因此,为了计算各种产品的产成品成本,还需要按照产品品种,结转各步骤成本。也就是说,在采用分步法计算产品成本时,需要计算和结转产品的各步骤成本,以便加强各步骤的成本管理。这是分步法最重要的特点。

二、分步法的种类

采用分步法计算产品成本,由于各企业生产工艺过程的特点和成本管理对各步骤成本资料的要求不同(要不要计算半成品成本),各生产步骤成本的计算和结转采用两种不同的方法,即逐步结转和平行结转。因而,产品成本计算的分步法也就相应地分为逐步结转分步法和平行结转分步法。

任务二　逐步结转分步法

一、逐步结转分步法概述

(一)逐步结转分步法的概念和适用范围

逐步结转分步法也称计算半成品成本法,是按照产品加工步骤的顺序,逐步结转半成品成本,上一个步骤的半成品成本随着半成品实物的结转而结转到下一个生产步骤的产品成本中,直至最后一个生产步骤,计算出产成品成本的一种方法。

这种方法适用于大量大批连续式复杂生产的企业。

在采用大量大批连续式生产类型的企业,有的产品制造过程是由一系列循序渐进的、性质不同的加工步骤所组成。例如，纺织企业的生产可以分为纺纱、织布、印染等生产步骤；造纸企业的生产可以分为制浆、制纸等生产步骤；冶金企业的生产可以分为炼铁、炼钢等生产步骤；机械制造企业的生产可以分为铸造、加工、装配等生产步骤。在这些企业的生产中，从原材料投入到产品制成，中间要经过几个生产步骤的逐步加工，前面各步骤生产的都是半成品，只有最后步骤生产的才是产成品。为了加强对各生产步骤成本的管理，往往要求不仅按产品的品种计算各种产成品的实际总成本和单位成本，而且还要求按生产步骤归集生产费用，计算各生产步骤的半成品成本。在这种生产类型的企业中，有些企业不仅把产成品作为商品产品对外销售，而且生产步骤的半成品也经常作为商品产品对外销售。例如，钢铁厂的生铁、钢锭等都经常对外销售。为了计算对外销售半成品的成本，全面考核和分析商品产品成本计划的完成情况，就需要计算这些半成品的成本。还有些企业生产的半成品是为本企业生产的几种产品所耗用。例如，机械厂所产的铸件，可以用来生产各种机械产品。为了分别计算产成品的成本，也需要计算这些半成品的成本。

综上所述，逐步结转分步法就是为了计算半成品成本而采用的一种分步法。因此，这种方法也称为计算半成品成本分步法。

（二）逐步结转分步法的特点

逐步结转分步法除具有分步法的一般特点外，还有以下特点：

(1)能够提供各种产成品及其所经过的各生产步骤的半成品的成本资料。

计算产品成本时，可以按照品种法来计算各步骤的半成品成本和最后步骤的产成品成本。所以分步法实际上是几个品种法的连接应用。

(2)费用的分配按狭义上的在产品进行。

采用逐步结转分步法，各生产步骤的产品成本计算单中归集的生产费用，月末在本步骤完工半成品(最后步骤为产成品)与本步骤在产品进行分配时，在产品是狭义的，即月末实际结存在各步骤的在产品。本步骤的完工产品，既包括本步骤完工入库的(产成品库或半成品库)，也包括直接转入下一生产步骤继续加工的。

(3)半成品成本的结转与半成品实物的转移相一致。

采用逐步结转分步法，上一个步骤的半成品成本随着半成品实物的转移而结转到下一个生产步骤的相同产品成本计算单。各步骤生产的半成品完工以后，如果不是为了下一步骤立即使用，而是通过半成品库收发，则应设置“自制半成品”账户及其明细账户。

(4)综合结转分步法根据需要进行成本还原。

采用综合结转分步法结转成本，各步骤所耗半成品成本是以“直接材料”、“原材料”或“自制半成品”项目反映的。这样计算出来的产品成本，不符合企业产品成本的实际情况。因此，如果管理上要求从整个企业的角度分析和考核产品成本的构成情况和水平，就需要进行成本还原。

二、逐步结转分步法的程序

(1)按照产品的生产步骤建立产品成本计算单或设置产品成本明细账，据以汇集各步骤产品发生的各项生产费用。

(2)月末,将第一步骤产品成本计算单上归集的生产费用在完工半成品和月末在产品之间进行分配,计算第一步骤完工的半成品成本和月末在产品成本。

(3)如果半成品完工后不通过半成品库收发,而是直接转入下一个步骤继续加工,这时,半成品成本则在各步骤成本计算单之间直接转移;如果半成品通过半成品库收发,则应设置"自制半成品"账户及其明细账进行核算。在下一个步骤领用半成品时,按照存货发出的计价方法进行计价。

(4)将第一步骤完工的半成品成本结转到第二生产步骤的直接材料或自制半成品项目,加上第二步骤的加工费用,计算出第二生产步骤的完工半成品成本和月末在产品成本;再随着半成品实物的转移,向第三步骤结转。如此逐步结转,直至最后一个生产步骤计算出产成品的成本。

根据逐步结转分步法下半成品入库的情况不同,上述计算程序可以用图 11－1 和图 11－2 来表示。

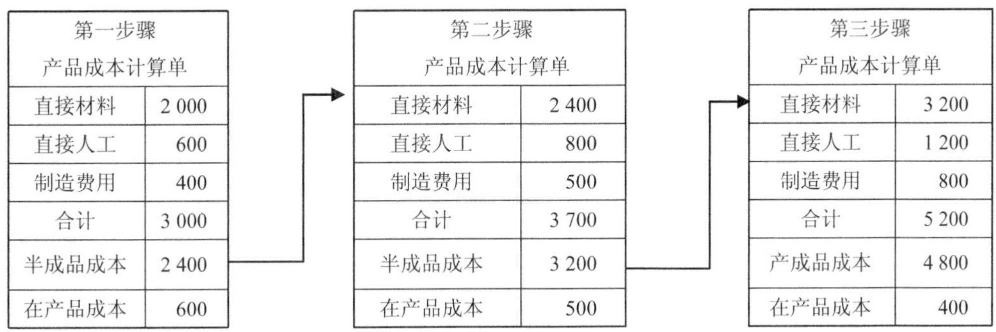

图 11－1　半成品不通过半成品库收发

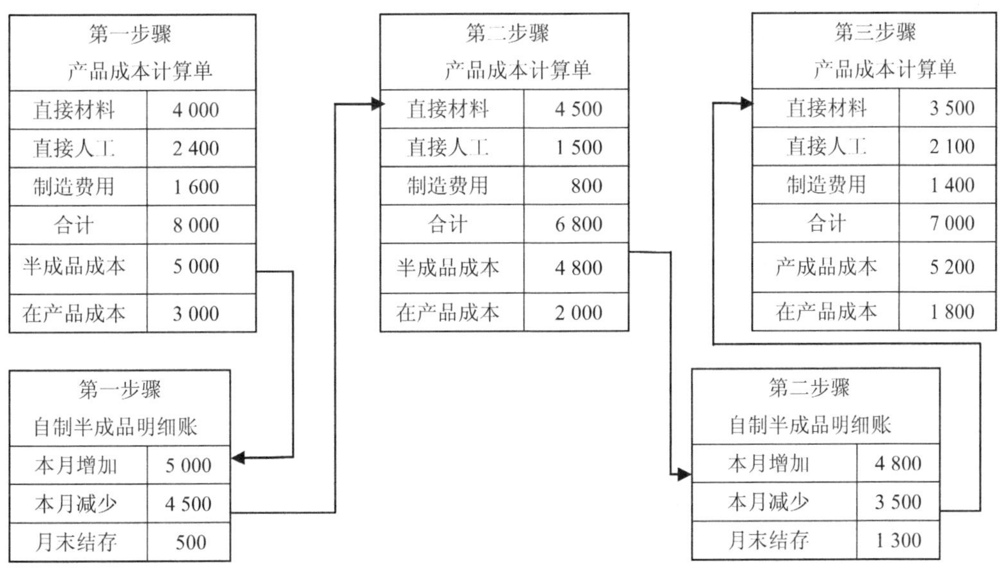

图 11－2　半成品通过半成品库收发

三、逐步结转分步法举例

按照结转的半成品成本在下一个生产步骤产品成本明细账中的反映方法，逐步结转分步法可以分为综合结转法和分项结转法。

（一）综合结转法

综合结转法是将各步骤耗用上一步骤的半成品成本，以“直接材料”、“原材料”或专设的“自制半成品”成本项目综合计入各步骤的产品成本计算单中。综合结转时，可以按照半成品的实际成本结转，也可以按照半成品的计划成本或定额成本结转。

1. 半成品按实际成本综合结转

采用这种方法，各步骤所耗上一步骤的半成品费用，应根据所耗半成品的实际数量乘以半成品的实际单位成本计算。由于各月所产半成品的实际单位成本不同，因而所耗半成品的实际单位成本的计算，可根据企业的实际情况，选择先进先出法、月末一次加权平均法等方法计算。以全月一次加权平均法为例，其计算公式如下：

$$加权平均单位成本=\frac{月初结存半成品实际成本+本月收入半成品实际成本}{月初结存半成品数量+本月收入半成品数量}$$

$$本月发出半成品成本=本月发出半成品数量\times加权平均单位成本$$

$$月末结存半成品成本=月末结存半成品数量\times加权平均单位成本$$

为了提高各生产步骤成本计算的及时性，在半成品月初余额较大、本月所耗半成品全部或大部分是以前月份所产的情况下，本月所耗半成品费用也可以按上月末半成品的加权平均单位成本计算。

【例 11－1】兴皖企业大量生产甲产品，该产品顺序经过三个加工步骤连续加工，最后形成产成品。原材料在开始生产时一次投入，其他费用陆续发生。各步骤完工的半成品直接交下一步骤加工，不通过半成品库收发。该企业采用逐步结转分步法计算产品成本，半成品成本按实际成本综合结转，各步骤在产品成本采用约当产量法计算，各步骤在产品的完工程度均按 50% 计算。甲产品的产量记录和有关费用见表 11－1 和表 11－2。

（1）产量资料：

表 11－1　各步骤产量记录　　单位：件

项　目	第一生产步骤	第二生产步骤	第三生产步骤
月初在产品	100	40	140
本月投入或上步骤转入	600	500	400
本月完工	500	400	500
月末在产品	200	140	40

(2)费用资料:

表 11－2　各步骤生产费用　　单位:元

项　目	步　骤	直接材料	自制半成品	直接人工	制造费用	合计
月初在产品成本	第一步骤	9 000		1 100	1 900	12 000
	第二步骤		6 000	960	1 040	8 000
	第三步骤		35 000	7 700	6 300	49 000
本月生产费用	第一步骤	54 000		12 100	20 900	87 000
	第二步骤			21 600	23 400	45 000
	第三步骤			49 500	40 500	90 000

根据上述资料,采用综合结转分步法计算各步骤半成品成本和产成品成本,编制产品成本计算单,如表 11－3、表 11－4 和表 11－5 所示。

表 11－3　产品成本计算单(一)

生产步骤:第一步骤

产品名称:甲 A 半成品　　201×年 10 月　　完工产量:500 件

项　目	直接材料	直接人工	制造费用	合　计
月初在产品成本	9 000	1 100	1 900	12 000
本月生产费用	54 000	12 100	20 900	87 000
生产费用合计	63 000	13 200	22 800	99 000
半成品单位成本	90	22	38	150
完工半成品成本	45 000	11 000	19 000	75 000
月末在产品成本	18 000	2 200	3 800	24 000

表 11－3 中有关成本计算如下:

1)单位成本计算:

$$单位产品直接材料成本 = \frac{9\ 000 + 54\ 000}{500 + 200} = 90(元)$$

$$单位产品直接人工成本 = \frac{1\ 100 + 12\ 100}{500 + 200 \times 50\%} = 22(元)$$

$$单位产品制造费用单位成本 = \frac{1\ 900 + 20\ 900}{500 + 200 \times 50\%} = 38(元)$$

2)转出半成品成本计算:

半成品直接材料成本＝500×90＝45 000(元)

半成品直接人工成本＝500×22＝11 000(元)

半成品制造费用成本＝500×38＝19 000(元)

3)月末在产品成本计算:

在产品直接材料成本＝90×200＝18 000(元)

在产品直接人工成本 = 22 × 200 × 50% = 2 200(元)

在产品制造费用成本 = 38 × 200 × 50% = 3 800(元)

表 11-4 产品成本计算单(二)

生产步骤:第二步骤

产品名称:甲 B 半成品　　201×年 10 月　　完工产量:400 件

项　目	自制半成品	直接人工	制造费用	合　计
月初在产品成本	6 000	960	1 040	8 000
本月生产费用	75 000	21 600	23 400	120 000
生产费用合计	81 000	22 560	24 440	128 000
半成品单位成本	150	48	52	250
完工半成品成本	60 000	19 200	20 800	100 000
月末在产品成本	21 000	3 360	3 640	28 000

表 11-4 中有关成本计算如下:

1)单位成本计算:

单位自制半成品项目成本 = (6 000 + 75 000) ÷ (400 + 140) = 150(元)

单位产品直接人工成本 = (960 + 21 600) ÷ (400 + 140 × 50%) = 48(元)

单位产品制造费用单位成本 = (1 040 + 23 400) ÷ (400 + 140 × 50%) = 52(元)

2)转出半成品成本计算:

半成品自制半成品项目成本 = 400 × 150 = 60 000(元)

半成品直接人工成本 = 400 × 48 = 19 200(元)

半成品制造费用成本 = 400 × 52 = 20 800(元)

3)月末在产品成本计算:

在产品自制半成品项目成本 = 150 × 140 = 21 000(元)

在产品直接人工成本 = 48 × 140 × 50% = 3 360(元)

在产品制造费用成本 = 52 × 140 × 50% = 3 640(元)

表 11-5 产品成本计算单(三)

生产步骤:第三步骤

产品名称:甲产成品　　201×年 10 月　　完工产量:500 件

项　目	自制半成品	直接人工	制造费用	合　计
月初在产品成本	35 000	7 700	6 300	49 000
本月生产费用	100 000	49 500	40 500	190 000
生产费用合计	135 000	57 200	46 800	239 000
单位成本	250	110	90	450
完工产成品成本	125 000	55 000	45 000	225 000
月末在产品成本	10 000	2 200	1 800	14 000

表 11－5 中有关成本计算如下：

1）单位成本计算：

$$单位产品自制半成品项目成本=\frac{35\ 000+100\ 000}{500+40}=250（元）$$

$$单位产品直接人工成本=\frac{7\ 700+49\ 500}{500+40\times50\%}=110（元）$$

$$单位产品制造费用单位成本=\frac{6\ 300+40\ 500}{500+40\times50\%}=90（元）$$

2）产成品成本计算：

产成品自制半成品项目成本＝500×250＝125 000（元）

产成品直接人工成本＝500×110＝55 000（元）

产成品制造费用成本＝500×90＝45 000（元）

3）月末在产品成本计算：

在产品自制半成品项目成本＝250×40＝10 000（元）

在产品直接人工成本＝110×40×50%＝2 200（元）

在产品制造费用成本＝90×40×50%＝1 800（元）

根据甲产品成本计算单和产成品入库凭证，结转完工产品成本，编制会计分录如下：

借：库存商品——甲产品　　225 000

　贷：生产成本——基本生产成本——甲产品　　225 000

采用逐步结转分步法，各步骤所耗上一步骤的半成品成本，除了采用实际成本结转外，还可以根据各步骤所耗半成品的数量和制定的半成品的计划单位成本计入产品成本计算单中，待各步骤成本计算完成后，再将耗用半成品的计划成本调整为实际成本。具体计算方法这里不再赘述。

2. 综合结转的成本还原

采用综合结转分步法，无论是按照实际成本还是按照计划成本进行结转，各生产步骤的半成品成本都是以“直接材料”、“原材料”或“自制半成品”来综合反映的。这样计算出来的产成品成本不能提供按原始成本项目反映的成本资料。逐步综合结转后，表现在产品成本中的绝大部分费用是最后一个步骤所耗的半成品费用，而直接人工和制造费用只是最后一个步骤发生的，在产品成本中所占比重很小。显然，这不符合产品成本构成的实际情况，不能据以从整个企业角度考核和分析产品成本的构成和水平。因此，在管理上要求从整个企业角度考核和分析产品成本的构成和水平时，还应将综合结转算出的产成品成本进行成本还原。

所谓成本还原，是将产成品成本所耗的半成品综合成本逐步分解，还原成为直接材料、直接人工和制造费用等原始成本项目，从而求得按原始成本项目反映的产成品成本资料。

成本还原的方法是，从最后一个生产步骤开始，将其所耗上一生产步骤的半成品成本，按照上一生产步骤所产半成品的成本构成，自后向前逐步分解还原成直接材料、直接人工、制造费用等原始成本项目的成本，直到第一生产步骤为止；然后，将各生产步骤相同成本项目的成本数额加以汇总，就可以求得成本还原后的产成品成本，即按原来成本项目反映的产品成本。成本还原恢复了产成品成本的实际构成情况，但不会增加或减少产成品的实际总成本。

成本还原的方法有两种：

(1)半成品成本还原分配率还原法。

在实际工作中，按照反工艺顺序逐步将产成品成本中的自制半成品成本还原，可以通过计算成本还原分配率来进行。

半成品成本还原分配率还原法，是指按照各步骤耗用半成品总成本占上一步骤完工半成品总成本的比重还原，即先确定产成品成本中半成品综合成本占上一步骤本月所产该种半成品的比例，然后以此比例分别乘以上一步骤所产该种半成品各成本项目的成本，即可将耗用半成品的综合成本进行分解、还原。以此类推，直到半成品综合成本全部还原为原始成本项目为止。

成本还原分配率，是指本月产成品所耗上一步骤半成品费用与该步骤本月所产半成品成本的比率，用公式表示为：

$$\text{半成品成本还原分配率}=\frac{\text{本月产成品所耗上一步骤的半成品成本合计}}{\text{本月所产该种半成品的成本合计}}$$

还原为某成本项目金额 = 本月生产该种半成品成本中该成本项目金额 × 还原分配率

还原后的产成品总成本 = 半成品成本项目还原费用 + 最后步骤完工产品成本中的其他费用

【例 11 - 2】以前例中的甲产品成本计算资料说明成本还原的计算方法。编制还原计算表，见表 11 - 6。

表 11 - 6　产品成本还原计算表

201 × 年 10 月　　　　产品产量:500 件

项　目	成本还原率	第二步骤半成品 B	第一步骤半成品 A	直接材料	直接人工	制造费用	合计
还原前产成品成本		125 000			55 000	45 000	225 000
第二步半成品成本			(60 000)		(19 200)	(20 800)	(100 000)
第一次成本还原	1.25		75 000		24 000	26 000	125 000
第一步半成品成本				(45 000)	(11 000)	(19 000)	(75 000)
第二次成本还原	1			45 000	11 000	19 000	75 000
还原后产成品成本				45 000	90 000	90 000	225 000
产成品单位成本				90	180	180	450

表 11 - 6 中成本还原各步骤的计算过程如下：

第一步，计算 B 半成品的成本还原率。

$$\text{B 半成品的成本还原率}=\frac{125\ 000}{100\ 000}=1.25$$

第二步，用 B 半产品的成本还原率乘以本月所产 B 半成品成本 40 000 元中的各成本项目，进行第一次成本还原。分解出：

A 半成品成本 =60 000 ×1.25 =75 000(元)

直接人工 =19 200 ×1.25 =24 000(元)

制造费用 =20 800 ×1.25 =26 000(元)

第三步,对分解出的 A 半成品成本 75 000 元进行进一步还原,计算还原分配率。

$$还原分配率 = \frac{75\ 000}{75\ 000} = 1$$

第四步,用 A 半成品的成本还原率乘以本月所产 A 半成品成本 75 000 元的各成本项目,进行第二次成本还原。分解出:

直接材料 =45 000 ×1 =45 000(元)

直接人工 =11 000 ×1 =11 000(元)

制造费用 =19 000 ×1 =19 000(元)

第五步,将分解后的各成本项目金额分别相加,计算出还原后的产成品总成本,除以产成品产量,计算出产成品单位成本。

(2)半成品成本项目比重还原法。

成本项目比重还原法是指按半成品成本项目占全部成本的比重还原。采用这种方法时,首先要确定各步骤完工的半成品中各成本项目占完工半成品成本的比重,然后将产成品成本中的半成品成本乘上前一个步骤该种半成品的各成本项目的比重,就可以把半成品综合成本进行分解。以此类推,直到半成品综合成本全部还原为原始成本项目。成本还原的计算公式如下:

$$某成本项目的比重 = \frac{本期完工半成品成本中该项目的成本}{本期完工半成品的成本}$$

还原为某成本项目的成本 = 产成品成本中的半成品成本 × 该成本项目的比重

【例 11 -3】仍以例 11 -1 的资料计算出来的甲产品成本为例,说明其成本还原的计算方法,见表 11 -7。

表 11 -7　产成品成本还原计算表

201 ×年 5 月　　　　产品产量:500 件

成本项目	第三步骤成本				第二步骤成本			总成本	单位成本
	还原前成本	二步骤成本比重	还原金额	还原后成本	一步骤成本比重	还原金额	还原后成本		
直接材料					60	45 000	45 000	45 000	90
自制半成品	125 000	60	75 000	75 000					
直接人工	55 000	19.2	24 000	79 000	14.67	11 000	90 000	90 000	180
制造费用	45 000	20.8	26 000	71 000	25.33	19 000	90 000	90 000	180
合计	225 000	100	125 000	225 000	100	75 000	225 000	225 000	450

因本例中甲产品经过三个生产步骤生产完成,所以需要进行产品成本的二次还原。

表 11 -7 中各项目数字的计算过程如下:

第一步,对甲成品所耗第二步骤 B 半成品成本进行还原。

首先,计算第二步骤本月完工的 B 半成品成本 100 000 元中各项目的比重。

$$自制半成品成本(B半成品)比重 = \frac{60\ 000}{100\ 000} = 60\%$$

$$直接人工成本比重 = \frac{19\ 200}{100\ 000} = 19.2\%$$

$$制造费用成本比重 = \frac{20\ 800}{100\ 000} = 20.8\%$$

其次,用计算出的各成本项目比重分别乘以产成品成本中自制半成品成本项目 125 000 元(产成品成本中的半成品成本)。还原各成本项目:

A 自制半成品成本 = 125 000 × 60% = 75 000(元)

直接人工成本 = 125 000 × 19.2% = 24 000(元)

制造费用成本 = 125 000 × 20.8% = 26 000(元)

第二步,对甲产品所耗第一步骤 A 半成品成本进行还原。

在 B 半成品分解出的 A 半成品 75 000 元,还不是原始的成本项目,它包含了直接材料、直接人工、制造费用等内容。为此,需要按照相同的成本还原方法进行分解还原。

首先,计算第一步骤本月完工的 A 自制半成品成本 75 000 元的成本项目比重。

$$直接材料成本比重 = \frac{45\ 000}{75\ 000} = 60\%$$

$$直接人工成本比重 = \frac{11\ 000}{75\ 000} = 14.67\%$$

$$制造费用成本比重 = \frac{19\ 000}{75\ 000} = 25.33\%$$

其次,用计算出的各成本项目比重分别乘以 A 半成品成本 75 000 元,还原各成本项目。

直接材料成本 = 75 000 × 60% = 45 000(元)

直接人工成本 = 75 000 × 14.67% = 11 000(元)

制造费用成本 = 75 000 × 25.33% = 19 000(元)

第三步,将分解后的各成本项目的金额加总,计算出还原后的产成品总成本,除以产成品产量,即可求得产成品单位成本。

综上所述,可以看出,采用综合结转分步法结转半成品成本,半成品成本的结转同实物结转相一致,随着半成品成本的逐步结转,半成品成本越来越大。同时,从各步骤的产品成本计算单中可以看出,各步骤产品所耗上一步骤半成品费用的水平和本步骤加工费用的水平,这有利于各生产步骤的成本管理。但如果管理上要求提供按原始成本项目反映的产成品成本资料,成本还原工作则比较繁重。因此,这种结转方法只适宜在管理上要求计算各步骤完工产品所耗半成品费用而不要求进行成本还原的情况下采用。

(二)分项结转法

分项结转法是指上一步骤的半成品成本按照成本项目分项转入下一生产步骤产品成本明细账(或产品成本计算单)的各个成本项目中。

在这种成本结转方式下,各生产步骤成本计算单中不再设置“自制半成品”成本项目,下一生产步骤耗用上一步骤的半成品成本，按其原始项目由上一生产步骤一一对应结转到下一生产步骤相同的成本项目中。如果半成品通过半成品库收发，在自制半成品明细账中登记半成品成本时，也要按成本项目分别登记。为了反映所耗用的上一生产步骤半成品的成本，在成本计算单各成本项目中，应将所耗用的上一生产步骤的半成品成本与本生产步骤发生的成本分开反映。

分项结转分步法可以按照半成品的实际成本结转，也可以按照半成品的计划成本结转，然后按成本项目分项调整成本差异。由于后一种做法的计算工作量较大，因而一般多采用按实际成本分项结转的方法。

【例 11－4】承【例 11－1】中甲产品的生产费用资料，如表 11－8 所示，其他资料不变。

表 11－8　各步骤生产费用

单位：元

项　目	步骤	直接材料	直接人工	制造费用	合　计
月初在产品成本	第一步骤	9 000	1 100	1 900	12 000
	第二步骤	6 000	960	1 040	8 000
	第三步骤	35 000	7 700	6 300	49 000
本月生产费用	第一步骤	54 000	12 100	20 900	87 000
	第二步骤		21 600	23 400	45 000
	第三步骤		49 500	40 500	90 000

根据上述资料，采用分项结转分步法计算各生产步骤的半成品成本和最后步骤的产成品成本，编制第一、第二和第三步骤的产品成本计算单，见表 11－9、表 11－10 和表 11－11。

表 11－9　产品成本计算单(一)

生产步骤：第一步骤

产品名称：甲 A 半成品　　2013×年 10 月　　完工产量：500 件

项　目	直接材料	直接人工	制造费用	合　计
月初在产品成本	9 000	1 100	1 900	12 000
本月生产费用	54 000	12 100	20 900	87 000
生产费用合计	63 000	13 200	24 800	101 000
半成品单位成本	90	22	38	150
完工半成品成本	45 000	11 000	19 000	75 000
月末在产品成本	18 000	2 200	3 800	24 000

表 11－9 中有关成本计算如下：

(1)单位成本计算：

$$单位产品直接材料成本 = \frac{9\ 000 + 54\ 000}{500 + 200} = 90(元)$$

$$单位产品直接人工成本 = \frac{1\ 100 + 12\ 100}{500 + 200 \times 50\%} = 22(元)$$

$$单位产品制造费用单位成本 = \frac{1\ 900 + 20\ 900}{500 + 200 \times 50\%} = 38(元)$$

(2)转出半成品成本计算：

半成品直接材料成本 =500×90 =45 000(元)

半成品直接人工成本 =500×22 =11 000(元)

半成品制造费用成本 =500×38 =19 000(元)

(3)月末在产品成本计算：

在产品直接材料成本 =90×200 =18 000(元)

在产品直接人工成本 =22×200×50% =2 200(元)

在产品制造费用成本 =38×200×50% =3 800(元)

表 11 -10　产品成本计算单(二)

生产步骤：第二步骤

产品名称：甲 B 半成品　　　　201×年 10 月　　　　完工产量：400 件

项　目	直接材料	直接人工	制造费用	合　计
月初在产品成本	6 000	960	1040	8 000
本月本步骤发生费用	—	21 600	23 400	45 000
耗用上步骤半成品成本	45 000	11 000	19 000	75 000
费用合计	51 000	33 560	43 440	128 000
单位成本	94.44	71.4	92.43	258.27
完工半成品成本	37 776	28 560	36 972	103 308
月末在产品成本	13 224	5 000	6 468	24 692

表 11 -10 中有关成本计算如下：

(1)单位成本计算：

$$单位直接材料成本 = \frac{6\ 000 + 45\ 000}{400 + 140} = 94.44(元)$$

$$单位产品直接人工成本 = \frac{960 + 21\ 600 + 11\ 000}{400 + 140 \times 50\%} = 71.4(元)$$

$$单位产品制造费用单位成本 = \frac{1\ 040 + 23\ 400 + 19\ 000}{400 + 140 \times 50\%} = 92.43(元)$$

(2)转出半成品成本计算：

半成品直接材料成本 =400×94.44 =37 776(元)

半成品直接人工成本 =400×71.4 =28 560(元)

半成品制造费用成本 =400×92.43 =36 972(元)

(3)月末在产品成本计算：

在产品直接材料成本 =6 000 +45 000 -37 776 =13 224(元)

在产品直接人工成本 =960 +21 600 +11 000 -28 560 =5 000(元)

在产品制造费用成本 =1 040 +23 400 +19 000 -36 972 =6 468(元)

表 11－11　产品成本计算单

生产步骤:第三步骤

产品名称:甲产成品　　　　201×年 10 月　　　　完工产量:500 件

项　目	直接材料	直接人工	制造费用	合　计
月初在产品成本	35 000	7 700	6 300	49 000
本月本步骤发生费用	—	49 500	40 500	90 000
耗用上步骤半成品成本	37 776	28 560	36 972	103 308
费用合计	72 776	85 760	83 772	242 308
单位成本	134.77	164.92	161.1	460.79
完工产品总成本	67 385	82 460	80 550	230 395
月末在产品成本	5 391	3 300	3 222	11 913

表 11－11 中有关成本计算如下:

(1)单位成本计算:

$$单位产品直接材料成本=\frac{35\ 000+37\ 776}{500+40}=134.74(元)$$

$$单位产品直接人工成本=\frac{7\ 700+49\ 500+28\ 560}{500+40\times 50\%}=164.92(元)$$

$$单位产品制造费用单位成本=\frac{6\ 300+40\ 500+36\ 972}{500+40\times 50\%}=161.1(元)$$

(2)产成品成本计算:

产成品直接材料成本＝500×134.77＝67 385(元)

产成品直接人工成本＝500×164.92＝82 460(元)

产成品制造费用成本＝500×161.1＝80 550(元)

(3)月末在产品成本计算:

在产品直接材料成本＝35 000＋37 776－67 385＝5 391(元)

在产品直接人工成本＝7 700＋49 500＋28 560－82 460＝3 300(元)

在产品制造费用成本＝6 300＋40 500＋36 972－80 550＝3 222(元)

由此可以看出,采用分项结转分步法逐步结转半成品成本,可以直接提供按原始成本项目反映的产成品成本资料,不需要进行成本还原。但是,这种方法的成本结转工作比较复杂,而且在各步骤完工产品成本计算单中看不出所耗上一步骤半成品的费用和本生产步骤加工费用的水平,不便于进行完工产品的成本分析。因此,这种结转方法一般适用于管理上不要求分别提供各步骤完工的半成品费用和本步骤加工费用的资料,但要求按原始成本项目反映产品成本的企业。

采用逐步结转分步法的综合结转法并进行成本计算,具有以下优点:

(1)能提供各步骤的半成品成本资料及各步骤所耗上一步骤的半成品成本资料,全面反映各步骤生产耗费水平,有利于各步骤的成本管理。

(2)各步骤的成本随着半成品实物的转移而结转,有利于加强在产品的实物管理和资金管理。

但是,采用这一方法也存在不足:

(1)各步骤结转半成品成本,下一步骤需要等待上一步骤的成本计算资料,会影响成本计算的及时性。

(2)在需要按照原始成本项目反映产成品成本的企业 ,采用综合结转法,需要进行成本还原;采用分项结转法,各步骤成本计算的工作量较大,因而,不利于简化和加速成本计算工作。

任务三　平行结转分步法

一、平行结转分步法概述

(一)平行结转分步法的概念和适用范围

平行结转分步法也称不计算半成品成本法,是指在计算各步骤成本时,不计算各步骤所产半成品的成本,因而也不计算各步骤所耗上一步骤的半成品成本,而计算本步骤发生的生产费用及其应计入产成品成本费用份额,月末将各步骤应计入产成品成本的费用"份额"平行结转汇总,即可计算出该种产品的产成品成本。采用这种方法,可以简化和加速成本计算工作,因而它适用于大量大批多步骤装配式生产的企业,如机械制造、仪器仪表制造企业等。

在大量大批多步骤装配式企业的生产中,有的产品首先是对各种原材料平行地进行连续的加工,成为各种半成品和零部件,然后再装配成各种产成品。例如,机械制造企业的车间生产工艺过程设置铸工、锻工、加工、装配等车间。铸工车间利用生铁、钢、铜等各种原料熔铸各种铸件;锻工车间利用各种外购钢材锻造各种锻件。铸件和锻件都是用来进一步加工的毛坯。加工车间对各种铸件、锻件、外购半成品和外购材料进行加工,制造各种产品的零件和部件;然后转入装配车间进行装配,生产各种机械产品。由于在这类企业中各生产步骤所产半成品的种类很多,但半成品外售的情况却较少,管理上不要求计算半成品成本,因而为了简化和加速成本计算工作,可以不计算各步骤的半成品成本,也不计算各步骤所耗上一步骤的半成品成本,即各步骤之间不结转所耗的半成品成本,而只计算本步骤所发生的各项生产费用以及这些费用中应计入产成品成本中的"份额",再将各步骤应计入同一产成品成本的份额平行结转汇总,计算出该种产成品的成本。

综上所述,平行结转分步法就是不计算半成品成本而采用的一种分步法。因此,这种方法也称为不计算半成品成本分步法。

(二)平行结转分步法的特点

采用平行结转分步法除具有分步法的一般特点外,还具有以下特点:

(1)各生产步骤不计算半成品成本,只计算本步骤发生的生产费用。该方法以各种产成品及其所经过的各个生产步骤应计入产成品成本的费用"份额"作为成本计算对象,产品成本计算单应按产品品种分生产步骤设置。除第一生产步骤生产费用中包括所耗用的原材料和各项加工费用外,其他各步骤只计算本步骤发生的各项加工费用。

(2)各步骤之间不结转半成品成本。采用这一方法,由于不计算半成品的成本,因而半成品不论是在各步骤之间直接转移,还是通过半成品库收发,都不通过"自制半成品"账户进行价值核算,只需要进行自制半成品的数量核算。也就是说,半成品成本不随半成品实物的转移而结转。

(3)费用的分配在广义的在产品之间进行分配。为了正确计算各步骤应计入产成品成本的份额,应将各生产步骤发生的费用在完工产品与月末在产品之间进行分配。这里的完工产品是指企业最后步骤完工的产成品,完工产品费用是各生产步骤生产费用中应计入产成品成本的份额。在产品是指广义的在产品,包括:①尚在本步骤加工中的在产品;②本步骤已完工转入半成品库的半成品;③已从半成品库转到以后各步骤进一步加工、尚未最后制成的半成品。在产品费用也指的是广义在产品的费用。

(4)各步骤费用中应计入产成品成本中的“份额”是成本计算的关键。将各步骤费用中应计入产成品的“份额”平行结转,汇总计算该种产成品的总成本及各单位成本。

二、平行结转分步法的程序

(1)按照产品的生产步骤开设产品成本计算单或设置产品成本明细账,据以汇集各步骤产品发生的各项生产费用。

(2)月末,将各个步骤产品成本计算单中所归集的生产费用在产成品和广义在产品之间进行分配,计算出各步骤生产费用中应计入产成品成本的“份额”。

(3)将各步骤应计入产成品成本的“份额”平行汇总结转,计算本月产成品成本和单位成本。

(4)计算各步骤月末广义在产品的成本费用。计算公式如下:

某步骤月末在产品成本费用 = 该步骤月初在产品成本费用 + 该步骤本月发生生产费用 − 该步骤应计入产成品成本的费用份额

某种产品各步骤的月末在产品成本费用之和,即该种产品的月末广义在产品成本。

平行结转分步法的成本计算程序可以用图 11 − 3 来表示。

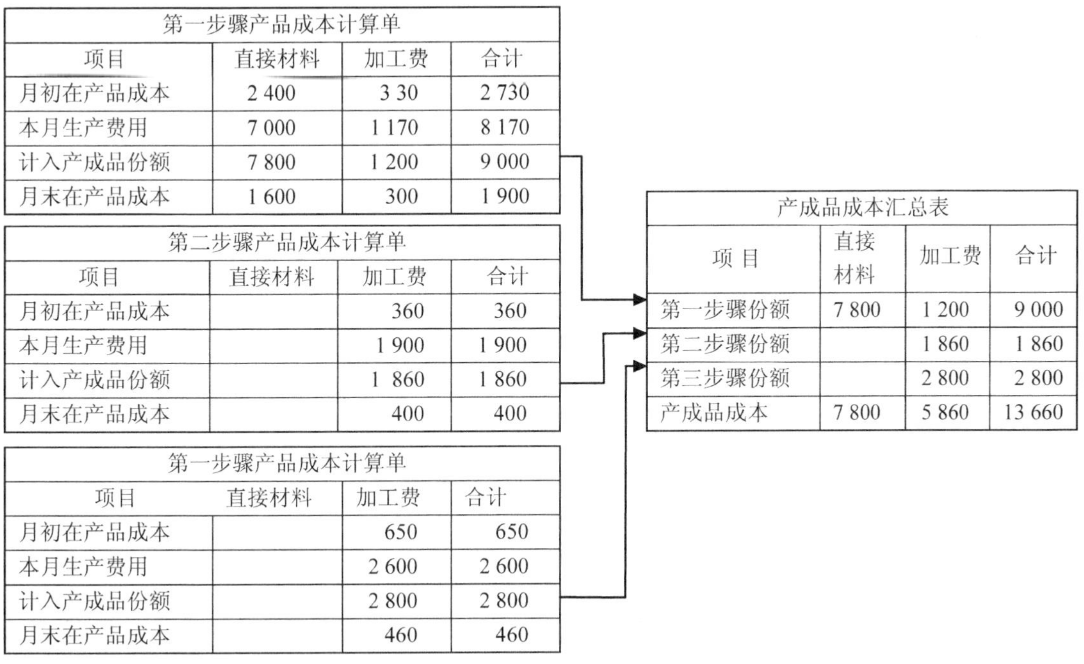

第一步骤产品成本计算单

项目	直接材料	加工费	合计
月初在产品成本	2 400	3 30	2 730
本月生产费用	7 000	1 170	8 170
计入产成品份额	7 800	1 200	9 000
月末在产品成本	1 600	300	1 900

第二步骤产品成本计算单

项目	直接材料	加工费	合计
月初在产品成本		360	360
本月生产费用		1 900	1 900
计入产成品份额		1 860	1 860
月末在产品成本		400	400

第一步骤产品成本计算单

项目	直接材料	加工费	合计
月初在产品成本		650	650
本月生产费用		2 600	2 600
计入产成品份额		2 800	2 800
月末在产品成本		460	460

产成品成本汇总表

项 目	直接材料	加工费	合计
第一步骤份额	7 800	1 200	9 000
第二步骤份额		1 860	1 860
第三步骤份额		2 800	2 800
产成品成本	7 800	5 860	13 660

图 11 − 3　平行结转分步法的成本计算程序

三、平行结转分步法举例

平行结转分步法下的完工产品成本等于各步骤应计入完工产品成本中的“份额”之和。正确确定各步骤应计入产成品成本的份额，即将每一步骤的生产费用在完工产品和广义在产品之间正确地进行分配，这是采用这一方法计算产成品成本时的关键所在。在这种方法下，各步骤产品成本计算单中归集的生产费用在产成品与该步骤的广义在产品之间进行分配时，可采用约当产量法或在产品按定额成本计价法。这里介绍约当产量法下的计算方法。其计算公式如下：

$$\text{某步骤应计入产成品成本的份额} = \text{产成品产量} \times \text{单位产成品耗用半成品数量} \times \text{该步骤完工半成品单位成本(费用)}$$

公式中“该步骤完工半成品”（最后步骤为完工产品，下同）的单位成本，可以根据完工半成品数量和月末在产品数量计算。其计算公式如下：

$$\text{某步骤完工半成品单位成本} = \frac{\text{该步骤月初在产品成本} + \text{该步骤本月生产费用}}{\text{该步骤完工半成品的约当产量}}$$

某步骤完工半成品的约当产量 = 最后步骤产成品耗用该步骤半成品数量 + 本月最终产成品数量 + 该步骤广义在产品约当产量

某步骤月末广义在产品约当产量 = 该步骤月末狭义在产品数量 × 在产品完工程度 + 以后各步骤月末狭义在产品数量

【例 11－5】某企业生产 A 产品，连续经过三个生产步骤进行加工，原材料在开始生产时一次投入，各步骤生产的半成品直接为下一个生产步骤耗用，不经过半成品库收发，管理上不要求计算半成品成本，所以采用平行结转分步法计算产品成本，各步骤应计入产成品成本的费用份额和广义在产品成本采用约当产量法计算。各步骤在产品完工程度均按 50% 计算。201 × 年 10 月有关的成本计算资料如表 11－12 和表 11－13 所示。

（1）产量资料：

表 11－12　各步骤产量记录

单位：件

项　目	第一生产步骤	第二生产步骤	第三生产步骤
月初在产品	100	40	140
本月投入或上步骤转入	600	500	400
本月完工	500	400	500
月末在产品	200	140	40

（2）费用资料：

表 11－13　各步骤生产费用

单位：元

项　目	步　骤	直接材料	直接人工	制造费用	合　计
月初在产品成本	第一步骤	25 200	5 060	8 740	39 000
	第二步骤	—	7 680	8 320	16 000
	第三步骤	—	7 700	6 300	14 000

续表

项　目	步　骤	直接材料	直接人工	制造费用	合　计
本月生产费用	第一步骤	54 000	12 100	20 900	87 000
	第二步骤	—	21 600	23 400	45 000
	第三步骤	—	49 500	40 500	90 000

根据上述资料,采用平行结转分步法计算 A 产品成本,编制产品成本计算单,如表 11－14、表 11－15 和表 11－16 所示。

表 11－14 中有关成本计算如下:

(1)约当产量的计算:

分配材料费用的约当产量＝140＋40＋200＝380(件)

分配其他费用的约当产量＝140＋40＋200×50%＝280(件)

(2)单位成本的计算:

$$单位产品直接材料费用=\frac{25\ 200+54\ 000}{500+380}=90(元)$$

表 11－14　产品成本计算单

生产步骤:第一步骤

产品名称:A 产品　　201×年 10 月　　完工产量:500 件

项　目	直接材料	直接人工	制造费用	合　计
月初在产品成本	25 200	5 060	8 740	39 000
本月生产费用	54 000	12 100	20 900	87 000
生产费用合计	79 200	17 160	29 640	126 000
单位成本	90	22	38	150
计入产成品份额	45 000	11 000	19 000	75 000
月末在产品成本	34 200	6 160	10 640	51 000

$$单位产品直接人工费用=\frac{5\ 060+12100}{500+280}=22(元)$$

$$单位产品制造费用=\frac{8\ 740+20\ 900}{500+280}=38(元)$$

(3)应计入产成品成本的份额计算:

直接材料成本份额＝500×90＝45 000(元)

直接人工成本份额＝500×22＝11 000(元)

制造费用成本份额＝500×38＝19 000(元)

(4)月末广义在产品成本:

直接材料成本＝79 200－45 000＝34 200(元)

直接人工成本＝17 160－11 000＝6 160(元)

制造费用成本＝29 640－19 000＝10 640(元)

表 11－15　产品成本计算单

生产步骤:第二步骤

产品名称:A 产品　　　　201×年 10 月　　　　完工产量:500 件

项　目	直接材料	直接人工	制造费用	合　计
月初在产品成本	—	7 680	8 320	16 000
本月生产费用	—	21 600	23 400	45 000
生产费用合计		29 280	31 720	61 000
单位成本		48	52	100
计入产成品份额		24 000	26 000	50 000
月末在产品成本		5 280	5 720	11 000

表 11－15 中有关成本计算如下:

(1)约当产量的计算:

分配加工费用约当产量＝40＋140×50%＝110(件)

(2)单位成本计算:

$$单位产品直接人工费用=\frac{7\ 680+21\ 600}{500+110}=48(元)$$

$$单位产品制造费用=\frac{8\ 320+23\ 400}{500+110}=52(元)$$

(3)应计入产成品成本的份额:

直接人工成本份额＝500×48＝24 000(元)

制造费用成本份额＝500×52＝26 000(元)

(4)广义在产品成本份额计算:

直接人工成本＝29 280－24 000＝5 280(元)

制造费用成本＝31 720－26 000＝5 720(元)

表 11－16　产品成本计算单

生产步骤:第三步骤

产品名称:A 产品　　　　201×年 10 月　　　　完工产量:500 件

项　目	直接材料	直接人工	制造费用	合　计
月初在产品成本	—	7 700	6 300	14 000
本月生产费用	—	49 500	40 500	90 000
生产费用合计		57 200	46 800	104 000
单位成本		110	90	200
计入产成品份额		55 000	45 000	100 000
月末在产品成本		2 200	1 680	3 880

表 11－16 中有关成本计算如下:

(1)约当产量计算:

分配加工费用约当产量 $=40\times50\%=20$(件)

(2)单位成本计算:

$$单位产品直接人工费用=\frac{7\ 700+49\ 500}{500+20}=110(元)$$

$$单位产品制造费用=\frac{6\ 300+40\ 500}{500+20}=90(元)$$

(3)应计入产成品成本的份额:

直接人工成本份额 $=500\times110=55\ 000$(元)

制造费用成本份额 $=500\times9=45\ 000$(元)

(4)广义在产品成本份额计算:

直接人工成本 $=57\ 200-55\ 000=2\ 200$(元)

制造费用成本 $=46\ 800-45\ 000=1\ 800$(元)

将各步骤应计入产成品成本的费用份额平行结转汇总,编制产成品成本汇总表,如表11－17所示。

表11－17　产成品成本汇总计算表

产品名称:A产品　　　　201×年10月　　　　产品产量:500件

项　目	直接材料	直接人工	制造费用	合　计
第一步骤转入份额	45 000	11 000	19 000	75 000
第二步骤转入份额	—	24 000	26 000	50 000
第三步骤转入份额	—	55 000	45 000	100 000
产成品成本	45 000	90 000	90 000	225 000
产成品单位成本	90	180	180	410

综上所述,采用平行结转分步法有以下优点:

(1)采用这一方法,各步骤可以同时进行产品成本计算,而不需要等待上一步骤半成品成本资料,将各步骤计入产品成本的份额平行结转、汇总计入产成品成本,不必结转半成品成本,加速和简化了成本计算工作。

(2)采用这一方法,产成品成本按成本项目直接平行汇总,能正确反映其原始成本结构,因而不必进行成本还原,有利于成本构成分析。

但是,采用这一方法各步骤不计算、不结转半成品成本,因而存在以下缺点:

(1)不能计算出各个生产步骤半成品的完整成本及各步骤所耗上一步骤的半成品成本资料,不能全面反映各步骤生产耗费水平,不利于各步骤的成本管理。

(2)各步骤间不结转半成品成本,半成品实物转移与半成品成本、结转相脱节,不能为各步骤在产品的实物管理和资金管理提供资料。

因此,采用平行结转分步法应加强各步骤在产品收发存的数量核算,以便为在产品的实物管理和资金管理提供资料。

小　结

本模块详细介绍了产品成本计算的分步法。分步法是按照产品的品种和生产步骤来归集生产费用、计算产品成本的一种方法。这种方法主要适用于管理上要求分步骤计算成本的大量大批多步骤生产。

采用分步法计算产品成本，由于各企业生产工艺过程的特点和成本管理对各步骤成本资料的要求不同(要不要计算半成品成本)，各生产步骤成本的计算和结转采用两种不同的方法:逐步结转和平行结转。因而，产品成本计算的分步法也就相应地分为逐步结转分步法和平行结转分步法。

产品成本计算的逐步结转分步法是本模块的重点内容之一。逐步结转分步法也称计算半成品成本法，是按照产品加工步骤的顺序，逐步结转半成品成本，上一步骤的半成品成本随着半成品实物的结转而结转到下一个生产步骤的产品成本中，直至最后一个生产步骤，计算出产成品成本的一种方法。这种方法适用于大量大批连续式复杂生产的企业。

按照结转的半成品成本在下一个生产步骤产品成本明细账中的反映方法，逐步结转分步法可以分为综合结转和分项结转两种方法。

综合结转法是将各步骤耗用上一步骤的半成品成本以"直接材料"、"原材料"或专设的"自制半成品"成本项目综合计入各步骤的产品成本计算单中。采用这种方法，如果需要了解原始成本构成，还需要进行成本还原。

所谓成本还原，是将产成品成本所耗的半成品综合成本逐步分解，还原成为直接材料、直接人工和制造费用等原始成本项目，从而求得按原始成本项目反映的产成品成本资料。

分项结转法是指上一步骤的半成品成本按照成本项目分项转入下一生产步骤产品成本明细账(或产品成本计算单)的各个成本项目中。

产品成本计算的平行结转分步法是本模块另一重点内容。平行结转分步法也称不计算半成品成本法，是指在计算各步骤成本时，不计算各步骤所产半成品的成本，因而也不计算各步骤所耗上一步骤的半成品成本，而计算本步骤发生的生产费用及其应计入产成品成本费用的份额，月末将各步骤应计入产成品成本的费用"份额"平行结转汇总，即可计算出该种产品的产成品成本。采用这种方法，可以简化和加速成本计算工作，因此它适用于大量大批多步骤装配式生产的企业。

思考题

1. 什么是分步法？简述其特点和适用范围。
2. 什么是逐步结转分步法？简述其特点、适用范围和成本计算程序。
3. 什么是平行结转分步法？简述其特点、适用范围和成本计算程序。
4. 什么是综合结转分步法？什么是分项结转分步法？
5. 什么是成本还原？为什么要进行成本还原？
6. 比较逐步结转分步法与平行结转分步法的优缺点及适用范围。

练习题

一、单项选择题

1. 不计算半成品成本的分步法是(　　)。

A. 综合结转分步法　　　　B. 分项结转分步法

C. 逐步结转分步法　　D. 平行结转分步法

2. 半成品实物转移与半成品成本转移相一致的成本计算方法是(　　)。

A. 品种法　　B. 分批法

C. 逐步结转分步法　　D. 平行结转分步法

3. 分步法中需要进行成本还原的方法是(　　)。

A. 综合结转分步法　　B. 分项结转分步法

C. 逐步结转分步法　　D. 平行结转分步法

4. 成本还原的对象是(　　)。

A. 产成品　　B. 各步骤所耗上一步骤的半成品成本

C. 最后步骤的产成品成本　　D. 各步骤半成品成本

5. 逐步结转分步法实际上是(　　)的多次连续使用。

A. 品种法　　B. 分批法

C. 分步法　　D. 分类法

6. 采用逐步结转分步法,如果半成品完工后通过半成品库收发,应设置(　　)账户。

A. 库存商品　　B. 在产品

C. 制造费用　　D. 自制半成品

7. 采用逐步结转分步法,在完工产品与月末在产品之间分配费用,是指在(　　)两者之间进行的费用分配。

A. 产成品与月末在产品

B. 完工半成品与月末加工中的在产品

C. 产成品与广义在产品

D. 前面步骤的完工半成品与加工中的在产品,最后步骤的产成品与加工中的在产品

8. 采用分步法计算产品成本时,生产成本明细账应按照(　　)设置。

A. 生产车间　　B. 生产步骤和产品品种

C. 生产批别　　D. 成本项目

9. 逐步结转分步法下,在产品的含义是指(　　)。

A. 自制半成品　　B. 返修品

C. 狭义在产品　　D. 广义在产品

10. 成本还原的对象是(　　)。

A. 各步骤半成品成本　　B. 产成品成本

C. 最后步骤的产成品成本　　D. 产成品成本中所耗上一步骤半成品费用

11. 平行结转分步法的特点是(　　)。

A. 各生产步骤所产半成品的种类很少

B. 各步骤只计算本步骤发生的各种费用及这些费用中应计入产成品成本的“份额”

C. 各步骤只计算本步骤发生的各种费用

D. 各步骤所产半成品的种类很少,因而不需计算半成品成本

12. 在平行结转分步法下,月初和本月生产费用总额是在(　　)之间进行分配。

A. 各步骤完工半成品与月末加工中的在产品

B. 各步骤完工半成品与广义在产品

C. 产成品与月末广义在产品

D. 产成品与月末狭义在产品

二、多项选择题

1. 采用逐步结转分步法时，半成品成本的计算和结转可以采用(　　)。

A. 综合结转分步法　　B. 分项结转分步法

C. 逐步结转分步法　　D. 平行结转分步法

2. 分步法中能够直接反映产成品成本的原始构成项目的成本计算方法是(　　)。

A. 综合结转分步法　　B. 分项结转分步法

C. 逐步结转分步法　　D. 平行结转分步法

3. 广义在产品是指(　　)。

A. 尚在本步骤加工中的在产品

B. 全部加工中的在产品和半成品

C. 转入各半成品库的半成品

D. 已从半成品库转到以后各步骤进一步加工、尚未最后制成的半成品

4. 采用综合结转分步法，应将各步骤所耗用的半成品成本，以(　　)项目综合计入其生产成本明细账中。

A. 直接材料　　B. 直接人工

C. 制造费用　　D. 自制半成品

5. 逐步结转分步法的特征有(　　)。

A. 管理上要求计算半成品成本　　B. 最后步骤计算的是产成品成本

C. 半成品实物转移与成本转移相一致　　D. 期末在产品是指狭义在产品

6. 平行结转分步法的特征有(　　)。

A. 管理上要求分步归集费用但不要求计算半成品成本

B. 期末在产品是指广义在产品

C. 没有自制半成品对外销售，不需要考核半成品成本

D. 将各步骤应计入相同产成品成本的份额平行汇总求得产成品成本

三、判断题

1. 采用逐步结转分步法，半成品成本的结转与半成品实物的结转相一致，因而有利于半成品的实物管理和在产品的资金管理。(　　)

2. 采用逐步结转分步法，完工产品是指最后步骤的产成品，在产品是指广义在产品。(　　)

3. 采用平行结转分步法，在产品是指广义在产品，半成品的实物转移，但成本不结转。(　　)

4. 综合结转半成品成本，有利于从企业角度分析和考核产成品成本结构。(　　)

5. 成本还原改变了产成品成本的构成，但不会改变产成品成本的总额。(　　)

6. 采用平行结转分步法，各步骤完工产品与在产品之间的费用分配都是指产成品与广义在产品之间的费用分配。(　　)

7. 采用分项结转分步法结转半成品成本，在各步骤完工半成品中看不出所耗上一步骤半成品的成本水平。(　　)

8. 综合结转分步法是将上一步骤转入下一步骤的半成品成本，不分成本项目，全部计入下一步骤产品成本计算单中“直接材料”或“自制半成品”成本项目。(　　)

9. 产品成本计算的分步法，是按照产品的生产步骤归集生产费用、计算产品成本，它主要适用于大量大批单步骤生产的企业。(　　)

10. 分步法的成本计算对象是各种产品的生产步骤和产品品种。(　　)

11. 在分步法下，如果生产多种产品，产品成本明细账应该按照每种产品的各个步骤开立。(　　)

12. 由于各个企业生产工艺过程的特点和成本管理对各步骤成本资料的要求不同，分步法可分为综合结转分步法和平行结转分步法两种。(　　)

13. 逐步结转分步法就是为了计算半成品成本而采用的一种分步法，因而也称其为计算半成品成本分步法。(　　)

14. 在分步法下，如果半成品完工后通过半成品库收发，则应编制结转半成品成本的会计分录。(　　)

15. 逐步结转分步法实际上就是品种法的多次连续应用。(　　)

16. 成本还原的对象是产成品成本。(　　)

17. 不论是综合结转还是分项结转，半成品成本都是随着半成品实物的转移而结转。(　　)

18. 采用平行结转分步法，各生产步骤不计算半成品成本。(　　)

19. 采用平行结转分步法，半成品成本不随半成品实物转移而结转。(　　)

20. 在平行结转分步法下，在产品是指尚在本步骤加工中的在产品以及本步骤已完工转入半成品库的半成品。(　　)

模块十二　分类法

学习目标

1. 了解分类法成本计算的含义、特点和适用范围。
2. 掌握分类法成本计算的程序。
3. 掌握分类法成本计算的方法。
4. 理解副产品的含义,运用分类法计算副产品的成本。
5. 了解联产品、等级品的含义,理解运用分类法计算联产品、等级品成本的基本思路。

情景案例

某实木地板有限公司是生产地板和板材的小型企业。公司用圆木加工实木地板,根据产品等级分为一等品实木地板、二等品实木地板和三等品实木地板,另外生产过程还产有副产品锯木和木片。200×年7月,该企业共加工出一等品实木地板100立方米、二等品实木地板80立方米、三等品实木地板60立方米,并产出副产品锯木和木片5立方米。上述产品总成本33万元,其中,圆木成本为30万元,加工成本为3万元。企业成本会计将总成本按各种产品的数量平均分配给各等级产品。企业将上述产品按照市场上同类产品的销售价格出售后,在结账时发现只有一等品实木地板盈利而且利润率很高,二等品实木地板和三等品实木地板及副产品都是亏损,而且单位产品的亏损额逐渐加大。为什么会这样呢?怎样才能改变这种情况呢?请在学习了本模块知识之后,帮助该公司解决此问题。

任务一　分类法概述

一、分类法的概念及适用范围

分类法是指以产品的类别作为成本计算对象归集生产费用,计算各类完工产品总成本,再按一定标准分配计算类内各种产品成本的一种成本计算方法。

分类法一般适用于用同样原材料、经过同样工艺过程生产出来的品种、规格、型号繁多但又可以按照一定标准进行分类的产品,以及联产品、副产品或等级产品,如造纸厂、鞋厂、灯泡厂等生产的不同规格不同型号的产品。采用分类法,可以减少成本计算对象,简化成本核算工作。

二、分类法的特点

分类法的主要特点如下：

(1)以产品的类别作为成本计算对象，按类别设置成本计算单，归集、分配各类产品的生产费用。

直接费用直接计入；各类产品共同耗用的费用，采用一定的分配标准计入，汇总计算出该类产品的总成本。

(2)分类法的成本计算期要根据生产特点及管理要求来确定。

如果是大批量生产，结合品种法或分步法进行成本计算，则成本计算期是定期按月进行；如果是单件小批生产，则结合分批法运用，成本计算期与生产周期一致。

(3)生产费用总额的分配。

月末一般要将各类产品生产费用总额在完工产品和月末在产品之间进行分配。

从上述分类法的三个特点来看，分类法并不是一种独立的基本成本计算方法，它要根据各类产品的生产工艺特点和管理要求，与品种法、分批法、分步法结合使用。

二、分类法成本计算的程序

分类法成本计算的程序分为两大步骤：一是先将产品划分为若干类别，计算出各类产品的总成本；二是采用一定的方法，将总成本在类内各种产品之间进行分配，计算出各种产品成本。

1. 合理确定产品类别，按产品类别设立成本计算单

采用分类法计算产品成本时，首先要将产品按照性质、结构、用途、生产工艺过程、耗用原材料的不同标志，划分若干类别。例如，鞋厂可以按照耗用的不同原材料，将产品分为塑料鞋、布鞋、皮鞋三个类别；轧钢厂可根据产品的结构将产品分为原钢、钢板、角钢、钢管等类别。然后以产品类别作为成本计算对象设立成本计算单。

2. 生产费用核算，完工产品成本计算

(1)在开设的成本计算单内，按照规定的成本项目汇集生产费用，计算各类产品的总成本。

(2)选择合理的分配标准，将各类完工产品总成本在类别内部的各种产品之间进行分配，计算各种产品的总成本和单位成本。

任务二　分类法举例

一、系数分配法

系数分配法也称标准产量比例分配法，是指计算出各类产品总成本后，按照系数分配类内各种产品成本的一种方法。所谓系数，是指各种规格产品之间的比例关系。这种分配方法的关键是合理确定系数。

具体计算步骤如下：

(1)确定分配标准,即选择与耗用费用关系最密切的因素作为分配标准,如定额消耗量、定额成本、售价或重量、体积和长度等。但需明确,所选分配标准应与产品成本呈正比例关系。

(2)将分配标准折算成固定系数。

其方法是,在同类产品中选择一种有代表性的产品,如将产销量大、生产比较稳定或规格折中的产品作为标准产品,确定其单位产品分配标准为系数"1";其他产品则按照其单位产品分配标准有关数据与标准产品的比例确定相应的系数。其计算公式为：

单位产品系数 = 该种产品的分配标准 ÷ 标准产品的分配标准

(3)计算出类内各产品的产量的总系数。

其计算公式为：

该种产品标准产量(该种产品总系数) = 该种产品的实际产量 × 该产品的系数

(4)计算出全部产品相当于标准产品的总产量,以此为标准分配类内各种产品的成本。

费用分配率 = 该类产品本月总成本(分成本项目) ÷ 该类产品标准产量之和

某产品应分配的成本 = 该种产品的总系数(该产品标准产量) × 费用分配率

【例 12－1】某企业生产的 A1、A2、A3、A4 四种产品,因生产耗用的原材料和产品的生产工艺过程相同,因而归为一类(A 类产品),采用分类法计算产品成本。A 类产品的月末在产品成本按年初固定数计算。该类产品 201×年 7 月初的在产品、本月发生的生产费用情况如表 12－1 所示。

表 12－1　产品成本计算单

产品类别:A 类　　　　201×年 7 月　　　　单位:元

摘　要	直接材料	直接人工	制造费用	合　计
月初在产品成本	20 000	8 000	7 000	35 000
本月发生的生产费用	100 000	50 000	30 000	180 000

类内各种产品之间分配费用的标准为:直接材料费用按各种产品的原材料费用系数分配,原材料费用系数按原材料费用定额确定,选定 A1 产品作为标准产品;加工费用按定额工时比例分配。A 类产品内各型号产品产量、原材料消耗定额和工时定额资料见表 12－2。

表 12－2　A 类各型号产品产量、原材料消耗定额和工时定额资料

产品名称	产量(件)	直接原材料消耗定额(千克)	单位产品工时定额(小时)	定额总工时
A1	1 000	350	18	18 000
A2	750	280	20	15 000
A3	800	385	15	12 000
A4	500	300	12	6 000
合计	—	—	—	51 000

根据上述资料,该企业成本计算如下：

(1)按产品类别(A 类)开设产品成本明细账。根据各项生产费用分配表登记产品明细账，计算该类完工产品成本，见表 12－3。

表 12－3 产品成本计算单

产品类别：A 类　　201×年 7 月　　单位：元

摘　要	直接材料	直接人工	制造费用	合　计
月初在产品成本	20 000	8 000	7 000	35 000
本月发生的生产费用	100 000	50 000	30 000	180 000
合　计	120 000	58 000	37 000	215 000
完工产品成本	100 000	50 000	30 000	180 000
月末在产品成本	20 000	8 000	7 000	35 000

（2）根据材料消耗定额计算直接材料费用系数和总系数，见表 12－4。

表 12－4 直接材料费用系数和总系数的计算

产品名称	产量（件）	原材料消耗定额（千克）	系数	原材料总系数（标准产量）
A1	1 000	350	1	1 000×1＝1 000
A2	750	280	280/350＝0.8	750×0.8＝600
A3	800	385	385/350＝1.1	800×1.1＝880
A4	500	300	300/350＝0.86	500×0.86＝430
合计				2 910

表 12－4 中各种耗费分配率如下：

直接材料分配率＝100 000÷2 910＝34.36

直接人工分配率＝50 000÷51 000＝0.98

制造费用分配率＝30 000÷51 000＝0.59

（3）分配 A 类 A1、A2、A3、A4 四个型号产品的总成本和单位成本，见表 12－5。

表 12－5 A 类各种产品成本计算表

产品类别：A 类　　201×年 7 月　　单位：元

项目	产量（件）	原材料总系数	单位工时定额	定额总工时	总成本				单位成本
					直接材料	直接人工	制造费用	合计	
分配率					34.36	0.98	0.59		
A1	1 000	1 000	18	18 000	34 360	17 640	10 620	62 620	62.62
A2	750	600	20	15 000	20 616	14 700	8 850	44 166	58.89
A3	800	880	15	12 000	30 236.8	11 760	7 080	49 076.8	61.35
A4	500	430	12	6 000	14 787.2	5 900	3 450	24 137.2	48.27
合计	—	2 910		51 000	100 000	50 000	30 000	180 000	—

(4)根据上述资料和表 12－5 的计算结果，编制结转 A 类完工产品成本的会计分录。

借：库存商品——A1　　62 620

——A2　　44 166

——A3　　49 076.8

——A4　　24 137.2

贷：生产成本——基本生产成本——A 类　　180 000

【例 12－2】某鞋业有限公司的产品规格很多，成本计算采用分类法，按产品结构和工艺过程分为 A、B 两类，每类产品的月末在产品均按所耗直接材料定额成本计算，其他费用全部由完工产品负担。类内产品采用系数分配法分配成本，以单位定额成本作为系数确定标准，A 类产品选择规格 37 码为标准产品，系数为 1；B 类产品选择 36 码为标准产品，系数为 1。有关资料如表 12－6、表 12－7、表 12－8 所示。

表 12－6　直接材料定额成本表

产品类别	单位产品消耗定额（千克）	计划单价	定额成本
A 类产品	10	0.7	7
B 类产品	8	2	16

表 12－7　产量和单位定额成本计算表

产品类别	规　格	产量（双）	单位定额成本
A 类产品	36 码	100	9
	37 码	300	12
	38 码	200	14.16
B 类产品	36 码	300	20
	37 码	100	25
	38 码	50	32

表 12－8　月初在产品成本及本月发生费用

产品类别	月初在产品直接材料定额成本	本月发生费用			
		直接材料	直接人工	制造费用	合　计
A 类产品	210	4 340	2 280	2 685	9 305
B 类产品	160	7 040	3 420	1 719	12 179

计算方法和过程如表 12－9 至表 12－14 所示。

表 12－9　月末在产品直接材料定额成本计算表

产品类别	数　量	单位定额成本	定额成本(元)
A 类产品	50	7	350
B 类产品	20	16	320

表 12－10　A 类产品成本计算单

201×年 7 月

项　目	直接材料	直接人工	制造费用	合　计
月初在产品成本	210	—	—	210
本月发生费用	4 340	2 280	2 685	9 305
合　计	4 550	2 280	2 685	9 515
本月完工产品成本	4 200	2 280	2 685	9 165
月末在产品成本	350	—	—	350

表 12－11　B 类产品成本计算单

201×年 7 月

项　目	直接材料	直接人工	制造费用	合　计
月初在产品成本	160	—	—	160
本月发生费用	7 040	3 420	1 719	12 179
合　计	7 200	3 420	1 719	12 339
本月完工产品成本	6 880	3 420	1 719	12 019
月末在产品成本	320	—	—	320

表 12－12　系数计算表

201×年 7 月

产品类别	规　格	系　数
A 类产品	36 码	9/12＝0.75
	37 码	1
	38 码	14.16/12＝1.18
B 类产品	36 码	1
	37 码	25/20＝1.25
	38 码	32/20＝1.6

表 12－13　A 类产品各种规格完工产品成本计算单

201×年 7 月

产品规格	实际产量	系　数	标准产量	分配率	各规格产品总成本	各规格产品单位成本
36 码	100	0.75	75		1 125	11.25
37 码	300	1	300		4 500	15
38 码	200	1.18	236		3 540	17.7
合　计	—	—	611	15	9 165	—

表 12－14　B 类产品各种规格完工产品成本计算单

201×年 7 月

产品规格	实际产量	系　数	标准产量	分配率	各规格产品总成本	各规格产品单位成本
36 码	300	1	300		7 140	23.8
37 码	100	1.25	125		2 975	29.75
38 码	50	1.6	80		1 904	38.08
合　计	—	—	505	23.8	12 019	—

二、定额比例法

定额比例法是在计算出类别内产品的总成本后，按类别内各种产品的定额耗用量或定额工时的比例进行分配，计算出每一种产品成本的一种方法。

企业一般按原材料定额成本比例计算分配原材料费用，按定额工时比例分配加工费用。此处的定额比例法类似于前述完工产品与月末在产品分配的定额比例法，不同之处是，前面按定额比例进行生产费用的纵向分配，这里按定额比例进行生产费用的横向分配。同样适用于定额比较健全、稳定的企业。

【例 12－3】兴皖公司生产甲、乙、丙、丁四种产品，根据生产特点，将这四种产品归为 A 类计算成本。相关资料如表 12－15、表 12－16、表 12－17 所示。

要求：采用定额比例法计算 A 类产品完工产品成本和期末在产品成本，以及 A 类产品中甲、乙、丙、丁四种产品的成本（见表 12－18）。

表 12－15　A 类产品成本计算表

201×年 3 月　　单位：元

项　目	直接材料	直接人工	制造费用	合　计
月初在产品成本	5 814	678	825	7 317
本月生产费用	66 302	36 442	32 445	135 189
合　计	72 116	37 120	33 270	142 506
产成品成本	57 200	333 277.5	29 835	120 312.5
月末在产品成本	14 916	3 842.5	3 445	22 203.5

表 12－16　A 类产品产量及定额资料

201×年 3 月　　　　单位:元

产品名称		产　量	材料定额成本		定额工时	
			单位定额	总成本	工时定额	合　计
产成品	甲	200	50	10 000	15	3 000
	乙	150	80	12 000	18	2 700
产成品	丙	300	70	21 000	19	5 700
	丁	550	40	22 000	21	11 500
小　计		—	—	65 000	—	22 900

表 12－17　A 类在产品产量及定额资料

201×年 3 月　　　　单位:元

产品名称		产　量	材料定额成本		定额工时	
			单位定额	总成本	工时定额	合　计
在产品	甲	60	50	3 000	7	420
	乙	70	80	5 600	9	630
	丙	65	70	4 550	10	650
	丁	95	40	3 800	10	950
小　计		—	—	16 950	—	2 650

表 12－18　产品成本计算单

201×年 3 月　　　　单位:元

项　目		产量	直接材料		定额工时	直接人工	制造费用	合计
			定额成本	实际成本				
生产费用合计			81 950	72 116	25 600	37 120	33 270	142 516
费用分配率		—		0.88		1.452 8	1.302 2	—
月末在产品			16 950	14 916	2 650	3 842.5	3 445	22 203.5
完工产品成本	总成本	—	65 000	57 200	22 900	33 277.5	29 835	120 312.5
	甲产品	200	10 000	8 800	3 000	4 350	3 900	17 050
	乙产品	150	12 000	10 560	2 700	3 915	3 510	17 985
	丙产品	300	21 000	18 480	5 700	8 265	7 410	34 155
	丁产品	550	22 000	19 360	11 550	16 747.5	15 015	51 122.5

通过前面的例题可以看出,在产品品种或规格较多的企业里,采用分类法计算产品成本可以简化成本对象,从而简化成本核算工作。但是采用这种方法时,产品分类是否恰当,类

内产品的类距是否合适，分配标准的选择是否符合实际，都会直接影响成本计算的正确性。因此，采用分类法时必须注意以下三个问题：

(1)分类要恰当。所谓分类恰当，是指分类的依据恰当。分类的原则应该是各产品所耗用的原材料和工艺过程基本相同或相近，只有这样才能使其费用相接近，才能合并为一类产品去计算它们的成本。

(2)类距要合适。类内不同品种或规格产品进一步归类的类距不能过大，类距过大，成本计算得不细，就会使品种或规格相差很大的产品成本相近，失去计算的意义；类距也不宜过小，否则成本计算工作量就会加大，所以，应本着既能简化核算工作，又能比较正确地计算各种品种或规格产品成本的原则来确定类距。

(3)分配标准的选择要符合实际。分配标准的选择符合实际是正确计算各品种或规格产品成本的关键。选择的分配标准必须与成本计算水平的高低具有密切的联系。如果各成本项目不能采用同一分配标准，则需根据各成本项目的性质，分别选用不同的分配标准，以使其分配结果尽可能接近实际。但应该看到，采用的分配标准无论怎样科学，分配的结果都会在不同程度上具有一定的假定性。

任务三　联产品、副产品的成本计算

一、联产品

(一)联产品的含义

联产品是指使用同种原料、经过同一加工过程、同时生产出来的使用价值不同但在企业具有同等地位的主要产品。所谓使用价值不同，是指产品的用途不同。同等地位是指这些产品都是企业的主要产品，是企业收入的主要来源，如炼油厂以原油为原料，通过对原油的加工提炼，生产汽油、煤油、柴油、润滑油等各种石油产品。

(二)联产品成本计算的特点

各种联产品是在同一生产过程中形成的，从原材料投入到产品的形成，需要经历一个加工过程。在生产过程的某一时刻，联产品陆续产出，有些产品要等到生产过程终了时才分离出来，有些产品在生产过程的某个步骤先分离出来。联产品分离时的生产步骤成为“分离点”。分离点是联产品共同生产过程的结束，产品分离前发生的成本称为联合成本；分离后，一些产品还需进一步加工，进一步加工发生的费用可以直接确定归属对象的，称为可归属成本。

从联产品的生产过程来看，联合成本是联产品生产中共同发生的费用，因此，不可能分别按每种产品归集生产费用并直接计算其产品成本。只能把分离点前联合生产过程发生的费用归集在一起，计算联产品分离前的联合成本。然后，在分离后采用一定的分配方法，在各种联产品之间分配联合成本，计算出各种联产品的成本。对于分离后继续加工的产品，可用分离后发生的费用加上分配的联合成本来计算该种产品的全部成本。

联合成本的计算可以结合企业生产类型，采用品种法或分批法来计算，但要计算出每种产品的成本,关键是联合成本的分配问题。目前常用的分配方法有系数分配法、实物量分配法和相对收入分配法。

1. 系数分配法

系数分配法是我国联产品成本计算中使用较多的一种方法。采用这种方法,先将各种联产品的实际产量乘以事先制定的各种联产品的系数,把实际产量折算成标准产品产量,然后按各联产品标准产量比例来分配联产品的联合成本。系数分配法中各种产品的系数确定,可以按照前述分类法中介绍的办法确定。

2. 实物量分配法

实物量分配法是将产品的联合成本按各联产品之间的实际重量比例进行分配。这种方法的优点是简便易行,并且采用这种方法计算出的单位成本是平均单位成本,因此,各联产品的单位成本是一致的。但这种方法也存在某些缺陷,表现在:①并非所有的成本发生都与实物量直接相关;②未考虑各联产品的特性和含量,未考虑其各自的销售价值。这就有可能出现销售价值低的产品亏损的情况。这种分配方法一般适用于成本的发生与产量关系密切,而且各联产品销售价值较为均衡的联合成本的分配,否则,可考虑采用相对销售价值分配法。

3. 相对销售价值分配法

正是考虑实物量分配法的不足,根据产品成本与售价之间的关系,用各种联产品的销售收入比例来分配联合成本。这种方法的理论依据是:联产品是在联合生产过程中同时产出的,耗用的材料相同,因此,从销售中所获得的收益应在各种产品之间保持均衡,使各产品保持相同的销售毛利率。但这种方法本身也存在着缺陷,表现在:①并非所有的成本都与售价有关,价格较高的产品不一定要负担较高的成本,因为影响产品价格的因素不止其价值一项;②并非所有的联产品都具有同样的获利能力。若不分情况地盲目采用这种方法,会给产品生产决策带来不利的影响。这种方法适用于分离后不再加工,而且价格波动不大的联产品成本计算。

二、副产品

(一)副产品的含义

副产品是指在同一生产过程中、使用同种原材料、在生产主要产品的同时附带生产出的一些非主要产品,或利用生产中废料加工而成的产品。例如,炼油厂生产中产生的渣油、酿酒生产中产生的酒糟、木材加工中形成的锯末,都是企业的副产品。它不是企业生产的主要目的,其价值与主要产品相比较低,但它具有一定的使用价值,能满足某些方面的需要,而且客观上发生了耗费。因此,也必须采取一定的成本计算方法求出其成本,以保证主要产品成本计算的准确性。

(二)副产品与主要产品的关系

(1)联系:副产品与主要产品都是在同一生产过程中形成的。

(2)区别:二者区别在于价值的大小。主要产品是企业主要生产的产品,价值大,是企业收入的主要来源;副产品是生产中附带产生的,价值较低,对企业收益影响很小。副产品和主要产品的划分并非一成不变,随着科学技术的发展,当副产品的潜在价值被挖掘出来后,副产品也会转化成主要产品。

(三)副产品成本计算的特点

副产品成本计算主要是指副产品成本计价,其成本计算的特点主要表现为以下几点:

(1)副产品成本无法单独归集。

由于副产品是随主要产品附带生产出来的,价值较低,其成本无法单独归集,副产品成本的计算不像主要产品的成本计算那样复杂,可以适当简化。

(2)副产品成本无法准确确定。

副产品和主要产品都是同一生产过程的产物,由于其价值较低,所以无法准确确定。

(3)副产品成本采用计价方法确定。

副产品是经过同一生产过程而生产出的产品,发生的生产费用很难在两者之间准确进行划分,一般将主副产品归为一类,采用分类法计算成本,即先计算出主副产品联合生产成本,通过对副产品计价,确定副产品成本,然后用联合生产成本减去副产品成本计算出主要产品成本。

(四)副产品成本的计价方法

根据副产品形成后是否需要进一步加工,对副产品计价可按以下方法进行:

(1)对分离后不再加工的副产品的计价。

若价值不大(与主产品相比甚微),可不负担分离前的联合成本,其销售收入可直接作其他业务收入处理。

(2)对分离后不再加工但价值较高的副产品的计价。

这种情况往往以其销售价格作为计价的依据。通常按售价减去销售费用、相应税费和销售利润后的金额计价,从联合成本中扣除。扣除方法,可以从材料成本项目中一笔扣除,也可以按比例从各成本项目中扣除。对利用废料经过简单加工而成的副产品,可以将其成本从全部成本的原材料项目中扣除,不再按各项目扣除。

(3)对于分离后仍需进一步加工才能出售的副产品的计价。

如价值较小,可考虑只负担可归属成本;如价值较高,则需同时负担可归属成本和分离前的联合成本,以保证主要产品成本计算的合理性。

【例 12-3】某企业在生产 A 产品的同时,附带生产副产品 B 和 C。表 12-19 为 201×年 7 月生产该类产品所发生的费用资料。

表 12-19　产品成本计算单

201×年 7 月

单位:元

项　目	直接材料	直接人工	制造费用	合　计
月初在产品成本	800	200	600	1 600
本月费用	12 000	3 000	3 400	18 400

本月 A 产品产量为 100 千克,B 产品为 40 千克,C 产品 20m^3,B 产品的计划单价为 20

元,C 产品的单位售价为 75 元。根据上述资料,A、B、C 三种产品的总成本和单位成本的计算如表 12－20 所示。

表 12－20　产品成本计算单

201×年 7 月　　　　单位:元

项　目		行次	直接材料	直接人工	制造费用	合　计
总成本	月初在产品成本	1	800	200	600	1 600
	本月费用	2	12 000	3 000	3 400	18 400
	合计	3	12 800	3 200	4 000	20 000
费用项目比重		4	64%	16%	20%	100%
B 产品	总成本	5	512	128	160	800
	单位成本	6	12.8	3.2	4	20
C 产品	总成本	7	960	240	300	1 500
	单位成本	8	48	12	15	75
A 产品	总成本	9	11 328	2 832	3 540	17 700
	单位成本	10	113.28	28.32	35.4	177

表 12－16 中主副产品成本计算如下:

B 产品总成本＝40×20＝800(元)

直接材料成本＝800×64%＝512(元)

直接人工成本＝800×16%＝128(元)

制造费用＝800×20%＝160(元)

C 产品总成本＝20×75＝1 500(元)

C 产品直接材料成本＝1 500×64%＝960(元)

C 产品直接人工成本＝1 500×16%＝240(元)

C 产品制造费用＝1 500×20%＝300(元)

A 产品总成本＝20 000－800－1 500＝17 700(元)

拓展阅读

等级产品成本的计算

一些工业企业,特别是轻工企业,有时可能生产出品种相同但质量上有差别的产品,称为等级品。按形成的原因不同,等级品可分为两种:一是由材料质量、工艺过程不同或自然原因造成的;二是由经营管理或技术操作等原因形成的。

由第一种原因造成的等级品,各种等级品的单位成本有所不同,应采用分类法计算各种等级品的成本。由第二种原因造成的各种等级品的单位成本理应相同,将所有等级品一起计算成本,无须采用分类法。

小　结

分类法是以产品的类别作为成本计算对象，按类归集生产费用，先计算出各类完工产品成本，然后按一定标准分配计算各类产品中各种产品成本的一种方法。分类法不是一种独立的成本计算方法，它与生产类型没有直接联系，只是为了简化企业成本核算而采用的一种辅助计算方法。

分类法适用于产品品种、规格繁多的企业或车间，还适用于副产品、联产品及等级品的成本计算。

分类法的成本计算程序分为两个步骤：一是先将产品划分为若干类别，计算出各类产品的总成本；二是采用一定的方法，将总成本在类内各种产品之间进行分配，计算出各种产品的成本。完工产品总成本在类内各种产品之间的分配，采用系数分配法。

联产品是指利用同样一种原材料，经过一道或一系列工序的加工同时生产出几种使用价值不同但在企业具有同等地位的主要产品，其成本计算的关键是联合成本的分配问题。

思考题

1. 简述分类法的概念、特点及适用范围。

2. 什么是系数法？试述系数分配法的计算步骤。

3. 什么是联产品？什么是副产品？这两者有何区别与联系？副产品的计价方法有哪些？

练习题

一、单项选择题

1. 产品成本计算的分类法适用于(　　)。

A. 品种、规格繁多的产品

B. 可以按照一定标准分类的产品

C. 只适用于大批大量生产的产品

D. 品种、规格繁多，而且可以按照一定标准分类的产品

2. 分类法的主要目的在于(　　)。

A. 使成本计算更精确　　B. 简化成本计算工作

C. 适应分类这一成本计算对象的要求　　D. 加强成本控制

3. 按照系数比例分配同类产品中各种产品成本的方法(　　)。

A. 是一种简化的分类法

B. 是一种分配间接费用的方法

C. 是一种分配直接费用的方法

D. 是一种在完工产品和月末在产品之间分配费用的方法

4. 企业利用同种原材料，在同一生产过程中同时生产出的几种使用价值不同，但具有同等地位的主要产品，称为(　　)。

A. 产成品　　B. 联产品

C. 等级品　　D. 副产品

5. 企业在生产主要产品的过程中,附带生产出的一些非主要产品,称为(　　)。

A. 联产品　　B. 废品

C. 副产品　　D. 次品

6. 分类法的成本计算对象是(　　)。

A. 产品品种　　B. 产品类别

C. 产品规格　　D. 产品加工步骤

7. 下列适合采用分类法计算产品成本的企业是(　　)。

A. 制鞋厂　　B. 小型水泥厂

C. 造纸厂　　D. 精密仪器生产企业

8. 在计算类内各种产品成本时,分配标准应选择与产品成本高低有直接联系的项目,通常采用的分配标准是(　　)。

A. 定额成本　　B. 约当产量

C. 标准产量　　D. 固定成本

二、多项选择题

1. 产品成本计算的分类法(　　)。

A. 与生产类型有关系　　B. 与生产类型没有关系

C. 适用于单步骤生产　　D. 适用于大量大批生产

2. 产品成本计算的分类法(　　)。

A. 以产品类别为计算对象　　B. 能简化成本计算工作

C. 可以分类掌握产品成本水平　　D. 计算结果常有一定的假定性

3. 采用分类法,可将(　　)等方面相同或相似的产品归为一类。

A. 产品结构和耗用原材料　　B. 产品生产工艺技术过程

C. 产品的性质和用途　　D. 产品的售价

4. 联产品的成本是由(　　)之和组成。

A. 联合成本　　B. 可归属成本

C. 制造成本　　D. 销售成本

5. 联产品联合成本的分配方法有(　　)等。

A. 系数分配法　　B. 相对销售价值分配法

C. 实物量分配法　　D. 人工成本分配法

6. 采用系数法时,被选定作为标准产品的产品应具备的条件有(　　)。

A. 成本较高　　B. 产量较大

C. 生产比较稳定　　D. 规格折中

7. 在分类法下,各类产品的分类标志有(　　)。

A. 产品的结构　　B. 所用原材料

C. 工艺过程　　D. 耗用原材料成本的大小

三、判断题

1. 联产品成本是指联产品的可归属成本。(　　)

2. 分类法适用于产品品种繁多的任何企业。(　　)

3. 产品成本计算的分类法是指以产品的批别作为成本计算对象归集生产费用，计算产品成本的一种成本计算方法。(　　)

4. 分类法不需要分产品品种计算成本，因而产品成本计算单可按类别设置。(　　)

5. 分类法是一种独立的成本计算方法，它无须与成本计算的基本方法结合起来应用。(　　)

模块十三　定额法

学习目标

1. 理解定额法的基本概念、特点、适用范围及优缺点。

2. 掌握定额法的计算程序和计算方法。

3. 能够正确计算产品定额成本、脱离定额差异、材料成本差异和月初在产品定额变动差异。

情景案例

甲公司是一家刚成立不久的通信电子产品制造商，会计部门的小杨负责成本核算。由于公司业务刚刚起步，没有以前年度的资料可参考，对同行业先进水平的了解也不多，厂内主管生产的副总李田发现，在品种法、分批法、分步法和分类法下，生产费用和产品成本脱离定额的差异及其发生的原因只有在月末通过实际资料与定额资料的对比、分析才能体现出来，而不能在生产费用发生的当时就得到反映，因而决定选择这样一种制度，即将事前制定的产品定额成本作为目标成本，在生产费用发生的当时将实际发生的费用与目标成本进行对比，揭示差异，并找出原因，及时控制、监督实际生产费用的支出，加强成本差异的日常核算、分析和控制。如果你是会计小杨，该如何开展成本核算工作？

任务一　定额法概述

一、定额法的概念及适用范围

定额法也称定额成本法，是将产品品种或类别作为成本核算对象，以产品定额成本为基础，加减脱离现行定额差异及定额变动差异来计算产品实际生产成本的一种方法。在前面所讲的各种成本计算方法——品种法、分批法、分步法和分类法下，生产费用的日常核算都是按照生产费用的实际发生额进行的，产品的成本也都是按照实际生产费用计算的，生产费用和产品成本脱离定额的差异及其发生的原因，只有在月末时通过实际资料与定额资料的对比、分析才能得以反映，而不能在费用发生的当时反映出来，因而不能很好地加强成本控制。定额成本法正是针对以上方法的不足所采用的一种成本计算辅助方法。这种方法能及时反映和监督生产费用和产品脱离定额的差异，为加强定额管理提供相关信息。

定额法是为了加强成本控制与管理而采用的一种成本计算与管理相结合的方法。该方法主要适用于定额管理制度比较健全、定额管理工作基础较好，产品已经定型、各项消耗都已制定了较为准确、稳定的数量定额和费用定额的企业。由于大量大批生产的产品，特别是机械制造、耐用家电、建筑材料等生产企业以及一些标准件加工企业比较容易具备这些条件，因此这些企业最适合采用定额法计算其产品成本。

（二）定额法的特点

定额法将成本核算与成本计划、控制、分析、考核有机地结合起来，其特点如下：

（1）加强了对产品成本的事前控制。以产品的定额成本为基础计算产品的实际成本，以事前制定产品的消耗定额、费用定额和定额成本作为降低成本、节约费用支出的目标，对产品成本进行事前控制。

（2）加强了对成本差异的日常核算、分析及控制。采用定额法，在生产费用发生的当时将符合定额的费用和发生的差异分别核算，并将信息及时反馈，可以加强对成本差异的日常核算、分析和控制。

（3）为成本的定期考核和分析提供数据。采用定额法，要在事后，一般在月末，在定额成本的基础上加减各种成本差异，计算产品的实际成本，为成本的定期考核和分析提供数据。

因此，定额法不仅是一种产品成本计算的方法，更重要的是，它还是一种对产品成本进行直接控制、管理的方法。

二、定额法的成本计算程序

（一）制定定额成本

1. 定额成本的含义

所谓定额成本，是根据企业现行的消耗定额、费用定额及其他相关资料，按照企业确定的成本项目，分产品品种制定的一种目标成本。产品定额成本的制定过程也是对产品成本事前控制的过程，是计算产品实际成本的基础，也是对企业生产费用进行事中和事后分析的依据。定额成本制定后，要编制各种产品的定额成本表。

2. 定额成本与计划成本的异同

需要说明的是，产品的定额成本与计划成本都是以产品生产耗费的消耗定额和计划价格为依据确定的目标成本，都是对产品成本实行事前控制的过程。

两者的相同之处：

（1）它们都是以产品生产耗费的消耗定额和计划价格确定的目标成本。

（2）定额成本和计划成本的制定过程，都是对产品成本进行事前反映和监督，并实行事前控制的过程。

两者的不同之处：

（1）计划成本在计划期内通常是不变的，而定额成本在计划期内是变动的。

（2）在国家或主管企业的上级机构对企业下达指令性计划成本指标的情况下，计划成本是国家或上级机构对企业进行成本考核的依据；在国家或主管企业的上级机构不对企业下达指令性计划成本指标的情况下，为了使企业产品成本有一个长期的努力目标，企业也应制定计划成本。

定额成本是企业自行制定的,是企业对当时的产品成本进行自我控制和考核的依据。

3. 产品定额成本的制定程序

产品的定额成本一般由企业的计划、技术、会计等部门共同制定。

(1)如果产品的零部件不多,一般先计算零部件的定额成本,然后再汇总计算零部件和产成品的定额成本。

(2)如果产品的零部件较多,为了简化成本计算工作,也可以不计算零部件的定额成本,而根据所有零部件的原材料消耗定额、工序计划和工时消耗定额的零件定额卡,以及原材料计划单价、计划的工资率和其他费用率,计算部件定额成本,然后汇总计算产成品定额成本,或者根据零部件的定额卡直接计算产成品的定额成本。

为了便于进行成本分析和考核,定额成本包括的成本项目和计算方法应该与计划成本、实际成本包括的成本项目和计算方法一致。产品定额成本也包括直接材料定额成本、直接人工定额成本、制造费用定额成本,各种定额费用的合计数就是产品的定额成本。

其计算公式为:

直接材料费用定额成本 = 产品直接材料定额耗用量 × 直接材料计划单价

直接人工费用定额成本 = 产品生产工时定额 × 生产工资计划单价

制造费用定额成本 = 产品生产工时定额 × 制造费用计划单价

产品定额成本 = 直接材料费用定额成本 + 直接人工费用定额成本 + 制造费用定额成本

(二)计算脱离定额差异

脱离定额的差异是指实际费用与现行定额费用之间的差额。

在定额管理制度比较健全,定额比较稳定、准确的企业,采用定额法计算产品成本。产品的实际成本可以被分为定额成本和脱离定额差异两部分,脱离定额差异为正数,说明费用超支了,成本控制得不好,反之,说明费用节约了。

采用定额法计算成本的关键是要进行脱离定额差异的核算,只有这样,才能及时分析差异产生的原因,确定差异的责任,并及时采取措施进行处理。

1. 直接材料脱离定额差异的计算

在产品成本项目中,直接材料费用属于直接计入费用,一般占有较大比重,因而是成本控制的重点,原材料脱离定额差异的核算方法一般有三种,即限额法、切割核算法和盘存法。

(1)限额法。

所谓限额法,是指车间在向仓库领料时实行限额领料(或定额发料)制度,使用限额领料单(或定额发料单),以控制用料的一种方法,也叫差异凭证法。

限额领料制度(定额发料制度)是材料限额法运用的前提条件。企业对符合定额的原材料应根据限额领料单(或定额发料单)等定额凭证领发。如果增加产量,需要增加用料,经过办理追加限额手续后,也可根据限额领料单等定额凭证领发;由于其他原因发生超限额领料时,应填制超额领料单等差异凭证领料;生产领用代用材料或以废料替代好料时,应折算出相当于原定材料数量后计算定额差异,反映在差异凭证中,并在差异凭证中说明差异的数量和差异发生的原因。差异凭证的签发,必须经过一定的审批手续。

在每批生产任务完成以后，应根据生产车间的剩余材料编制退料单，办理退料手续。退料单也应视同差异凭证，退料单中所列的原材料数额和限额领料单中的原材料余额，都是原材料脱离定额的节约差异。

采用限额法时应注意，在一般情况下，领料差异不等于耗料差异。这是因为本期投产产品的数量不一定等于规定的产品数量。在车间，还可能有期初、期末余料，致使本期领料数量不等于实际耗料数量。只有在本期投产产品数量等于规定的产品数量，而且车间领料已全部用完，车间再无期初、期末余料的情况下，领料差异才能等于耗料差异。因此，采用限额法计算本期原材料消耗时，应按下列公式计算：

本期原材料定额消耗量 = 本期投产产品数量 × 单位定额消耗量

本期原材料实际消耗量 = 本期领用原材料数量 + 期初结余原材料数量 − 期末结余原材料数量

本期原材料脱离定额差异 =（本期原材料实际消耗量 − 本期原材料定额消耗量）× 原材料计划单价

【例 13 - 1】201×年 2 月，兴皖公司计划投产 A 产品 100 件，每件 A 产品原材料消耗定额为 4 千克，本月限额领料凭证领用 400 千克，本月实际产量为 105 件，增加的产量办理了追加用料审批手续，超领原材料 20 千克，车间月初余料 5 千克，车间余料为 7 千克，材料计划单价 20 元，则 A 产品原材料定额差异如下：

本期原材料定额消耗量 = 100 × 4 = 400（千克）

本期原材料实际消耗量 = 400 + 20 + 5 − 7 = 418（千克）

本期原材料脱离定额差异 =（418 − 400）× 20 = 360（元）

（2）切割核算法。

所谓切割核算法，是指通过材料切割核算单核算材料定额消耗量和脱离定额差异，以控制用料的一种方法。对于不能直接投入生产，要经过切割（下料）才能使用的一些材料，如板材、棒材等，除了采用限额法以外，还应采用切割核算法来控制用料。

（3）盘存法。

所谓盘存法，是指通过定期盘存，核算材料的脱离定额差异，以控制用料的一种方法。对于不能采用切割核算法的材料，为了更好地控制用料，除了采用限额法以外，还应采用盘存法，定期地在每个工作班、工作日、每周、每旬等，通过盘存的方法核算和控制用料差异。

其具体步骤是：①根据完工产品数量和在产品盘存（实地盘存或账面盘存）数量算出投产产品数量，乘以原材料消耗定额，计算出原材料定额消耗量；②根据限额领料单或超额领料单等领退料凭证和车间余料的盘存数量，计算原材料实际消耗量；③将原材料的实际消耗量与定额消耗量进行比较，计算出原材料脱离定额差异。

其计算公式为：

$$\text{直接材料定额差异} = \sum[(\text{材料实际耗用量} - \text{材料定额耗用量}) \times \text{该材料计划单价}]$$

上述三种材料脱离定额差异的核算方法，不论采用哪一种，材料定额耗用量和脱离定额的差异，都应分批次或定期地按成本对象汇集编制直接材料定额成本和脱离定额差异汇总表，并据以登记产品成本明细账。汇总表格式见表 13 - 1。

表 13－1　直接材料定额成本和脱离定额差异汇总表

材料名称	单位	计划单位成本	定额成本		脱离定额成本差异		差异成因分析
			数量	金额	数量	金额	
甲	件	2	150	300	+15	+30	略
乙	千克	1	400	400	－60	－60	略
丙	米	3	100	300	+25	+75	略
合　计			—	1 000	—	+45	—

2. 直接人工脱离定额差异的计算

(1)计件工资制下工资定额差异的核算。

在计件工资制下,按计件单价计算的工资就是定额工资,应登记在产量记录中。脱离定额的差异,经过审批后,应登记在专设的补付单等差异凭证中,并注明差异原因。

(2)计时工资制下工资定额差异的核算。

在计时工资制下,直接生产工人工资属间接计入费用,则脱离定额差异不能在平时分产品直接计算,只有在月末实际生产工人工资总额确定后,才能按下列公式计算:

计划小时工资＝某车间计划产量的定额直接人工费用÷该车间计划产量的定额生产工时

实际小时工资＝该车间实际直接人工费用总额÷该车间实际生产总工时

某产品定额直接人工费用＝该产品实际产量的定额生产工时×计划小时工资

某产品实际直接人工费用＝该产品实际产量的定额生产工时×实际小时工资

某产品直接人工脱离定额的差异＝该产品实际直接人工费用－该产品定额直接人工费用

不论采用哪种工资形式,都应根据上述核算资料,按照成本计算对象编制生产工资和脱离定额差异汇总表。

【例 13－2】兴皖公司实行计时工资制度,201×年 3 月,在计划产量下,第一车间生产工人的定额工资总额为 360 000 元,定额生产工时总数为 40 000 小时,本月生产工人实际工资总额为 405 000 元,实际生产工时总数为 40 500 小时,A 产品实际完成的定额生产工时为 28 000小时,实际生产工时为 28 300 小时,A 产品直接人工脱离定额差异计算如下:

计划每小时生产工资＝360 000÷40 000＝9(元)

实际每小时生产工资＝405 000÷40 500＝10(元)

A 产品的定额生产工资＝28 000×9＝252 000(元)

A 产品的实际生产工资＝28 300×10＝283 000(元)

A 产品的直接人工脱离定额差异＝283 000 － 252 000＝31 000(元)

3. 制造费用脱离定额差异的计算

制造费用差异的日常核算通常是指脱离制造费用定额的差异核算,各种产品所应负的定额制造费用和脱离定额的差异,只有在月末时才能比照上述计时工资的计算公式确定。

其计算公式为:

计划小时制造费用分配率＝某车间计划制造费用总额/该车间计划产量的定额生产工时

实际小时制造费用分配率＝该车间实际制造费用总额/该车间实际生产总工时

某产品定额制造费用 = 该产品定额生产工时 × 计划小时制造费用分配率

某产品实际制造费用 = 该产品实际生产工时 × 实际小时制造费用分配率

某产品制造费用脱离定额的差异 = 该产品实际制造费用 − 该产品定额制造费用

(三)分配材料成本差异

采用定额法计算成本,为了便于产品的分析和考核,原材料的日常核算必须按计划成本进行。正因如此,原材料的定额费用和脱离定额差异都按原材料的计划成本计算。前者是原材料的定额消耗与其计划单位成本的乘积,后者是原材料消耗数量差异与其计划单位成本的乘积,即按原材料计划单位成本反映的原材料的实际消耗数量差异(量差)。两者之和,就是原材料的实际消耗数量与其计划单位成本的乘积。因此,在月末计算在产品的实际原材料费用时,还必须乘以原材料差异率,计算应该分配负担的原材料成本差异,即所耗原材料的价格差异(价差)。

其计算公式为:

$$\text{某产品应分配的材料成本差异} = \left(\begin{matrix}\text{该产品材料}\\\text{定额成本}\end{matrix} \pm \begin{matrix}\text{材料脱离}\\\text{定额差异}\end{matrix}\right) \times \text{材料成本差异率}$$

在实际工作中,原材料成本差异的分配计算,应该通过材料成本差异分配表或发料凭证汇总表进行。

(四)定额差异的处理

以上介绍了定额差异的计算,计算出定额差异后,应采用不同的方法进行处理。如果期末在产品数量较少,占用的成本也较少,为了简化成本核算工作,可将定额差异全部计入完工产品的成本当中,即在产品按定额成本计算。如果期末在产品数量变动较大,占用的成本也较大,则定额差异应按完工产品和在产品定额成本的比例,在完工产品和在产品之间进行分配。其计算公式如下:

$$\text{定额差异分配率} = \frac{\text{定额差异合计}}{\text{完工产品定额成本} + \text{在产品定额成本}}$$

完工产品应分摊的定额差异 = 完工产品定额成本 × 定额差异分配率

在产品应分摊的定额差异 = 在产品定额成本 × 定额成本差异率

= 定额差异合计 − 完工产品应分摊的定额差异

(五)计算月初在产品定额变动差异

定额变动差异是指由于修订定额或生产耗费的计划价格而产生的新旧定额之间的差额。它反映的是定额自身变动的结果,与生产费用支出的节约和超支无关。在消耗定额计划价格修订之后,定额成本也应随之及时修订。定额成本一般在月初、季初或年初定期进行修订,但在定额变动的月份,月初在产品的定额成本并未修订,它仍然是按照旧的定额计算的。为了将按旧定额计算的月初在产品定额成本与按新定额计算的本月投入产品定额成本,在新定额的词一基础上相加,应该计算月初在产品的定额变动差异,以调整月初在产品的定额成本。

其计算公式为:

系数 = 按新定额计算的单位产品费用 ÷ 按旧定额计算的单位产品费用

月初在产品定额变动差异 = 按旧定额计算的月初在产品费用 ×(1 - 系数)

【例 13 - 3】某企业生产的甲产品部分零件从某月 1 日起实行新的材料消耗定额,单位产品的材料费用定额为 60 元,新的材料费用定额为 57 元。该产品月初在产品按旧定额计算的材料费用为 18 000 元。月初在产品定额变动差异计算结果如下:

系数 = 57 ÷ 60 = 0.95

月初在产品定额变动差异 = 18 000 × (1 - 0.95) = 900(元)

(六)计算完工产品与在产品成本

在定额法下,成本的日常核算是将定额成本与各种成本差异分别核算的,因而完工产品与月末在产品的费用分配,应按定额成本和各种成本差异分别进行:先计算完工产品和月末产品的定额成本,然后分配计算完工产品和月末在产品的各种成本差异。

此外,在定额法下,由于有着现成的定额成本资料,各种成本差异应采用定额比例法或在产品按定额成本计价法分配。前者将成本差异在完工产品与月末在产品之间按定额成本比例分配;后者将成本差异归由完工产品成本负担。

在分配时,应按每种成本差异分别进行。差异金额不大或者差异金额虽大但各月在产品数量变动不大的,可以归由完工产品成本负担;差异金额较大且各月在产品数量变动也较大的,应在完工产品与月末在产品之间按定额成本比例分配。

如果产品生产的周期小于一个月,定额变动的月初在产品在月内全部完工,那么即使月初在产品定额变动差异金额较大且各月在产品数量变动也较大,也可以将其归由完工产品成本负担。用完工产品的定额成本,加减应负担的各种成本差异,即可得出完工产品的实际成本;用月末在产品的定额成本,加减应负担的各种成本差异,即为月末在产品的实际成本。

综上所述,在修订定额成本的月份,产品实际成本的计算公式为:

产品的实际成本 = 按现行定额计算的产品定额成本 ± 脱离现行定额差异 ± 原材料成本差异 ± 月初在产品定额变动差异

三、定额法的优缺点

定额法的优点:

(1)对生产耗费和脱离定额差异的日常核算,能够及时反映和监督各种成本脱离定额的程度,便于成本控制,促进节约费用,降低产品成本。

(2)由于产品实际成本是按照定额成本及各种成本差异分别反映的,因而便于进行成本的定期分析,有利于进一步挖掘降低成本的潜力。

(3)定额差异和定额变动差异的核算及其对定额成本的不断修订,有利于提高成本的定额管理和计划管理水平。

(4)根据现行的定额成本,能够较为合理而简便地进行完工产品和月末在产品之间的成本分配。

定额法的缺点:

由于根据实际成本费用与定额成本计算各种脱离定额差异并单独归集分配,在定额变动时还要归集定额变动差异，因而其核算工作量较大。同时，如果产品中某些定额不尽合理而未得到及时的修订，则会影响产品成本的准确性。

任务二　定额法举例

【例 13－4】某厂生产甲产品，采取定额法计算产品成本，产品定额成本根据部件定额卡计算产品消耗定额。

某月初，在产品为 60 件，成本构成如表 13－2 所示。

表 13－2　产品成本构成

项　目	直接材料	直接人工	制造费用	合　计
定额成本	1 980	1 200	5 400	8 580
脱离定额差异	－176	18	60	－98

8 月 1 日起，调整材料消耗定额，由每单位产品直接材料费用定额 33 元调整为 30 元。月初在产品定额成本调整的数额与计入产品实际成本的定额变动差异之和等于零。

当月投产量 500 件，月末在产品 100 件；8 月材料实际耗用量 2 800 千克，计划耗用量 3 000千克，材料计划单价 5 元/千克，材料成本差异率为节约 1.3%；实际工时 1 050 小时，实际人工费用 10 290 元；实际制造费用 46 200 元。要求：根据上述资料，计算甲产品的实际成本并编制相关会计分录。

解：(1)产品定额成本计算汇总如表 13－3 所示：

表 13－3　产品定额成本计算汇总

产品名称	直接材料定额成本	工时消耗定额	直接人工		制造费用		定额成本合计
			计划工资率	定额成本	计划费用率	定额成本	
甲产品	1 5000	1 000	10	10 000	45	45 000	70 000

(2)脱离定额差异：

直接材料：(2 800－3 000)×5＝－1 000

直接人工：10 290－10 000＝290

制造费用：46 200－45 000＝1 200

(3)材料成本差异：

(材料定额成本 ± 材料脱离定额差异)×材料成本差异＝(15 000－1 000)×(－1.3%)
＝－182

(4)月初在产品定额调整：

定额变动系数＝新定额÷旧定额＝30÷33＝0.909

月初在产品定额变动＝1 980×(1－0.909)＝180(元)

按新定额月初在产品定额调整减少 180 元，但这项费用已开支，必须计入 8 月产品成本中,即成本计算中,月初在产品定额变动差异应计入 180 元(月初在产品定额成本调整的数额与计入产品实际成本的定额变动差异之和等于零)。

(5)产品实际成本计算:

表 13－4　产品成本计算表

产品名称:甲产品

产量:月初 60 件　　201×年×月　　本月投产:500 件　　月末在产品:100 件

成本项目		直接材料	直接人工	制造费用	合计
月初在产品成本	定额成本(1)	1 980	1 200	5 400	8 580
	脱离定额差异(2)	－176	18	69	－89
月初在产品定额变动	定额成本调整(3)	－180	0	0	－180
	定额变动差异(4)	180	0	0	180
本月生产费用	定额成本(5)	15 000	10 000	45 000	70 000
	脱离定额差异(6)	－1 000	290	1 200	490
	材料成本差异(7)	－182			－182
生产费用合计	定额成本 (8)=(1)+(3)+(5)	16 800	11 200	50 400	78 400
	脱离定额差异 (9)=(2)+(6)	－1 176	308	1 260	392
	材料成本差异(10)=(7)	－182			－182
	定额变动差异(11)=(4)	180			180
脱离定额差异分配率 (12)=(9)÷(8)		－7%	2.75%	2.5%	
产成品成本	定额成本(13)	13 800	9 200	41 400	64 400
	脱离定额差异 (14)=(13)×(12)	－966	253	1 035	322
	材料成本差异 (15)=(10)	－182			－182
	定额变动差异 (16)=(11)	180			180
	实际成本 (17)=(13)+(14)+(15)+(16)	12 832	9 453	42 435	64 720
月末在产品成本	定额成本 (18)=(8)－(13)	3 000	2 000	9 000	14 000
	脱离定额差异 (19)=(9)－(14)	－210	55	225	70

编制会计分录如下：

(1)领用材料：

	借方	贷方
借：生产成本——基本生产成本(材料定额成本)	15 000	
——基本生产成本(材料脱离定额差异)	-1 000	
贷：原材料		14 000

(2)结转材料成本差异：

	借方	贷方
借：生产成本——基本生产成本(材料成本差异)	-182	
贷：材料成本差异		-182

(3)结转直接人工费用：

	借方	贷方
借：生产成本——基本生产成本(直接人工定额成本)	10 000	
生产成本——基本生产成本(直接人工脱离定额差异)	290	
贷：应付职工薪酬		10 290

(4)结转制造费用：

	借方	贷方
借：生产成本——基本生产成本(制造费用定额成本)	45 000	
生产成本——基本生产成本(制造费用脱离定额差异)	1 200	
贷：制造费用		46 200

(5)结转完工产品成本：

	借方	贷方
借：库存商品——甲产品	64 720	
贷：生产成本——基本生产成本(定额成本)		64 400
——基本生产成本(脱离定额差异)		322
——基本生产成本(材料成本差异)		-182
——基本生产成本(定额变动差异)		180

小 结

本模块主要介绍定额法的概念、特点、适用范围、计算程序和优缺点。定额法是以事前制定的产品定额成本作为目标成本，在生产费用发生的当时将实际发生的费用与目标成本进行对比，揭示差异，并找出原因，及时控制、监督实际生产费用的支出，加强成本差异的日常核算、分析和控制的一种制度。

用定额法核算产品成本时，首先要确定定额成本，以此作为目标成本和确定成本差异的前提。定额成本是根据现行消耗定额和计划单位成本，分成本项目制定的。

定额差异是指产品的各项实际成本费用脱离定额成本的差异。定额差异一般分成本项目进行核算，主要包括直接材料定额差异、直接人工定额差异、制造费用定额差异等内容。

定额变动差异是指由于对旧定额进行修订而产生的新旧定额之间的差额。各项消耗定额的修订，一般在期初进行。期初在产品定额变动差异，一方面应从期初在产品定额成本中扣除；另一方面还须单独列示，并计入当期实际生产费用。

在这种方法下，产品的实际成本按以下公式计算：

产品的实际成本 = 按现行定额计算的产品定额成本 ± 脱离现行定额差异 ± 原材料成本差异 ± 月初在产品定额变动差异

思考题

1. 产品的定额成本有何特点,应怎样计算?
2. 确定材料脱离定额差异的方法有哪些?它们有何特点?
3. 材料脱离定额差异与材料成本差异有何不同?
4. 什么是定额变动差异?它与脱离定额差异有何不同?
5. 定额法适用于什么类型的企业?其优缺点有哪些?

练习题

一、单项选择题

1. 原材料脱离定额差异是(　　)。

A. 数量差异　　B. 一种定额变动差异
C. 价格差异　　D. 原材料成本差异

2. 产品成本计算的定额法(　　)。

A. 与生产类型直接相关　　B. 与生产类型无关
C. 适用于大量生产　　D. 适用于小批生产

3. 在脱离定额差异的核算中,与制造费用脱离定额差异核算方式相同的是(　　)。

A. 原材料　　B. 计件工资形式的生产工人工资
C. 自制半成品　　D. 计时工资形式的生产工人工资

4. 定额法的主要缺点是(　　)。

A. 只适用于大批生产的机械化企业
B. 不便于成本分析
C. 较其他成本计算方法核算工作量大
D. 不能合理解决完工产品与月末在产品之间的费用分配问题

5. 以下各项中,(　　)不是揭示材料脱离定额差异的方法。

A. 类推法　　B. 盘存法
C. 切割法　　D. 差异凭证法

6. 在定额法下,材料脱离定额的差异是指(　　)。

A. 因材料的新定额成本与老定额成本的不同而产生的差异
B. 因材料的实际成本与定额成本的不同而产生的差异
C. 因材料的实际价格与计划价格的不同而产生的差异
D. 因材料的实际耗用量与定额耗用量的不同而产生的差异

7. 在定额法下,(　　)不影响产品的实际成本。

A. 月初定额成本　　B. 脱离定额的差异
C. 定额变动　　D. 月末定额成本

8. 定额成本是(　　)的一种。

A. 目标成本　　B. 现行成本
C. 重置成本　　D. 机会成本

9. 原材料的定额费用和脱离定额的差异是按照(　　)计算的。

A. 实际成本　　B. 计划成本

C. 加权平均成本　　D. 可变现净值

二、多项选择题

1. 计算和分析脱离定额成本差异主要包括(　　)。

A. 材料脱离定额差异　　B. 直接人工费用脱离定额差异

C. 制造费用脱离定额差异　　D. 管理费用脱离定额差异

2. 原材料脱离定额差异的计算方法有(　　)。

A. 限额法　　B. 切割核算法

C. 盘存法　　D. 年限法

3. 采用定额计算在产品成本时,应具备的条件有(　　)。

A. 定额管理基础较好　　B. 消耗定额比较准确

C. 各月末在产品数量变化不大　　D. 各月末在产品数量变化较大

4. 在计时工资形式下,影响生产工人工资脱离定额差异的因素有(　　)。

A. 生产工时　　B. 废品数量

C. 小时工资率　　D. 使用临时工的人数

三、判断题

1. 定额成本制度不仅是一种基本的成本核算方法,还是一种对产品成本进行控制和管理的方法。(　　)

2. 定额变动差异为正,表示月初定额提高数;定额变动差异为负,表示月初定额降低数。(　　)

3. 定额成本制度不仅注重成本的日常控制和事后控制,更重要的是,还能做到成本的事前控制。(　　)

4. 在计算月初在产品定额变动差异时,如果是定额提高的差异,应加入月初在产品的定额成本,同时减少定额变动差异。(　　)

5. 材料脱离定额差异的有利或不利差异应归功或归因于生产单位,而材料成本差异的超支或节约应归因或归功于材料采购单位。(　　)

6. 原材料脱离定额差异是指材料的实际耗用水平与定额耗用水平之间的差异,即材料的量差,不包括原材料的价格差异。(　　)

模块十四　成本报表的编制与分析

学习目标

1. 了解成本报表的作用、种类及成本分析的意义。
2. 熟悉成本报表的编制要求及生产成本报表和期间费用报表的编制方法。
3. 掌握成本计划完成情况的分析及主要产品单位成本分析的方法。

情景案例

甲公司是一家刚成立不久的通信电子产品制造厂,会计部门的小杨负责成本核算。由于公司业务刚刚起步,没有以前年度的资料可参考,对同行业先进水平的了解也不多,在编制成本报表时,小杨只能依据产品成本计算单和产品生产成本明细账的记录填列。但是,最近他发现这样编制出来的成本报表缺乏可比性,实际运用性也不是很强。小杨发现,尽管他每月按时编制三类主要成本报表,即全部商品成本表、主要产品单位成本表和各项费用报表,厂内主管生产的副总李田还是经常抱怨报表提供的信息不足以帮助管理者改进生产、降低成本。那么,你觉得小杨该怎么做呢?

任务一　成本报表概述

一、成本报表的概念和特点

为实现成本的全面管理,调动从企业领导到车间、部门及广大职工的成本意识,提高成本管理的积极性,就必须让其了解成本的现状,并将降低成本的任务与企业职工的本职工作联系起来,落实到每位职工的行动中。这就需要会计部门有针对性地编制成本报表,及时、正确地提供成本费用支出的资料,准确地反映企业成本信息。

(一)成本报表的概念

成本报表是根据产品成本和期间费用的核算资料以及其他相关资料编制的,用以反映和监督企业在一定时期内产品成本和期间费用水平及其构成情况的书面报告。

成本报表是会计报表体系的重要组成部分,属于企业对内报表,是会计核算的最终成果,也是成本计划和费用预算执行情况的全面反映。正确、及时地编制和分析成本报表是成本会计的一项重要工作,是分析成本计划完成情况、考核成本管理业绩的主要工具。

(二)成本报表的特点

(1)成本报表编制的目的主要是满足企业内部管理的需要,其内容具有针对性。在市场经济条件下,成本是企业的商业秘密,不对外公开,因此,成本报表的作用主要是为企业内部管理服务,满足企业领导及各部门、车间、岗位负责人和广大职工对成本信息的需要,所以,成本报表的内容更应具有针对性,只反映内部使用人关注的信息,而不是泛泛地、千篇一律地提供总括的信息。

(2)成本报表种类、内容和格式由企业自行决定,具有灵活性。由于成本报表是内部报表,所以,其内容、格式和编制方法等均由企业根据生产经营过程的特点和内部管理者的具体要求自行决定和设计,不受公认企业会计准则的影响。为适应不同管理的要求,会计部门除了定期编制全面反映成本计划完成情况的报表外,还可以针对某一方面的问题,或者从某个侧面编制报表进行重点分析;报表的格式可以灵活多样,内容、指标可多可少;可以事后编制,也可以事中编制或事前预报。总之,成本报表应遵循实质重于形式的原则,力求简明扼要,讲求实效。

(3)更注重时效性。成本报表的编报时间相对灵活,既可定期编报,为成本费用控制提供及时的信息资料;又可不定期编报,以满足日常成本管理的要求。管理者应与会计部门及时沟通成本信息,确保成本计划的贯彻和执行。

二、成本报表的种类

企业应当从生产经营的实际情况和管理要求出发设计和编制成本报表,尽可能注重报表的实用性,指标项目应简化,应做到及时、正确、有针对性地提供成本管理所需要的各种报表,满足日常成本管理控制的需要,为成本的预测、决策及计划编制提供依据。

1. 按其反映的经济内容分类

成本报表按其所反映的经济内容可以分为反映产品成本情况的报表和反映费用支出情况的报表。

(1)反映产品成本情况的报表。

该类报表主要反映企业为生产一定种类和数量的产品所发生的生产费用水平及其构成情况,并与计划书、上年实际数、企业历史最好水平或同行业同类产品先进水平相比较,以反映产品成本的变动情况和趋势。属于此类成本报表的有全部产品生产成本表和主要产品单位成本表等。

(2)反映费用支出情况的报表。

该类报表主要反映企业在一定时期内各种费用的发生额及其构成情况,并与计划或预算数及上年实际数进行对比,反映各项支出的变动情况及变动趋势。属于此类成本报表的主要有制造费用明细表、管理费用明细表、销售费用明细表和财务费用明细表等。

2. 按是否定期编制分类

成本报表按编制的时间可以分为定期成本报表和不定期成本报表。

(1)定期成本报表。

定期成本报表包括产品成本表、主要产品单位成本表、制造费用明细表、管理费用明细表、财务费用明细表和销售费用明细表。

(2)不定期成本报表。

不定期成本报表可以在成本计划制定完成时编制,也可以在成本计划执行中或者执行后编制,或者在成本计划执行到一定阶段时,为反映其执行情况、及时发现问题而进行编报。

3. 按编制的时间分类

成本报表按编制的时间可以分为年报、半年报、季报、月报,以及旬报、周报、日报和班报等。

根据管理上的要求,成本报表一般可按月、按季、按年编报,同时,针对企业内部管理的特殊需要,也可以按旬、按周、按日甚至按工作班来编报,以满足临时或特殊任务管理的需要,使成本报表即时服务于生产经营的全过程。

4. 按编制的范围分类

成本报表按编制的范围可以分为全厂(企业)成本报表和车间、班组、个人(责任)成本报表。

一般情况下,全厂(企业)成本报表有产品生产成本表、主要产品单位成本表、制造费用明细表、管理费用明细表、销售费用明细表、财务费用明细表等。

而制造费用明细表、生产情况表、质量成本表等可以是全厂(企业)的成本报表,也可以是车间、班组、个人(责任)的成本报表。

三、成本报表的作用

(1)企业和主管企业的上级机构利用成本报表,可以检查企业成本计划的执行情况,考核企业成本工作绩效,对企业成本工作进行评价。

(2)通过成本报表分析,可以揭示影响产品成本指标和费用项目变动的因素和原因,从生产技术、生产组织和经营管理等方面挖掘和动员企业员工节省费用支出和降低产品成本的潜力,提高企业的经济效益。

(3)成本报表提供的实际产品成本和费用支出的资料,不仅可以满足企业、车间和部门加强日常成本、费用管理的需要,还是企业进行成本、利润的预测、决策,编制产品成本和各项费用计划,制定产品价格的重要依据。

四、成本报表的编制要求

1. 数字真实

成本报表中各项数字必须真实可靠,不得用估计数、计划数或者定额数代替,更不允许弄虚作假、篡改数字,要杜绝主观调节成本、人为操作产品成本的行为,使成本信息具有可靠性。

2. 内容完整

企业成本报表要按照企业确定的种类和内容编制,即应编制的各种成本报表必须齐全;应填列的报表指标和文字说明必须全面;表内项目和表外补充资料必须填报齐全。要提供全面的成本信息,不得漏报、少报。只有内容完整的报表,才能满足企业经营管理者对成本信息的需求。

3. 编报及时

成本报表的编制在时间上要做到及时，防止事过境迁，要使成本信息具有相关性。成本报表提供的会计信息具有很强的及时性，如果编报不及时，很有可能失去它应有的价值。

任务二　生产成本报表的编制

企业编制的生产成本报表主要包括全部生产成本报表、主要产品单位成本表、制造费用明细表等。

一、全部产品生产成本报表

(一)概念和种类

全部产品生产成本报表是反映企业在一定时期内生产产品而发生的全部生产费用的报表。该表一般分为两种，一种按成本项目反映，另一种按产品种类反映。

按成本项目反映的产品生产成本表，是按成本项目汇总反映企业在报告期内发生的全部生产成本以及产品生产成本合计额的报表。利用此表，可以定期、总括地分析和考核企业全部生产费用和全部产品总成本计划的完成情况，对企业成本工作从总体上进行评价，为进一步分析指明方向。

按产品种类反映的产品生产成本表是按产品种类汇总反映企业在报告期内生产的全部产品的单位成本和总成本的报表。利用此表，可以定期、总括地分析和考核企业全部产品成本计划的完成情况和可比产品成本降低计划的执行情况，对企业产品成本工作从总体上进行评价，为进一步分析指明方向。

利用编制的各种产品成本报表，可以考核各种产品成本计划的执行结果，了解产品成本发生的全貌；利用产品成本表可以分析各成本项目的构成及其变化情况，揭示成本差异，挖掘潜力，降低产品成本；同时，成本报表提供的成本信息资料，又是预测未来产品成本水平和制订合理目标成本的依据。

(二)格式

1. 按成本项目反映的产品生产成本表(见表14－1)

表14－1　产品生产成本表(按成本项目反映)

××公司　　　　201×年12月　　　　单位:元

项　目	上年实际数	本年计划数	本月实际数	本年累计实际数
生产费用				
直接材料				
直接人工				
制造费用				

续表

项　目	上年实际数	本年计划数	本月实际数	本年累计实际数
生产费用合计				
加:在产品、自制半成品期初余额				
减:在产品、自制半成品期末余额				
产品生产成本合计				

由表14－1可以看出,报表分为生产费用和产品生产成本两部分。生产费用部分按成本项目反映,产品生产成本部分是在生产成本的基础上,加或减在产品、自制半成品期初、期末余额计算的产品成本的合计数。生产费用和产品生产成本可以按上年实际数、本年计划数、本月实际数和本年累计实际数分栏反映,以便分析利用。

2. 按产品种类反映的产品生产成本表(见表14－2)

表14－2　产品生产成本表(按产品种类反映)

××公司　　　　201×年12月　　　　单位:元

<table>
<tr><th rowspan="2">产品名称</th><th rowspan="2">计量单位</th><th colspan="2">实际产量</th><th colspan="4">单位成本</th><th colspan="3">本月总成本</th><th colspan="3">本年累计总成本</th></tr>
<tr><th>本月实际</th><th>本年累计</th><th>上年实际平均</th><th>本年计划</th><th>本月实际</th><th>本年累计实际平均</th><th>按上年实际平均单位成本计算</th><th>按本年计划单位成本计算</th><th>本月实际</th><th>按上年实际平均单位成本计算</th><th>按本年计划单位成本计算</th><th>本年实际</th></tr>
<tr><td>可比产品</td><td></td><td></td><td></td><td></td><td></td><td></td><td></td><td></td><td></td><td></td><td></td><td></td><td></td></tr>
<tr><td>合 计</td><td></td><td></td><td></td><td></td><td></td><td></td><td></td><td></td><td></td><td></td><td></td><td></td><td></td></tr>
<tr><td>其中:A</td><td></td><td></td><td></td><td></td><td></td><td></td><td></td><td></td><td></td><td></td><td></td><td></td><td></td></tr>
<tr><td>B</td><td></td><td></td><td></td><td></td><td></td><td></td><td></td><td></td><td></td><td></td><td></td><td></td><td></td></tr>
<tr><td>不可比产品</td><td></td><td></td><td></td><td></td><td></td><td></td><td></td><td></td><td></td><td></td><td></td><td></td><td></td></tr>
<tr><td>合 计</td><td></td><td></td><td></td><td></td><td></td><td></td><td></td><td></td><td></td><td></td><td></td><td></td><td></td></tr>
<tr><td>其中:C</td><td></td><td></td><td></td><td></td><td></td><td></td><td></td><td></td><td></td><td></td><td></td><td></td><td></td></tr>
<tr><td>D</td><td></td><td></td><td></td><td></td><td></td><td></td><td></td><td></td><td></td><td></td><td></td><td></td><td></td></tr>
<tr><td>产品成本合计</td><td></td><td></td><td></td><td></td><td></td><td></td><td></td><td></td><td></td><td></td><td></td><td></td><td></td></tr>
</table>

补充资料(本年累计实际数):

(1)可比产品成本降低额;

(2)可比产品成本降低率;

(3)全产品计划成本降低额;

(4)全产品计划成本降低率。

表14－2分为基本报表和补充资料两部分。基本报表可按可比产品和不可比产品分别列示。可比产品是指企业过去曾经正式生产过、有完整的成本资料可以进行比较的产品；不可比产品是指企业本年度初次生产的新产品，或虽非初次生产，但以前仅属试制而未正式投产的产品，缺乏可比的成本资料。基本报表应反映可比和不可比产品的本月及本年累计的实际产量、实际单位成本和实际总成本。对于可比产品，如果企业规定有本年成本比上年成本的降低额或降低率的计划指标，还应根据产品生产成本表的资料计算成本的实际降低额或降低率，作为该表的补充资料。

（三）编制方法

1.按成本项目反映的产品生产成本表的填列

"上年实际数"项目，反映上年度各成本项目的成本和消耗，根据上年度该产品实际成本资料计算填列。如为不可比产品，可以不填。

"本年计划数"项目，反映成本计划规定的各成本项目的成本和消耗。根据该产品单位成本计划有关资料填列。

"本月实际数"项目，反映本月各成本项目的成本和消耗，根据本月该产品成本计算资料填列。

"本年累计实际数"项目，反映自年初起至本月末止该产品各成本项目的成本和消耗，根据本年该产品各月实际成本资料汇总计算填列。

"在产品和自制半成品的期初、期末余额"项目，反映期初和期末在产品和自制半成品各成本项目的成本和消耗，根据各种产品成本明细账的期初、期末余额分别汇总填列。

"产品生产成本合计"项目等于生产费用合计加上在产品和自制半成品的期初余额，减去其期末余额即可。

【例14－1】某公司201×年12月按成本项目反映的全部产品生产成本如表14－3所示。

表14－3　全部产品生产成本表（按成本项目）

××公司　　　　201×年12月　　　　单位：元

项　目	上年实际数	本年计划数	本月实际数	本年累计实际数
生产费用				
直接材料	211 880	205 650	20 720	200 600
直接人工	87 270	96 920	8 030	81 230
制造费用	101 540	104 030	10 490	87 300
生产成本合计	400 690	406 600	39 240	369 130
加：在产品、自制半成品期初余额	21 420	20 500	2 160	4 045
减：在产品、自制半成品期末余额	34 000	54 400	7 835	7 835
产品生产成本合计	388 110	372 700	33 565	365 340

2. 按产品种类反映的产品生产成本表的填列

(1)基本报表部分的填列。

“实际产量”项目根据本月产品成本明细账中的有关记录填列。其中,“本年累计”根据本月数加上上月本表的累计数计算填列。

“上年实际平均单位成本”项目根据上年度本表所列各种可比产品的全年累计实际平均单位成本填列。

“本年计划单位成本”项目根据年度成本计划的有关资料填列。

“本月实际单位成本”根据产品成本明细账中的资料计算填列。

某产品本月实际单位成本 = 该产品本月实际总成本 ÷ 该产品本月实际产量

“本年累计实际平均单位成本”项目根据有关产品成本明细账资料计算填列。

某产品本年累计实际平均单位成本 = 该产品本年累计实际总成本 ÷ 该产品本年累计实际产量

“本月总成本”各项目根据本月实际产量与相应单位成本之积填列。其中,“本月实际”项目根据本月有关产品成本明细账的记录填列。

“本年累计总成本”各项目按本年累计实际产量与上年实际平均单位成本之积填列。

(2)补充资料部分的填列。

补充资料部分只填列本年累计实际数。

可比产品成本的降低额是指可比产品本年累计实际总成本比按上年实际平均单位成本计算的总成本降低的数额,超支额用负数表示。

可比产品成本的降低率是指可比产品本年成本降低额与按上年实际平均单位成本计算的本年累计总成本的比率,超支率用负数表示。

全部产品计划成本降低额是指全部产品累计实际总成本比按本年计划单位成本计算的累计总成本降低的数额,超支额用负数表示。

全部产品成本降低率是指全部产品本年成本降低额与按本年计划单位成本计算的本年累计总成本的比率,超支额用负数表示。

计算公式如下:

可比产品成本降低额 = 可比产品按上年实际平均单位成本计算的本年累计总成本 - 本年累计实际成本计算的本年累计实际总成本

可比产品成本降低率 = 可比产品成本降低额 ÷ 可比产品按上年实际平均单位成本计算的本年累计总成本

全部产品计划成本降低额 = 按本年计划单位成本计算的累计总成本 - 全部产品本年累计实际总成本

全部产品成本降低率 = 全部产品本年成本降低额 ÷ 按本年计划单位成本计算的本年累计总成本

【例 14 - 2】甲公司生产 A、B、C 三种产品,A、B 产品是老产品,C 产品为本年新生产的产品。201×年 12 月有关产品成本资料见表 14 - 4。

表 14－4　甲公司 201×年 12 月产品成本资料

201×年 8 月　　　单位:件

产品	每月计划产量(件)	本月实际产量(件)	本年累计产量(件)	本年计划单位成本(元/件)	本月实际单位成本(元/件)	上月实际单位成本(元/件)	本年累计实际平均单位成本(元/件)
A 产品	130	130	1 290	191	195	200	189
B 产品	55	60	530	144	140	150	145
C 产品	55	56	500	177	172		165

根据表 14－4 的资料,编制产品成本表,如表 14－5 所示。

表 14－5　产品生产成本表(按产品种类反映)

甲公司　　　201×年 12 月　　　单位:元

产品名称	实际产量		单位成本				本月总成本			本年累计总成本		
	本月实际	本年累计	上年实际平均	本年计划	本月实际	本年累计实际平均	按上年实际平均单位成本计算	按本年计划单位成本计算	本月实际	按上年实际平均单位成本计算	按本年计划单位成本计算	本年实际
可比产品												
合计							35 000	33 478	33 750	337 500	322 710	320 660
其中:A	130	1 290	200	191	195	189	26 000	24 830	25 350	258 000	246 390	243 810
B	60	530	150	144	140	145	9 000	8 640	8 400	79 500	76 320	76 850
不可比产品												
合计								9 912	9 632		88 500	82 500
其中:C	56	500		177	172	165		9 912	9 632		88 500	82 500
全部产品成本合计								43 390	43 382		411 210	403 160

补充资料(本年累计实际数):

(1)可比产品成本降低额＝337 500－320 660＝16 840(元)

(2)可比产品成本降低率＝16 840/337 500＝4.99%

(3)全部产品计划成本降低额＝411 210－403 160＝8 050(元)

(4)全部产品计划成本降低率＝8 050/411 210＝1.96%

二、主要产品单位成本表

(一)主要产品单位成本表的概念和作用

主要产品是指企业生产、在企业全部产品中所占比重较大,能总括反映企业生产经营情况的产品。主要产品单位成本表是反映企业年度内生产的主要产品单位成本构成和比较的报表。

编制主要产品单位成本表,可以了解主要产品单位成本水平、变动情况及构成情况、主要技术经济指标的执行情况,从而分析各种成本消耗定额的变动情况和单位产品成本升降的原因,以便进一步寻找差距、挖掘潜力、降低成本。该表按产品成本的构成项目分别列示,同时反映上年实际平均、本年计划、本月实际和本年累计平均实际单位成本等信息。该表可以分产品单独编制,也可以将企业主要产品成本的构成情况列在同一张表中显示。

(二)主要产品单位成本表的格式

分产品单独编制的主要产品成本表,其格式如表 14－6 所示。

表 14－6　××产品单位成本表

编制单位:

产品名称:　　　　201×年 12 月　本月实际产量:　　本年累计实际产量:

成本项目	单位	历史先进水平(××年)	上年实际平均	本年计划	本月实际	本年累计实际平均
直接材料	元					
直接人工	元					
制造费用	元					
成本合计	元					
主要技术指标		用量	用量	用量	用量	用量
××材料	千克					
××材料	千克					
工时	小时					

按企业主要产品成本的构成情况,编制主要产品单位成本表,格式如表 14－7 所示。

表 14－7　主要产品单位成本表

编制单位：　　　　　　　　　　201×年 12 月　　　　　　　　　　单位：元

产品名称	计量单位	售价	实际产量			直接材料				直接人工				制造费用				产品单位成本			
			本月计划	本月实际	本年累计实际	上年实际平均	本年计划	本月实际	本年累计实际平均	上年实际平均	本年计划	本月实际	本年累计实际平均	上年实际平均	本年计划	本月实际	本年累计实际平均	上年实际平均	本年计划	本月实际	本年累计实际平均
A																					
B																					

（三）编制方法

1. 分产品单独编制的主要产品成本表

（1）历史平均水平单位成本根据历史上该种产品成本最低年度本表的实际平均单位成本填列。

（2）上年实际平均单位成本根据上年度本表实际平均单位成本填列。

（3）本年计划单位成本根据本年度成本计划填列。

（4）本月实际单位成本根据该种产品成本明细账或成本计算单填列。

2. 主要产品单位成本表

（1）"本月实际产量"、"本年累计实际产量"栏，根据成本计算单及有关资料填列本月和从年初起至本月末止的合格品数量。

（2）各成本项目中的"上年实际平均"栏根据上期报表中各成本项目的"本年累计实际平均"栏数字填列。

（3）各成本项目中的"本年计划"栏根据年度成本计划中各产品分成本项目的计划数填列。

（4）各成本项目中的"本月实际"栏根据各产品的成本计算单填列。

（5）各成本项目中的"本年累计实际平均"栏根据年度内各产品成本计算单分别计算填列。

（6）"产品单位成本"中的各栏分别根据各成本项目中的相同栏目的金额之和填列。

三、制造费用明细表

（一）制造费用明细表概述

制造费用是企业生产单位为生产产品或提供劳务而发生的应计入产品或劳务成本但没有专设成本项目的各项生产费用。主要包括企业各个生产单位（车间、分厂）为组织和管理生产所发生的一切费用,以及各个生产单位所发生的固定资产使用费和维修费。具体有以下项目:各个生产单位管理人员的工资、职工福利费,房屋建筑费、劳动保护费、季节性生产和修理期间的停工损失,等等。制造费用一般是间接计入成本,当制造费用发生时,一般无法直接判定它所归属的成本计算对象,因而不能直接计入所生产的产品成本中去,而须按费用发生的地点先行归集,月终时再采用一定的方法在各成本计算对象间进行分配,计入各成本计算对象的成本中。

制造费用明细表是反映企业生产单位一定时期内为组织和管理生产所发生的费用总额和各明细项目数额的报表。利用制造费用明细表所提供的资料,可以考核制造费用计划的执行情况,分析各项费用的构成情况和增减变动原因,以便进一步采取措施,节约开支,降低费用。该表一般按车间分别编制,然后再加以汇总。

(二)制造费用明细表的格式

制造费用明细表由表头和基本内容两部分组成。表头包括报表名称、编制期间、计量单位;基本内容包括职工薪酬、折旧费、办公费、水电费等的"本年计划数"、"上年同期实际数"、"本月实际数"和"本年累计实际数"。

表 14－8　制造费用明细表

编制单位:××公司　　　　年　月　　　　单位:元

项　目	本年计划数	上年同期实际数	本月实际数	本年累计实际数
职工薪酬				
折旧费				
修理费				
办公费				
水电费				
机物料消耗				
劳动保护费				
其他				
制造费用合计				

(三)编制方法

(1)"本年计划数"根据成本计划中的制造费用计划填列。

(2)"上年同期实际数"根据上年同期该报表的"本年累计实际"栏的对应项目填列。

(3)"本月实际数"根据制造费用总账所属各基本生产成本车间制造费用明细账的本月合计数汇总填列。

(4)"本年累计实际"根据"制造费用"科目所属明细资料累计填列。

任务三　期间费用报表的编制

一、期间费用报表概述

期间费用包括管理费用、销售费用和财务费用。管理费用是指企业为组织和管理企业生产经营所发生的各项费用。销售费用是指企业在销售商品和材料、提供劳务的过程中发生的各种费用。财务费用是指企业为筹集生产经营所需资金等而发生的筹资费用。期间费用与产品生产没有直接关系,因此不计入产品生产成本,而是按发生的期间进行归集,将当期的实际发生数直接计入当期损益。期间费用的高低不影响产品成本,直接影响当期利润。

期间费用报表包括管理费用明细表、销售费用明细表和财务费用明细表这三张报表。期间费用明细表一般可按年编制,分别反映会计期内的管理费用、销售费用和财务费用的发生情况及费用构成,可用来考核和分析这三项费用计划的执行情况。

二、期间费用报表的编制

管理费用明细表、销售费用明细表及财务费用明细表的格式与制造费用明细表的格式基本相同,都是按费用项目分“本年计划数”、“上年同期实际数”、“本月实际数”、“本年累计实际数”进行反映,以期达到反映资金耗费及费用任务完成情况的目的。

表 14－9　管理费用明细表

编制单位:××公司　　　　年　月　　　　单位:元

项　目	本年计划数	上年同期实际数	本月实际数	本年累计实际数
职工薪酬				
折旧费				
修理费				
办公费				
水电费				
咨询费				
诉讼费				
工会经费				
职工教育经费				
税金				
其他				
管理费用合计				

表 14－10　销售费用明细表

编制单位：××公司　　　　年　月　　　　单位：元

项　目	本年计划数	上年同期实际数	本月实际数	本年累计实际数
职工薪酬				
运输费				
包装费				
折旧费				
办公费				
保险费				
广告费				
展览费				
租赁费				
专设销售机构经费				
其他				
销售费用合计				

表 14－11　财务费用明细表

编制单位：××公司　　　　年　月　　　　单位：元

项　目	本年计划数	上年同期实际数	本月实际数	本年累计实际数
利息支出				
汇兑损益				
相关手续费				
现金折扣				
其他				
财务费用合计				

编制方法为：

（1）“本年计划数”根据本年各该费用的计划数填列。

（2）“上年同期实际数”根据上年同期各报表的“本年累计实际”的对应项目填列。

（3）“本月实际数”根据各费用明细账的本月合计数汇总填列。

（4）“本年累计实际”根据各费用科目所属明细资料累计数填列。

任务四 成本分析的程序和方法

一、成本分析的意义

成本分析是利用成本核算及其他相关资料,对企业的成本水平和成本结构的变动情况进行分析评价,以揭示影响成本升降的各种因素及其变动原因,达到降低成本的目的。

成本分析的意义主要体现在四个方面:

(1)成本分析是增加企业利润的根本途径。通过成本控制,企业不仅能增加利润,而且能使销售利润率得到显著改善。

(2)成本分析有利于培育企业的成本竞争优势。21 世纪,企业的成本竞争优势决定了企业在市场中的地位。

(3)成本分析为有效的策略调整提供保障。企业做任何策略调整都要基于成本,比如调整价格,只有在成本调整的基础上进行价格调整才是正确的。

(4)成本分析为日常工作的改善提供信息支撑。提高工作效率、提升工作价值都可以从成本控制着手。分析成本的控制点,可以明确工作的核心重点。

二、成本分析的程序

(一)明确目的

要进行成本分析,首先要明确分析目的。

概括来说,成本分析的目的有三个:

(1)降低成本,找到成本降低点。

(2)为业绩评价提供依据。企业的成本实施预算、销售费用预算达成率等都属于业绩评价。

(3)为决策提供信息支持,包括为公司产品的定价和选择提供分析信息等。

(二)确定对象

确定对象指对对象为材料成本、员工成本、制造费用、销售费用、管理费用及财务费用等进行分析。

一般来说,分析的原则有两个:一是全面分析;二是重点分析,也即专项分析。在实务过程中,通常建议做重点分析,如要控制差旅费,就做差旅费的专项分析。

另外,需要注意的是,在分析过程中,最忌讳出现什么都想分析但都分析不到位的情况。因此,一个阶段的重点分析对象不可太多,时间和精力有限,要用有限的时间去做最有价值的事情。

(三)数据的收集与汇总

分析对象确定后,企业就要围绕这些对象去收集数据,如果数据不全,就会导致分析结果失去价值,因此数据的收集和汇总非常关键。

收集与汇总数据的标准主要有三个：

(1)及时。数据不及时会误导决策。

(2)完整。数据完整非常关键。

(3)正确。很多企业的相关部门不太重视数据，甚至连财务部都不清楚报表数据是否准确，得出的结果也就很难保证正确了。

为了全面、系统地分析成本报表，必须详细地掌握资料，包括成本报表资料和其他有关的计划、统计、业务技术资料等。

(四)分析与评价

分析成本报表应从全部产品生产成本计划和各项费用计划完成情况的总评价开始，然后对影响成本计划完成情况的因素逐步进行深入而具体的分析。在分析成本指标实际脱离计划差异的过程中，要研究确定影响指标变动的各种因素。相互联系地研究生产技术、生产组织和经营管理等方面的情况，查明各种因素变动的原因，以便采取措施挖掘降低产品成本和节约费用开支的潜力。最后，以全面、发展的观点，对企业成本工作进行评价。

三、成本报表分析的方法

在成本分析的实践中，人们不断地总结规律，寻求更加科学的方法，逐步形成了一整套完善的成本分析方法体系。

成本报表分析的一般方法有以下几种：

(一)成本报表整体分析方法

成本报表整体分析方法包括水平分析法、垂直分析法和趋势分析法。

水平分析法是将反映企业报告期内成本的信息(特别指成本报表信息资料)与反映企业前期或历史某一种成本状况的信息进行全面、综合的对比，研究企业经营业绩或成本状况的发展变动情况的一种成本分析方法。

垂直分析法是通过计算成本报表中各项目占总体的比重或结构，反映报表中的项目与总体的关系及其变动情况的一种成本分析方法。

趋势分析法是根据企业连续几年或几个时期的分析资料，运用指数或完成率的计算，确定分析期内各有关项目的变动情况和趋势的一种成本分析方法。

(二)指标分析法

指标分析法主要包括比较分析法和比率分析法。

1.比较分析法

比较分析法是通过实际数与基数的对比来揭示实际数与基数之间的差异，借以了解经济活动的成绩和问题的一种分析方法。

比较分析法适用于同质指标的数量对比。采用这种分析方法，应注意相比指标的可比性。可比的共同基础包括经济内容、计算方法、计算期和影响指标形成的客观条件等。若指标不可比，应先按可比的口径进行调整，然后再进行对比。该方法有以下几种对比形式：

(1)以成本的实际指标与计划或定额指标对比，分析成本计划或定额的完成情况。

(2)以本期实际成本指标与前期(上期、上年同期或历史最好水平)的实际成本指标对比,观察企业成本指标的变动情况和变动趋势。

(3)以本企业实际成本指标(或某项技术经济指标)与国内外同行业先进指标对比,可以在更大范围内找出差距,推动企业改进经营管理。

2. 比率分析法

比率分析法是通过计算指标之间的比率来考察企业经济活动相对效益的一种分析方法。比率分析法主要有相关指标比率分析法、构成比率分析法和动态比率分析法。

相关指标比率是将两个性质不同但又相关的指标进行对比求出的比率,如产值成本率、销售成本率、成本费用利润率等。

产值成本率 = 成本 ÷ 产值 ×100%

销售成本率 = 成本 ÷ 销售收入 ×100%

成本费用利润率 = 利润 ÷ 成本 ×100%

构成比率是某项经济指标的各个组成部分占总体的比重,如各成本项目占总成本的比率,以观察企业制造成本的特点及其变动趋势。

构成比率 = 指标某部分的数值 ÷ 指标总数值 ×100%

动态比率是将不同时期的同类指标进行对比求出的比率,据以分析增减速度和变动趋势,如定基比率和环比比率。

定基比率 = 分析期指标数额 ÷ 固定期指标数额

环比比率 = 分析期指标数额 ÷ 前一期指标数额

(三)因素分析方法

因素分析法是依据分析指标与其影响因素的关系,从数量上确定各因素对分析指标影响方向和影响程度的一种方法。因素分析法主要包括连环替代法、差额计算法、指标分解法和定基替代法。

1. 连环替代法

连环替代法是用来计算几个相互联系的因素对综合经济指标变动影响程度的一种分析方法。

连环替代法的一般程序如下:

(1)根据影响某项综合性指标的因素,按其依存关系将该经济指标的实际数和基数(计划、同期或上期)分解为两个或两个以上指标体系。

(2)以基数指标体系为基础,用各项因素的实际数逐个替换其基数,每次替换后(实际数予以保留,不再退回基数),计算出该因素变动后得到的新结果。

(3)将每次替换后得到的新结果与该因素替换前的结果进行比较,两者的差额就是这一因素变化对该综合指标的影响程度。

(4)各因素影响值相加,其代数和应当而且必然同该综合指标的实际数与基数的总差异相符。

(5)对该指标的差异及其各因素影响程度给予评价,必要时进行深入的分析。

连环替代法的特点:

(1)计算程序的连环性,严格按照各因素的排列顺序,逐次以一个因素的实际数替换其基数。

(2)因素替换的顺序性,先数量指标,后质量指标;先实物量指标,后价值量指标。

(3)计算条件的假定性,在测定某一因素变动影响时,是以假定其他因素不变为条件的。

【例 14－3】甲企业 201×年 12 月某种原材料费用的实际值是 9 240 元,而其计划值是 8 000元。实际比计划增加了 1 240 元。由于原材料费用的数值是产品产量、单位产品材料消耗用量和材料单价三个因素的乘积,因此,可以将材料费用这一总指标分解为三个因素,然后逐个分析它们对材料费用总额的影响方向和程度。现假定这三个因素的数值如表 14－12 所示。

表 14－12　材料费用的影响因素及数值情况

项　目	单　位	计划值	实际值
产品产量	件	100	110
单位产品材料消耗量	千克	8	7
材料单价	元	10	12
材料费用总额	元	8 000	9 240

解:根据表 14－12 的资料,材料费用总额实际值较计划值增加了 1240 元。运用连环替代法,可以计算出各因素变动对材料费用总额的影响方向和程度:

计划值:100×8×10＝8 000(元)　(1)

第一次替代(产品产量因素):110×8×10＝8 800(元)　(2)

第二次替代(单位材料消耗量因素):110×7×10＝7 700(元)　(3)

第三次替代(材料单价因素):110×7×12＝9 240(元)　(4)

产品产量增加对材料费用的影响:

(2)－(1)＝8 800－8 000＝800(元)

单位产品材料消耗量节约对材料费用的影响:

(3)－(2)＝7 700－8 800＝－1 100(元)

材料单价提高对材料费用的影响:

(4)－(3)＝9 240－7 700＝1 540(元)

综合这三个因素对材料费用总额的影响:

800－1 100＋1 540＝1 240(元)

2. *差额计算法*

差额计算法是连环替代法的一种简化形式,先确定各个因素实际数与计划数之间的差异,然后按照各因素的排列顺序,依次求出各因素变动的影响程度。

差额计算法的一般程序如下:

(1)确定各因素实际数与基数的差额。

(2)以各因素的差额乘上计算公式中该因素前面的各因素的实际数,以及列在该因素后面的其余因素的基数,求得该因素的影响值。

(3)将各个因素的影响值相加,其代数和应同该项经济技术指标的实际数与基数之差相符。

【例 14－4】资料同【例 14－3】,用差额计算法分析各因素变动对材料费用的影响程度。

解:(1)产量变动对材料费用的影响:

(110－100)×8×10＝800(元)

(2)材料单耗变化对材料费用的影响:

(7－8)×110×10＝－1 100(元)

(3)材料单价变化对材料费用的影响:

(12－10)×110×7＝1 540(元)

任务五　成本计划完成情况的分析

一、全部产品生产成本计划完成情况的分析

全部产品包括可比产品和不可比产品两大部分。要对全部产品成本进行分析,首先应对全部产品的计划完成情况进行总括的了解与评价,然后对可比产品计划降低情况进行分析,并找出成本降低的原因。

(一)按成本项目对全部产品成本计划完成情况进行总括分析

按成本项目进行产品成本分析,可以了解各成本项目的升降情况,找出企业成本降低的关键因素。按成本项目进行产品成本分析时,需要将全部产品的总成本按成本项目分析比较其实际总成本与计划总成本,以确定各个成本项目的升降额和升降率,并分析各成本项目变动对总成本的影响程度。

【例 14－5】甲公司生产 A、B、C 三种产品,其中 A 产品和 B 产品是可比产品,C 产品是不可比产品,相关资料见【例 14－1】。按成本项目分析产品成本计划的完成情况,如表 14－13 所示:

表 14－13　全部产品成本分析表(按成本项目)　　单位:元

成本项目	全部产品		节约或超支		各项目差异对总成本影响的百分比
	计划成本	实际成本	绝对数	百分数	
直接材料	205 650	200 600	－5 050	－2.46%	－12.421%
直接人工	96 920	81 200	－15 720	－16.22%	－3.87%
制造费用	104 030	87 300	－16 730	－16.08%	－4.11%
合　计	406 600	369 100	－37 500	－9.23%	－9.23%

由表 14－13 的计算结果可以看出,该公司全部产品实际成本比计划成本节约了37 500,节约率为－9.23%,其主要原因是直接人工和制造费用有所降低。

(二)按产品种类对全部产品成本计划完成情况进行总括分析

按产品种类对全部产品成本计划完成情况进行总括分析时,既要对企业全部产品成本

计划完成情况进行总括分析，还应当就每一种产品的成本计划完成情况展开分析，应对每种产品的计划成本完成情况有所了解，进而分析差异的原因。

【例 14 －6】甲公司生产 A、B、C 三种产品，其中 A 产品和 B 产品是可比产品，C 产品是不可比产品，相关资料见【例 14 －2】，按产品种类对产品成本计划的完成情况进行分析。

表 14 －14　全部产品成本分析表（按产品种类）　　单位：元

项目		实际产量		与计划的差异	
		计划成本	实际成本	升降额	升降率
可比产品	A 产品	246 390	243 810	－2 580	－1.05%
	B 产品	76 320	76 850	530	0.69%
	小计	322 710	320 660	－2 050	－0.36%
不可比产品	C 产品	88 500	82 500	－6 000	－6.78%
	小计	88 500	82 500	－6 000	－6.78%
全部产品		411 210	403 160	－8050	－7.14%

从表 14 －14 可以看出，企业的可比产品中 A 产品完成了成本降低计划，而 B 产品发生了超支，需进一步分析超支原因；不可比产品 C 完成了成本降低计划。

二、可比产品成本降低计划完成情况的分析

企业在制定成本计划时，往往规定了可比产品成本比上年成本降低的任务，即计划降低额和计划降低率，因此，对可比产品成本进行分析，首先要计算出实际降低额和实际降低率，以便与计划降低额和计划降低率相比较，从而了解可比产品降低任务的完成情况；同时，为了分析可比产品成本降低计划的完成情况，还需要对影响可比产品成本降低计划的完成情况的影响因素进行分析。

（一）可比产品成本降低任务完成情况分析

主要指实际降低额和实际降低率与计划降低额和计划降低率的比较分析，以判断本期计划的执行情况。

可比产品成本计划降低额 = ∑（计划产量 × 上年实际单位成本）－∑（计划产量 × 本年计划单位成本）

可比产品成本计划降低率 = 可比产品成本计划降低额 / ∑（计划产量 × 上年实际单位成本）× 100%

可比产品成本实际降低额 = ∑（实际产量 × 上年实际单位成本）－∑（实际产量 × 本年实际单位成本）

可比产品成本实际降低率 = 可比产品成本实际降低额 / ∑（实际产量 × 上年实际单位成本）× 100%

【例 14 －7】甲公司 201 × 年 8 月生产 A、B、C 三种可比产品，相关资料见表 14 －15。

表 14-15　可比产品成本降低计划完成情况

201×年 8 月

可比产品	产量		单位成本			总成本(按计划产量)		总成本(按实际产量)	
	计划	实际	上年实际	本年计划	本年实际	按上年实际平均单位成本	按本年计划单位成本	按上年实际平均单位成本	按本年实际单位成本
A	310	315	61	56	49	18 910	17 360	19 215	15 435
B	300	300	51	46	43	15 300	13 800	15 300	12 900
C	220	180	36	31.5	30	7 920	6 930	6 480	5 400
合计						42 130	38 090	40 995	33 735

解：

可比产品成本计划降低额 = (310×61 + 300×51 + 220×36) - (310×56 + 300×46 + 220×31.5)
= 42 130 - 38 090 = 4 040(元)

可比产品成本计划降低率 = 4 040/42 130×100% = 9.59%

可比产品成本实际降低额 = (315×61 + 300×51 + 180×36) - (315×49 + 300×43 + 180×30)
= 40 995 - 33 735 = 7 260(元)

可比产品成本实际降低率 = 7 260/40 995 ×100% = 17.71%

表 14-16　可比产品成本降低计划完成情况

201×年 8 月　　　　单位:件

项目	计划	实际	差异
降低额	4 040	7 260	3 220
降低率	9.59%	17.71%	8.12%

从以上计算可知,可比产品的成本降低额和成本降低率均超额完成了计划,可比产品成本降低额比计划多降低了 3 220 元,成本降低率比计划多降低了 8.12%。企业对可比产品成本的控制情况较好,应继续坚持。

(二)影响可比产品成本降低计划完成情况的因素分析

影响可比产品成本降低任务完成的三个因素为产品产量变动、产品品种结构变动和产品单位成本变动。首先,可比产品的计划降低额是根据各种产品的计划产量确定的,可比产品的实际降低额是根据各种产品的实际产量确定的,在产品品种结构和产品单位成本不变的情况下,产量变动将会使成本降低额发生同比例变动,但由于计算成本降低率的分子和分母会同时发生同比例变动,因而产量变动将不会影响成本降低率的变动。其次,由于各产品的成本降低程度不同,因而产品品种比重变动将会使成本降低额与成本降低率同时发生变动,成本降低程度大的产品比重增加会使成本降低额和成本降低率增加,反之则减少。最后,产品单位成本降低会使成本降低额和成本降低率增加,反之则减少。

(1)产量变动的影响。

在其他因素不变的条件下,单纯产量变动,将引起成本降低额发生相应变化,但不影响成本降低率。

产量变动对降低额的影响值 = ∑[(本年实际产量 - 本年计划产量)× 上年单位成本]× 计划降低率

(2)单位成本变动的影响。

单位成本变动对降低额的影响值 = ∑[本年实际产量 ×(本年计划单位成本 - 本年实际单位成本)]

单位成本变动对降低率的影响值 = 单位成本变动对降低额的影响值 ÷ ∑(本年实际产量 × 上年单位成本)

(3)产品品种结构变动的影响。

产品品种结构变动对成本降低额的影响值 = ∑(实际产量 × 上年实际单位成本) - ∑[实际产量 ×(计划单位成本 - 上年实际单位成本 × 计划成本降低率)]

产品品种结构变动对成本降低率的影响值 = 产品品种结构变动对成本降低额的影响数 ÷(本年实际产量 × 上年实际单位成本)

【例 14 - 8】甲公司 201 × 年 × 月生产 A、B、C 三种可比产品,相关资料见表 14 - 15 和表 14 - 16,影响可比产品成本降低计划完成情况的因素分析如下:

解:产量变动对降低额的影响值 = [(315 - 310)×61 + (180 - 220)×36]×9.59%

= - 108.85(元)

单位成本变动对降低额的影响值 = 315 × (56 - 49) + 300 × (46 - 43) + 180 × (31.5 - 30)

= 3 375(元)

单位成本变动对降低率的影响值 = 3 375 ÷ 40 995 = 8.23%

品种结构变动对降低额的影响值 = 3 220 - 3 375 - (- 108.85) = - 46.15(元)

品种结构变动对降低率的影响值 = 8.12% - 8.23% = - 0.11%

以上计算表明,影响甲公司 201 × 年可比产品成本降低计划完成情况的因素中,产量的提高使成本上升了 108.85 元,需进一步分析该因素;产品单位成本变动使成本下降了 3 375 元;产品品种结构变动使成本下降了 46.15 元。

任务六　主要产品单位成本分析

对主要产品成本进行分析,可以揭示企业各种主要产品单位成本及其各个成本项目的变动情况,尤其是各项消耗定额的执行情况;确定产品结构、工艺和操作方法的改变,以及有关经济技术指标变动对产品单位成本的影响,查明单位成本升降的具体原因。主要产品单位成本分析包括对单位产品成本计划完成情况的分析,对产品单位成本项目的分析和经济技术指标变动对成本影响的分析等内容。

一、对主要产品单位成本计划完成情况的分析

对主要产品单位成本计划完成情况的分析,要依据产品单位成本各项目的实际数和计

划数与上年实际数的比较,来说明单位成本的升降情况。

【例 14 - 9】根据甲公司 201×年生产的 A 产品成本项目资料及主要技术指标,编制单位成本计划变动情况分析表,如表 14 - 17 所示。

表 14 - 17　单位成本计划完成情况分析表

产品名称:A 产品　　本月实际产量:100 件　　本年累计实际产量:900　　单位:元

项　目	本年计划单位成本	本年累计实际平均单位成本	差异额	差异率(%)
直接材料	480	508	28	5.84
直接人工	250	322	72	28.8
制造费用	230	180	-50	-21.74
合　计	960	1 010	50	5.21

从表 14 - 17 可以看出,甲公司 A 产品单位成本比计划超支了 50 元,超支率为5.21%。这主要是由直接材料和直接人工比计划超支所致,而制造费用比计划降低了。从升降额对单位成本的影响看,直接人工超支对单位成本的影响高于直接材料,说明企业不仅材料管理需要加强,劳动生产率方面更需要强化。对制造费用的降低,应结合各个项目的预算变动情况,综合分析和评价。

二、产品单位成本项目分析

产品单位成本由直接材料、直接人工和制造费用三个项目构成,需分别展开分析。

(一)直接材料成本项目分析

直接材料在产品成本中往往占有重要地位,在加工制造业,材料费用所占的比重更大,是产品成本项目分析的重点。

影响单位成本中材料费用的基本因素,为单位产品材料耗用量和材料单价。其计算公式如下:

材料耗用量变动的影响(数量差异)=(实际单位耗用量-计划单位耗用量)×材料计划单价

材料单价变动的影响(价格差异)=(材料实际单价-材料计划单价)×实际单位耗用量

【例 14 - 10】某公司 201×年生产 A 产品耗用的甲、乙材料成本资料如表 14 - 18 所示。

表 14 - 18　直接材料成本资料　　单位:元

材料名称	单位耗用量			单　价		
	上年实际	本年计划	本年实际	上年实际	本年计划	本年实际
甲	5	4.5	5	6.2	7	6.5
乙	6	5	4	8.5	10	12

根据资料,分析材料变动的影响,如表 14 - 19 所示。

表 14-19 直接材料成本分析表 单位:元

材料名称	单位耗用量			单价			单位成本			本年实际比上年实际			本年实际比本年计划		
	上年实际	本年计划	本年实际	上年实际	本年计划	本年实际	上年实际	本年计划	本年实际	降低额	量差	价差	降低额	量差	价差
	1	2	3	4	5	6	7 = 1×4	8 = 2×5	9 = 3×6	10 = 7-9	11 = (1-3)×4	12 = (4-6)×3	13 = 8-9	14 = (2-3)×5	15 = (5-6)×3
甲	5	4.5	5	6.2	7	6.5	31	31.5	32.5	-1.5	0	-1.5	-1	-3.5	2.5
乙	6	5	4	8.5	10	12	51	50	48	3	17	-14	2	10	-8
合计							82	81.5	80.5	1.5	17	-15.5	1	6.5	-5.5

从资料可以看出,A 产品本年单位耗用量的甲材料实际高于本年计划,与上年实际相等,需要深入挖掘原因,分析是计划制定的不合理还是材料控制效果较差;乙材料本年实际单位耗用量低于本年计划,也低于上年实际,说明材料成本得到有效的控制。A 产品单位耗用量对材料成本的影响为 17 和 -15.5,说明单位产品材料消耗量的增加使 A 产品单位材料成本与上年相比增加了,与计划相比下降了;单价对材料成本的影响为 6.5 和 -5.5,说明材料单价的降低使 A 产品的单位材料成本比去年增加了,与计划相比降低了,二者的共同影响使 A 产品单位材料成本实际比计划降低了 -21 元。

(二)直接人工成本项目的分析

分析产品成本中的人工费用,需按照不同的工资制度和工资费用计入成本的方法来进行。在计件工资制度下,计件单价不变,单位成本中的工资费用一般也不变,除非生产工艺或劳动组织方面有所改变,或者出现问题。在计时工资制度下,如果企业生产多种产品,产品成本中的工资费用一般按生产工时比例分配计入。产品单位成本中工资费用的多少取决于生产单位产品的工时消耗和小时工资率两个因素。

单位产品直接人工成本 = 单位产品工时消耗量 × 小时工资率

工时消耗量变动的影响 = (实际单位工时消耗量 - 计划单位工时消耗量) × 计划小时工资率

小时工资率变动的影响 = (实际小时工资率 - 计划小时工资率) × 实际单位工时耗用量

【例 14-11】某公司 201×年生产 A 产品的直接人工成本资料如表 14-20 所示。

表 14-20 A 产品的直接人工成本分析表

201×年 8 月

项目	本年实际	本年计划	降低额	工时消耗变动影响	小时工资率变动影响
单位产品工时消耗量(小时)	15	20	-5	—	—
小时工资额(元)	2.28	1.7	0.58	—	—
单位产品直接人工成本(元)	34.20	34	0.20	-11.40	11.60

工时消耗量变动的影响 = (15 - 20) × 2.28 = -11.4(元)

小时工资率变动的影响 = (2.28 - 1.7) ×20 = 11.6(元)

分析结果表明,单位产品工时的降低使 A 产品的单位人工成本减少了 11.4 元,但是小时工资率的提高使 A 产品的单位人工成本增加了 11.6 元,二者的共同影响使 A 产品的单位人工成本实际比计划增加了 0.2 元,其原因主要是小时工资率的提高。

(三)制造费用的分析

企业生产单位的制造费用是以分配的方式计入产品成本的,其分配标准通常是工时消耗量(或其他分配标准)。影响产品成本中制造费用的基本因素为单位产品工时消耗量(或其他分配标准)和小时费用分配率(或其他分配率)。

单位产品制造费用 = 单位产品工时消耗量 × 小时制造费用率

工时消耗量变动的影响 = (实际单位工时消耗量 - 计划单位工时消耗量) × 计划小时制造费用分配率

费用分配率变动的影响 = (实际小时制造费用分配率 - 计划小时制造费用分配率) × 实际单位工时消耗量

【例 14 - 12】某公司 201 ×年生产 A 产品制造费用资料如表 14 - 21 所示。

表 14 - 21　制造费用分析表

项　目	本年计划	本年实际	降低额	工时消耗量变动影响	费用分配率变动影响
单位产品工时消耗量	20	15	-5	—	—
小时制造费用率	1.035	1.353	0.318	—	—
单位产品制造费用	20.70	20.295	-0.40	-6.765	6.36

解:单位产品制造费用 = 15 ×1.353 = 20.295(元)

工时消耗量变动的影响 = (15 - 20) ×1.353 = -6.765(元)

费用分配率变动的影响 = (1.353 - 1.035) ×20 = 6.36(元)

计算结果表明,单位产品工时的下降使 A 产品单位产品的制造费用减少了 6.765 元,制造费用分配率的提高使 A 产品负担的单位制造费用增加了 6.36 元,二者的共同影响使 A 产品单位制造费用实际成本比计划下降了 0.406 元,需继续保持,挖掘降低成本的潜力。

三、主要经济技术指标变动对成本影响的分析

经济技术指标是指从各种生产资源利用情况和产品质量等方面反映生产技术水平的各种指标的总称,不同企业由于生产技术特点的不同,用来考核的经济技术指标也各不相同。

企业各项经济技术指标完成的好坏,直接或间接地影响产品成本。把成本分析深入技术领域,一方面能克服技术人员不通经济、财务人员不通技术的这种经济与技术的脱离现象,另一方面也能查明影响成本升降的各种生产技术因素,促进企业技术部门进行技术攻关,改进不合理工艺及操作技术,从而解决降低成本的根本问题。

任务七　期间费用报表的分析

期间费用报表分析主要包括期间费用计划完成情况的分析和期间费用增减变动情况的分析。

一、期间费用计划完成情况的分析

对期间费用计划完成情况的分析，是指根据期间费用明细表中的资料，以本年累计实际数与各项费用计划相比较，确定实际脱离计划的差异，发现期间费用的变动趋势，并分析差异产生的原因。

期间费用所包含的内容具有不同的经济性质和用途，为了具体分析各种费用的增减变化和计划执行好坏的情况与原因，应按各个费用项目分别进行，对超支或节约数额较大或者费用比重较大的项目，应有重点地进行分析；分析时应注意，不能孤立地检查某种费用控制计划的完成情况，以防止一些费用项目的节约掩盖了另一些费用项目的超支；分析师还应注意不同费用项目支出的特点，对具体问题做出具体分析，不能简单地将所有超过计划的费用支出都认为是不合理的。比如，对企业某些适销对路的产品，在超额完成其销售计划且市场占有率不断提高的情况下，相应地增加销售人员的职工薪酬、运输费、包装费等支出就是合理的；管理费用中职工教育经费等费用不能减少，因为这项费用支出的减少可能导致企业劳动生产率和产品质量下降，甚至影响企业的安全生产。

二、期间费用增减变动情况的分析

进行期间费用增减变动情况分析时：首先，需要计算各项费用具体项目的构成情况，以判断各项费用中应重点关注的费用项目。其次，可以根据期间费用明细表中的资料，将本月实际数与上年同期实际数进行对比，解释本月实际与上年同期实际之间的增减变化，以便从动态上观察、比较各项费用，特别是一些主要的、重点的费用项目的变动情况和变动趋势。在进行分析时，应注意前后期间费用指标的口径是否一致，如果不一致，应按照基期或者报告期的口径进行调整，调整后再进行比较分析。再次，还应注意变动费用项目应联系业务量的变动，计算相对的节约或超支，对于固定费用项目，可以用实际数与基数相比较，直接确定其为超支或节约；对于某些支出和损失项目，应结合其抵销数进行分析。总之，通过分析，应促使企业不断总结经验，改进企业的生产经营管理，有效控制各种费用支出，最终提高企业的经济效益。

【例 14－13】甲公司 201×年管理费用明细如表 14－22 所示。

表14－22　管理费用明细表

编制单位：××公司　　　　　　　　　　　　年

项　目	本年计划数	本年实际数（元）	实际比预算		各项目占总体比重（%）	
			增减金额（元）	变动率（%）	预算数	实际数
职工薪酬	546 000	557 290	11 290	2.068	23.62	23.98
折旧费	449 445	451 943	2 498	0.556	19.44	19.45
修理费	369 000	366 652	－2 348	－0.636	15.96	15.77
办公费	364 500	365 382	882	0.242	15.77	15.72
水电费	312 000	315 325	3 325	1.066	13.50	13.57
咨询费	38 600	40 800	2 200	5.699	1.67	1.76
诉讼费	44 900	44 640	－260	－0.579	1.94	1.92
工会经费	21 100	20 600	－500	2.37	0.91	0.89
职工教育经费	76 000	76 000	0	0	3.289	3.27
税金	46 100	42 700	－3 400	－7.375	1.99	1.84
其他	44 100	42 800	－1 300	－2.948	1.91	1.84
管理费用合计	2 311 745	2 324 132	12 387	0.46	100	100

小　结

本模块主要介绍成本报表的编制及成本分析的内容与方法。企业编制的生产成本报表主要包括全部生产成本报表、主要产品单位成本表、制造费用明细表等，此外还需要编制期间费用明细表。成本报表是为了满足企业内部经营管理需要而编制的内部报表，其格式与编制方法没有统一性，由企业自行设定。

成本分析主要是利用成本资料与其他相关资料，全面了解成本的变动情况，系统研究影响成本升降的因素，寻求降低成本的潜力，以取得更大的经济效益。成本分析的方法主要有对比分析法、比率分析法和因素分析法。

全部产品成本分析，是将全部产品按本年实际产量调整的上年（或计划）总成本与实际总成本进行比较，计算出成本降低额和降低率，借以评价全部产品成本的升降情况。可将全部产品划分为可比产品与不可比产品两大类别，同时区分成本项目来分析成本计划的完成情况。

可比产品成本降低任务及其完成情况的计算分析，是将可比产品的实际成本与按实际产量和上年实际单位成本计算的上年实际成本进行比较，确定可比产品实际成本的降低额和降低率，并同计划成本降低额和降低率相比，评价企业可比产品成本降低任务的完成情况。影响因素有三个，即产品产量因素、产品品种结构因素和产品单位成本因素。

进行产品单位成本分析，首先要对产品单位成本计划完成情况作一般分析，然后分成本项目，按影响因素揭示单位成本升降的原因。

思考题

1. 什么是成本报表？成本报表作为内部报表具有哪些特点？

2. 简述产品生产报表的结构、内容、编制方法及要求。

3. 什么是成本分析？简述成本报表分析的主要作用。

4. 成本报表的分析方法主要有哪几种？各种方法应如何运用？

5. 如何设计主要产品单位成本表？为什么说主要产品单位成本表是产品生产表的补充部分？

6. 简述连环替代法的计算程序。

7. 如何分析可比产品成本降低任务的完成情况？

8. 举例说明技术经济指标变动对成本的影响。

练习题

一、单项选择题

1. 成本报表属于内部报表,其种类、格式等由(　　)。

A. 企业自行决定　　B. 国家统一规定

C. 上级主管部门制定　　D. 当地税务机关制定

2. 某企业可比产品A产品,上年实际总成本为100 000元,实际总产量为500件,本年实际总产量为600件,实际总成本为118 000元。本年可比产品成本降低额为(　　)元。

A. −2 000　　B. 2 000

C. −18 000　　D. 18 000

3. 商品产品成本表反映的是企业在报告期内生产(　　)。

A. 全部商品产品的总成本　　B. 主要商品产品的总成本

C. 主要商品产品的单位成本　　D. 全部商品产品的单位成本

4. 反映产品本身质量的指标,一般用(　　)来表示。

A. 合格品率　　B. 废品率

C. 等级品率　　D. 劳动生产率

5. 劳动生产率的增长速度(　　)工资单增长速度时,才会使产品成本降低。

A. 超过　　B. 等于或大于

C. 等于　　D. 小于

6. 可比产品成本降低额指可比产品本年累计实际总成本比按(　　)计算的累计总成本降低的数额。

A. 企业历史先进水平　　B. 上年实际平均单位成本

C. 本年计划单位成本　　D. 上年计划单位成本

7. 差额分析法是(　　)的简化计算方法。

A. 比较分析法　　B. 比率分析法

C. 连环分析法　　D. 因素分析法

二、多项选择题

1. 成本报表编制的要求是(　　)。

A. 数字准确　　B. 内容完整

C. 编制及时　　D. 可比性

2. 主要产品单位成本表应列示的内容有(　　)。

A. 历史先进水平　　B. 上年实际平均水平

C. 本年计划　　D. 本期实际

3. 反映产品质量好坏的指标有(　　)。

A. 合格品率　　B. 等级品率

C. 劳动生产率　　D. 废品率

4. 影响可比产品成本降低额变动的因素有(　　)。

A. 产品产量　　B. 产品品种结构

C. 产品单位成本　　D. 产品售价

5. 成本报表常用的分析方法有(　　)。

A. 比较分析法　　B. 比率分析法

C. 连环分析法　　D. 因素分析法

6. 对产品种类编制的商品产品成本表的分析采用的方法有(　　)。

A. 连环替代法　　B. 比较分析法

C. 差额分析法　　D. 比率分析法

7. 连环替代法的特点包括(　　)。

A. 计算方法的简化性　　B. 计算程序的连环性

C. 计算结果的假设性　　D. 因素替换的顺序性

三、判断题

1. 会计报表按其报送对象可以分为对外报表和对内报表两类。(　　)

2. 连环替代法的替代顺序确定原则是:先质量,后数量;先实物,后价值量。(　　)

3. 单位产品成本的降低与否取决于劳动生产率是否提高。(　　)

4. 比较分析法只适用于同质指标的数量对比。(　　)

5. 对比分析法只适应同质指标的数量对比。(　　)

6. 差额计算分析法是连环替代法的简化计算方法。(　　)

7. 比率分析法主要有对比分析和相关指标比率分析法两种。(　　)

8. 在分析各项费用计划执行情况时,应当根据费用超支或节约来做出评价。(　　)

练习题参考答案

模块一　总论

一、单项选择题

1. A　2. C　3. A　4. D　5. A　6. B　7. B　8. A　9. B　10. C

二、多项选择题

1. AB　2. ABCD　3. ABD　4. ABCD　5. ABCD　6. ABCD　7. ABCD　8. BD　9. ACD　10. ABCD

三、判断题

1. ×　2. ×　3. √　4. ×　5. √　6. √　7. ×　8. ×　9. ×　10. √　11. √　12. ×

模块二　成本核算的要求和一般程序

一、单项选择题

1. C　2. A　3. B　4. A　5. C　6. D　7. C　8. C　9. A　10. C

二、多项选择题

1. ABC　2. ABC　3. AC　4. ACD　5. ABC　6. ABC　7. BCD　8. ABD　9. AC　10. AD

三、判断题

1. ×　2. ×　3. ×　4. √　5. √　6. ×　7. ×　8. ×　9. ×　10. ×

模块三　要素费用的核算

一、单项选择题

1. B　2. B　3. C　4. D　5. B　6. A　7. C　8. A　9. B

二、多项选择题

1. ABCD　2. ACD　3. BD　4. ABCD　5. ABC　6. AB　7. ABD

三、判断题

1. √　2. ×　3. √　4. ×　5. ×　6. ×　7. ×　8. √　9. ×　10. ×

模块四　辅助生产费用核算

一、单项选择题

1. B　2. A　3. D　4. A　5. B　6. D　7. A　8. D　9. A　10. D

二、多项选择题

1. AC　2. ACD　3. BC　4. AB　5. BD　6. BCD　7. BC　8. ABCD　9. AC

三、判断题

1. ×　2. √　3. ×　4. √　5. ×　6. ×　7. ×　8. √　9. √　10. ×

模块五　制造费用的核算

一、单项选择题

1. B　2. B　3. C　4. A　5. D　6. C　7. D　8. B　9. C

二、多项选择题

1. ABCD　2. ABD　3. ABCD　4. ABCD　5. ABCD　6. BC　7. BC　8. ACD　9. ACD

三、判断题

1. √　2. ×　3. ×　4. √　5. ×　6. √　7. √　8 ×　9. √　10. ×

模块六　损失性费用的核算

一、单项选择题

1. D　2. C　3. A　4. B　5. C　6. A　7. C　8. C　9. A　10. A

二、多项选择题

1. BC　2. AC　3. ACD　4. AB　5. ABCD　6. ABC　7. BD　8. ABCD　9. ACD　10. AC

三、判断题

1. ×　2. ×　3. ×　4. √　5. √　6. ×　7. ×　8. √　9. √　10. ×

模块七　生产费用在完工产品和在产品之间分配

一、单项选择题

1. B　2. A　3. B　4. A　5. C　6. D　7. B　8. B　9. A　10. C　11. B

二、多项选择题

1. ABCD　2. ABC　3. ABC　4. ABC　5. ACD　6. ABCD　7. ABC　8. ABC　9. ABCD　10. AB

三、判断题

1. ×　2. ×　3. √　4. ×　5. √　6. √　7. ×　8. √　9. ×　10. ×

模块八　产品成本计算方法概述

一、单项选择题

1. C　2. D　3. A　4. C　5. D　6. B　7. D　8. D　9. D　10. D

二、多项选择题

1. ACD　2. ABCD　3. BCD　4. BCD　5. ABD　6. AB　7. AD　8. AB　9. BCD　10. ACD

三、判断题

1. ×　2. ×　3. √　4. ×　5. √　6. ×　7. √　8. √　9. √　10. √

模块九　品种法

一、单项选择题

1. C　2. B　3. D　4. A

二、多项选择题

1. BCD　2. BC　3. ABC

三、判断题

1. ×　2. √　3. ×　4. ×　5. √

模块十　分批法

一、单项选择题

1. A　2. C　3. D　4. A　5. D　6. C　7. D　8. A　9. D　10. A

二、多项选择题

1. ABCD　2. ACD　3. AB　4. CD　5. BD　6. ABCD　7. A　8. ACD　9. ABCD　10. ABC

三、判断题

1. ×　2. √　3. √　4. √　5. ×　6. √　7. √　8. √　9. ×　10. ×

模块十一　分步法

一、单项选择题

1. D　2. C　3. A　4. C　5. A　6. D　7. B　8. B　9. C　10. D　11. B　12. C

二、多项选择题

1. CD　2. BD　3. ACD　4. AD　5. ABCD　6. ABCD

三、判断题

1. √　2. ×　3. √　4. ×　5. √　6. √　7. √　8. √　9. ×　10. √　11. √　12. ×　13. √　14. √　15. √　16. ×　17. √　18. √　19. √　20. ×

模块十二　分类法

一、单项选择题

1. D　2. B　3. A　4. B　5. C　6. B　7. A　8. C

二、多项选择题

1. ABD　2. ABCD　3. ABC　4. AB　5. ABC　6. BCD　7. ABC

三、判断题

1. ×　2. ×　3. ×　4. ×　5. ×

模块十三　定额法

一、单项选择题

1. A　2. B　3. C　4. C　5. A　6. D　7. D　8. A　9. B

二、多项选择题

1. ABC　2. ABD　3. BCDE　4. AC

三、判断题

1. ×　2. √　3. ×　4. √　5. √　6. ×

模块十四　成本报表的编制与分析

一、单项选择题

1. C　2. B　3. B　4. C　5. C　6. B　7. C　8. C

二、多项选择题

1. ABC　2. ABD　3. ABD　4. ABC　5. ABD　6. BD　7. BCD

三、判断题

1. ×　2. ×　3. ×　4. ×　5. √　6. √　7. ×　8. √